U0083371

古代歷史文化研究輯刊

十四編

王明蓀主編

第1冊

《十四編》總目

編輯部編

中國文明起源新考（上）

周運中著

國家圖書館出版品預行編目資料

中國文明起源新考（上）／周運中 著 — 初版 — 新北市：花木蘭文化出版社，2015〔民 104〕

目 2+176 面；19×26 公分

（古代歷史文化研究輯刊 十四編；第 1 冊）

ISBN 978-986-404-309-5（精裝）

1. 文明史 2. 中國

618 104014368

ISBN-978-986-404-309-5

古代歷史文化研究輯刊

十四編 第一冊 ISBN：978-986-404-309-5

中國文明起源新考（上）

作　　者 周運中

主　　編 王明蓀

總 編 輯 杜潔祥

副總編輯 楊嘉樂

編　　輯 許郁翎

出　　版 花木蘭文化出版社

社　　長 高小娟

聯絡地址 235 新北市中和區中安街七二號十三樓

電話：02-2923-1455／傳真：02-2923-1452

網　　址 http://www.huamulan.tw 信箱 hml 810518@gmail.com

印　　刷 普羅文化出版廣告事業

初　　版 2015 年 9 月

全書字數 292742 字

定　　價 十四編 28 冊（精裝）台幣 52,000 元

《十四編》總目

編輯部　編

《古代歷史文化研究輯刊》
十四編　書目

先秦歷史文化研究專輯

第 一 冊　周運中　中國文明起源新考（上）

第 二 冊　周運中　中國文明起源新考（下）

第 三 冊　雷大川　先秦「樂神」精神與中國尚「文」政治傳統研究（上）

第 四 冊　雷大川　先秦「樂神」精神與中國尚「文」政治傳統研究（下）

秦漢歷史文化研究專輯

第 五 冊　謝彥明　秦漢京師治安制度研究

第 六 冊　張　功　秦漢逃亡犯罪考論（上）

第 七 冊　張　功　秦漢逃亡犯罪考論（下）

第 八 冊　白品鍵　《潛夫論》所反映之東漢流民問題

三國歷史文化研究專輯

第 九 冊　張嘉純　蜀漢知人群體研究

南北朝歷史文化研究專輯

第 十 冊　權家玉　文武分區：地域性經濟特徵對東晉南朝政局之影響

隋唐歷史文化研究專輯

第十一冊　李文才　隋唐政治與文化研究論文集（上）

第十二冊　李文才　隋唐政治與文化研究論文集（中）

第十三冊　李文才　隋唐政治與文化研究論文集（下）

第十四冊　傅安良　唐代河北地區與中央政治關係之研究

第十五冊　梁筱婷　漢唐女主政治之探究——以呂太后和武則天為中心

第十六冊　張永慶　唐代博戲文化探究

宋代歷史文化研究專輯

第十七冊　蔡金仁　北宋與遼、西夏戰略關係研究——從權力平衡觀點的解析

第十八冊　張履鵬　宋代奠定的佃耕制及其後世沿革

第十九冊　施靜宜　南宋文人飲食文化之研究（上）

第二十冊　施靜宜　南宋文人飲食文化之研究（下）

元代歷史文化研究專輯

第二一冊　梁英華　蒙元高麗宗藩關係史述論

清代歷史文化研究專輯

第二二冊　魏文靜　明清以來江南迎神賽會的變遷——基於功能主義的考察

第二三冊　鄭生芬　十八世紀贛南地區的糧食市場整合研究

陳金月　十八世紀陝南地區的糧食市場整合研究

第二四冊　苗永泉　科舉革廢與華夏文明的近代轉型

第二五冊　陳愛釵　近現代閩籍翻譯家研究

歷代史學研究專輯

第二六冊　林時民　章學誠研究論稿

地方史研究專輯

第二七冊　付　勇　安徽歷史文化地理研究（1667～1949）

邊疆史研究專輯

第二八冊　蔣武雄　中國邊疆史事研究

《古代歷史文化研究輯刊》十四編各書作者簡介・提要・目錄

第一、二冊　中國文明起源新考

作者簡介

周運中，男，1984 年生，江蘇省濱海縣人，南京大學歷史學學士，復旦大學歷史地理學博士，現任廈門大學歷史學系助理教授。著有《鄭和下西洋新考》（中國社會科學出版社，2013 年）、《中國南洋古代交通史》（廈門大學出版社，2015 年）、《臺灣古史新考》（廈門大學出版社，2015 年）等，另發表論文多篇。主要研究中國古代史、歷史地理、海洋文明史等。

提　要

本書利用歷史文獻學、考古學、語言文字學、人類學、自然科學五重證據法，復原五帝五行部落聯盟史實，證明五帝五德說可信，修正五帝眞實世系，再現中國文明起源進程。中華文明正源裴李崗文化是伏羲氏創造，向東西發展爲大汶口文化與仰紹文化。太皞姓風、崇龍，少皞姓嬴、崇鳳。嬴即龍，兩皞姓氏、聖物交叉，因爲源自兩胞族。炎帝崇山、火，黃帝崇雲、水，源自女媧、伏羲兩胞族，媧即華夏。伏羲即贔屭、元龜、玄武，即今鷹嘴龜。華夏族創造廟底溝文化，覆蓋華北。四千多年前的降溫促老虎山文化南遷，征服陶寺文化。陝北石古城是共工氏建造，源自阿爾泰山突厥狄人，會駕車、冶金。蚩尤利用新技術，佔據垣曲銅礦及鹽池，打敗炎帝。炎帝向東征服宿沙氏，此即精衛塡海由來。黃帝殺蚩尤，炎黃融合，產生顓頊。九黎亂德，少皞衰落，實爲萊人改宗良渚文化。少皞三大氏族投奔顓頊，定都濮陽，建立五行部落聯盟。高辛氏帝嚳出自水正，高唐氏堯出自金正，高虞氏舜出自木正。四千多年前的地震導致積石山崩塌，阻塞黃河，引發洪水，摧毀東方部落聯盟，河南中部有崇氏崛起，建立夏朝。五行聯盟西遷，所以東方禮器成為夏朝禮器。南遷到嵩山附近的祝融集團滅夏，此即羿寒代夏，也即新砦文化由來。

目　次

上　冊

第三、四冊　先秦「樂神」精神與中國尚「文」政治傳統研究

作者簡介

雷大川，家族世代安居於中國吉林省。承蒙天恩，紫氣東來，書香盈門，自幼濡化於詩書文墨之家。書香之家的濡染，母國古典文化怡然我的心魂。如果說，故鄉的白山黑水是恩養我的自然家園，那麼華夏古典文化則是我的精神原鄉。印度詩哲泰戈爾曾說過：世界上還有什麼事物，比中國文化的美麗精神更值得寶貴的？當我們沉浸於中華古典文化，感悟其中的「樂神」精神與詩意靈魂，更會體味到這句話的深長意味！

人皆銜天命而降生。在下雖爲一介布衣，「爲天地立心，爲生民立命，爲往世繼絕學，爲萬世開太平」，乃矢志不渝之終身使命。明知自不量力，但仍要負重前行。

提　要

從哲學人類學維度而言，人性內涵「神性」之維，每個人心魂深處都升騰著神聖的嚮往。不要問上帝與神明是否存在，關鍵是如何感悟上帝與神明的存在。樂舞「通於神明，參於天地」，中華上古先民在古「樂」之中體悟到神聖的升騰與神明的臨在。在中國先秦文化中，樂舞作爲一種生命情態，寄寓著靈魂超越、「神人以和」的超驗境界，在這一超驗境界中，華夏先哲以「道」爲心，在「遊心太玄」之際，彷彿踏入「行乎陰陽而通乎鬼神」的天路歷程，

心魂深處領受著「天人合一」、「神動天隨」的超驗意識，這一神聖的超驗意識即是中國先秦「樂神」精神。先秦「樂神」精神發軔於以樂舞祭祀神明的祭祀儀式，流變爲幽深玄遠之「道學」，詠歎於千古流芳之詩文佳作。「樂神」精神從先秦以致明清，大化流行，千古迴蕩，歷經世代之沉潛，逐漸凝結爲「中華魂」，化成「詩化的中華」與尚「文」的華夏傳統。如果說「酒神精神」濡化古希臘文明的獨特品格，那麼，「樂神精神」則化育華夏文明獨特的精神魂魄，形塑中華政治傳統的尚「文」本性。

目　次

上　冊

第五冊　秦漢京師治安制度研究

作者簡介

謝彥明（1979～），男，北京市人，歷史學博士，師從宋傑教授，2008 年畢業於首都師範大學，現任職於中國農業大學。主要研究領域爲中國古代史，先後在《首都師範大學學報》、《晉陽學刊》、《人文雜誌》、《中南民族大學學報》、《上海大學學報》等核心期刊上發表《西漢郎中將軍事建置考辨》、《西漢中壘校尉「外掌西域」考辨》、《漢代禁省宿衛制度試探》、《西漢中壘校尉職掌考辨》、《西漢八校尉軍事建置考辨》等多篇文章。

提　要

都城是一個國家和民族的政治、經濟、軍事和文化中心，每一個都城都是一個特定時期文明發展的豐碑。都城的文化浸潤了整個國家，而都城的治安是國家政治震盪的波譜圖和晴雨錶。由於歷史上留下來的秦漢史料太少，給後人研究帶來極大的困難，而雲夢睡虎地秦簡、張家山漢簡、敦煌懸泉漢簡的出土以及秦都咸陽、西漢長安、東漢洛陽的考古發掘，爲秦漢歷史研究注入了一股活力。本書以傳世典籍爲基本依據，結合地下出土的簡牘資料與都城考古資料，在認眞全面吸取前人已有研究成果的基礎上，重點探討在政府的嚴密控制之下京師這一層次的治安制度及其運作情況。書中分別對京師宮苑陵寢警備機構、京師中央直屬機構治安管理、京師地方治安機構與管理進行了較爲深入的探討。在此基礎之上，又從動態角度分析秦、西漢、東漢時期京師治安機構的演變過程，並對秦漢京師治安制度的特點進行了分析和歸納。秦漢時期是中國歷史上的重要時期，曾產生了極爲重要的影響，京師治安制度也是如此。可以說，秦漢京師治安制度在中國古代京師治安體制發展史中具有承前啓後、繼往開來的地位。它很大程度上是繼承了前代典制的合理成分而來，同時也對後世的治安理論與實踐產生了深遠影響。

目　次

第六、七冊　秦漢逃亡犯罪考論

作者簡介

張功（1966～），男，漢族，甘肅成縣人。湖北經濟學院法學院教授。1988年畢業於陝西師範大學歷史系，獲歷史學學士學位。2005 年畢業於首都師範大學歷史系中國古代史專業秦漢史方向，獲歷史學博士學位。從事秦漢史、中國法制史研究。出版專著 2 部，發表學術論文 40 餘篇，主編教材 2 部。

提　要

《秦漢逃亡犯罪考論》全書七章。對秦漢逃亡犯罪的行爲類型、犯罪發生的客觀條件、具體原因、政府控制逃亡犯罪的制度、預防逃亡犯罪的措施、對逃亡犯罪的懲治規定以及逃亡犯罪的特點、影響等問題作了系統考察。

逃亡犯罪，古籍稱作「脫籍亡命」。是指社會成員沒有取得合法手續而私自離開戶籍所在地遷徙他鄉、違反國家遷移管理規定的行爲。秦漢逃亡犯罪按照犯罪主體分爲官吏、罪犯、軍人和民眾逃亡四類。五口之家獨立經營、封建官僚制度的弊端等構成逃亡犯罪發生的客觀條件。土地兼併、苛捐雜稅、自然災害、吏治腐敗、戰亂侵擾是逃亡犯罪發生的具體原因。秦漢政權通過郡縣行政機構、鄉里管理體系、津關制度、戶籍制度來控制逃亡犯罪。通過大赦、假民公田、減租賦、賜爵、賜錢帛牛酒、賑貸遷徙等措施預防逃亡犯罪。秦漢法律對逃亡的懲治有嚴密的規定。秦漢逃亡犯罪人數多、持續時間長、涉及區域廣，影響到秦漢政治格局的變遷、地區經濟的發展以及周邊少數民族社會的發展。秦漢政府控制和預防逃亡犯罪的政策、措施影響到整個封建社會。

目　次

上　冊

第八冊　《潛夫論》所反映之東漢流民問題

作者簡介

白品鍵，臺灣臺中人。國立臺灣大學中國文學系博士，嘗求學於世新大學中文系以及國立中山大學中文系，並入劉文起先生、鮑國順先生、張蓓蓓先生門下受教，乃得觀哲人之風采，睹堂奧之一隅。研究領域主要集中在秦漢時代，尤其關注古代中國的庶民階層如何與士階層以及統治階層互動。著有博士論文《士與漢代文化摶成研究 儒學、吏事與方術的揉合與實踐》，以及〈論耕牛與漢代農業〉、〈王符《潛夫論》版本流傳考〉、〈汪繼培《潛夫論箋》之「道者氣之根也」辯〉等數篇期刊論文。

提 要

本文以《潛夫論》所記載爲經，以東漢之流民問題爲緯，延伸《潛夫論》所記載之史實，比對其他兩漢史料，將《潛夫論》所反映之東漢流民問題作一整體的耙梳。討論的範圍包括了流民問題發生之原因、流民可能之去向與影響，政府、社會如何治理、消化流民問題等，當然也包括了王符針對東漢社會問題所提出之對策。

第二章、第三章，乃針對王符及其《潛夫論》之外圍問題作一陳述。先簡述王符之生平、經歷、思想流派，以及《潛夫論》之成書與流傳。次對流民作一釋義，並針對東漢流民之情況作一概述，以時間、區域爲主軸，爲東漢之流民作一分類。同時比對王符所見之時間、所遊歷之地區，以及王符觀察流民問題所處之視野。

流民雖爲一社會問題，然其牽涉既廣，因此不能只就東漢社會之情況而論。本文第四章至第六章分別就政治、經濟、社會三大主題討論《潛夫論》所反映之東漢流民問題。其中第四章論及政治之部分，多就官宦擾民、吏治敗壞等作論，並討論流民問題中，政治層面對於其他層面之影響。第五章論及經濟層面，重點論述稅役繁重、貧富差距極端化、平民之本業生計脆弱、末業之畸形發展等，並論經濟問題爲直接造成流民問題之關鍵因素。第六章則討論其他社會問題與流民問題之關連性，如豪強問題、社會風俗問題、盜賊問題、羌患問題等。其中羌患問題雖牽涉廣泛，但若將其與流民問題合而觀，則羌患不僅僅爲「邊患」，更爲東漢王朝之內部社會問題，故與其他社會問題併爲一章而論。此外，第四至六章皆於章末論述王符之對策，並檢討其中得失；第五章、第六章並非處理政治問題，故補充說明政府對於經濟、社會問題的反應，以求本論文論述之完整性。

第七章爲結論，闡釋《潛夫論》反映流民問題所展現之時代價值。《潛夫論》爲東漢政府提供了原則性的改革對策，又爲一深具份量的原手史料，代表漢代知識份子將關注之心力由學術而轉往國計民生，把批判的目光移向社會百姓等等。

目 次

第九冊　蜀漢知人群體研究

作者簡介

張嘉純，1974 年出生於台中大雅。政大中文系學士、碩士，台大中文系博士，目前任教於台北市立復興高中。在文學品味上，喜歡閱讀經典，蓋經典以其對天地自然萬物的深刻體察而成經典，故易打動人心深處。近十餘年來，受顏宗養老師之啓發及引導，對於生命探索、歷史研究、傳記、教育的熱情逐漸提升。期許自己能在生命探索中，找回學習的快樂，點燃智慧的明光，而後也能如顏老師一般，不斷鍾鍊自己，同時化育莘莘學子。

提 要

本文題爲「蜀漢知人群體研究」，試圖從月旦評中受冷落的許靖切入，往下探索三國最弱勢的蜀漢，與學界以郭泰、許劭爲起點，以魏．劉卲《人物志》涵蓋三國之人物品鑒主流研究，進行對話。同時，從學界較少關注的「知人群體」角度切入，以蜀漢三位知人者：許靖、龐統、諸葛亮爲論述架構，探問其爲何品鑒？有何意圖及眼光？超越及限制？以建構出蜀漢知人群體之別相及共相。

論文架構共分五章，第一章爲緒論。第二章論許靖，釐清時人好許劭之因素，並區辨許靖、許劭月旦動機之差異。第三章論龐統，探究龐統仕吳一年，以知人形象聞名江東之歷史眞相。第四章論諸葛亮，以諸葛亮治蜀時期，對十位人才之鑒用廢捨，推敲出諸葛亮的用人之道。鋪陳三人別相後，總結出蜀漢知人群體意識，皆框限在劉氏正統觀下，且擇定劉備後，即表現濃厚的忠君情懷。從中反映，儒家意識猶深植人心，因而凌駕三人對人物之鑒別，此其眼光侷限處，但亦其人格成功處。而劉備亦利用正統觀，遂行其爭天下之意圖。故三位知人者在蜀漢所扮演的角色，皆是劉備爭天下的一顆棋子，許靖是招攬賢才者，龐統是謀略者，諸葛亮是決策者。劉備用東漢尚名餘風，禮敬許靖以廣招人才。用龐統爲活棋，靜待孫吳之需，而以知人身分爲掩飾，切入甚深謀略。用諸葛亮治理蜀政，司人才廢用之決策。其間之推移可知，品評從東漢昏瞶政局下的權位鬥爭；到群雄割據亂世，爾虞我詐的天下爭奪戰；再到三國鼎立，鑒用決策攸關政權穩固、國祚長短及天下一統。由此可見知人群體雖在共同的歷史條件下產生，但知人內涵實隨著環境條件而不斷變異。

而綜觀東漢中期以來之知人群體，唯郭泰一人，眞正以「道」爲核心，以品評淑世，雖預見漢室之亡，仍步履孔孟，周遊華夏，而化育六十人成英彥。其既以冷眼洞識時務，又以熱情爲亂世播下善種，非但「知人者智」，又頗具聖人風流。

目 次

第十冊　文武分區：地域性經濟特徵對東晉南朝政局之影響

作者簡介

權家玉：1980 年生，安徽壽縣人，現爲陝西師範大學歷史文化學院講師。2004～2009 年於武漢大學獲得歷史學碩士及博士學位，2009～2011 年在中山大學從事博士後研究工作。主要從事魏晉南北朝史研究，並先後發表論文 10 餘篇，主持中國社科基金後期資助項目一項。研究旨趣主要集中在：西晉政治史、南朝政治史、社會史、及財政史等方面。

提　要

南朝的政局演變呈現出圍繞著地域爲中心的博弈狀態，隨著政權與地方州鎮彼此實力的消長，最後形成的是生與死的較量。軍事實力固然是其中的主導，然經濟與財政的基礎卻成爲彼此掌控局勢的最終決定力量。

吳會地區是南朝經濟的重心，自孫吳後期江南政權形成的吳會支持建康的經濟運行模式爲東晉南朝繼承，然吳會的富足卻不能改變建康的財政困境和社會士族層的貧困。財政的匱乏導致了建康政權與社會的雙重矛盾，一方面促使建康加大了對揚州境內的賦稅徵收，這直接導致揚州境內經濟發展的不穩定，編戶赤貧狀況嚴重，乃至在外部原因的推動下，短時期內出現經濟發展停滯甚至倒退的狀況，而這又反作用於政權財政，使其保持在持續困頓的狀態。另一方面，建康社會大量以居官爲生的士族，此時遇到了生活的困境，俸祿的不穩定使其生存來源難以保證，貧困在建康士族社會中呈蔓延趨勢，這直接影響到他們出仕的態度。財政的危機與社會的危機交織，推動定都於此的南朝政權逐步走向衰弱。

與北朝的對峙決定了緣江與緣淮各州鎮的存在，頻繁的軍事衝突使軍鎮財權自主成爲必然，這也爲其財政積累提供了便利。總體而言，軍鎮地區的經濟開發及財政狀況主要依賴都督個人政策，故其發展極不穩定且不具備連續性。正由於這種狀況使都督在軍鎮的經濟開發具備了極大的空間，他們可以通過各種途徑短時間內充實府庫，地方收入在基層存在積累，爲都督積聚物資力量提供了條件，使其軍事力量得以維持乃至增強，在一定時期內甚至湧現出足以與政權相抗衡的一個或多個軍鎮，乃至有取而代之的趨勢。擁軍自重的軍鎮在財權獨立的條件下，政權失去了對其穩定的掌控，南朝政局的演變趨勢告訴我們，正是財權的下放導致統御力量的喪失，使南朝政局在混亂中重複上演一幕幕外鎮入主取代建康政權的鬧劇。

軍事上的北重南輕、經濟上的東重西輕，使政治上本已揚州獨重的局勢更加複雜。建康財政來源日趨孤立與軍鎮財政的相對自主同步。經濟的地域性不平衡，建康財政依賴富足的吳會地區而匱乏，荊雍軍鎮仰仗湘贛地區而充實。建康政權衰弱後，地方性的離心直接推動軍鎮逐漸走向政權的對立面，推動著南朝政權的新舊更替。

目　次

第十一、十二、十三冊　隋唐政治與文化研究論文集

作者簡介

李文才，男，1969 年生，江蘇東海人，歷史學博士，揚州大學社會發展

學院教授，從事魏晉南北朝隋唐史研究。1988～1998 年，先後就讀於揚州師範學院、陝西師範大學、北京師範大學，分別獲歷史學學士、碩士、博士學位。先後在《中國史研究》、《民族研究》、《文史》、《漢學研究》（臺）、《慶州史學》（韓）等刊物發表論文八十餘篇，出版《南北朝時期益梁政區研究》（商務印書館，2002 年）、《兩晉南北朝十二講》（中國國際廣播出版社，2009 年）、《李栖筠及其政治生涯》（社會科學文獻出版社，2011 年）等專著。

提　要

隋唐時期政治發展、經濟繁榮、軍事強盛、文化昌明，爲令吾人倍感自豪之強盛時代，故研究隋唐歷史文化，實具弘揚中華優秀傳統、振奮民族精神之特殊功用。本書所收錄之論文 21 篇，涉及隋唐政治、經濟、文化、軍事、社會等多個方面，冀於此有所裨益焉。

其中隋史兩篇，一者討論隋初北邊形勢，及隋文帝之對策；一者以仁壽宮爲切入點，剖面分析隋文帝晚年政治心態、政策轉變、太子廢立等歷史情況。唐與突厥對馬邑的爭奪一文，分析唐初北方邊疆安全中的地緣構成問題。以龍朔三年「移宮」、建寧王李倓之死爲題二文，關注重點均爲統治集團內部權力之爭。圍繞河西、朔方立論的四篇文章，重點關注唐朝前期西北，特別是河西隴右地區的軍事政治問題。圍繞沙州淨土寺籍帳文書三文，討論晚唐五代敦煌寺院經濟的相關問題。與李吉甫、李德裕相關之五篇論文，研究對象均爲「贊皇李氏」，涉及李氏父子政治、軍事、思想、學術、信仰等方面。唐初「明堂創制」二文，通過對明堂禮儀的分析，探討禮儀文化與現實政治的關係。《唐玄宗的後宮政策及其承繼》一文，討論唐玄宗的後宮政策及其繼承問題。《田侁及其與夫人冀氏合祔墓誌銘考釋》一文，考鏡墓誌出土時間、條疏清季學人著錄，對墓誌銘文所蘊含的歷史信息進行全面解讀。

目　次

上　冊

中　冊

下　冊

第十四冊　唐代河北地區與中央政治關係之研究

作者簡介

傅安良，福建省上杭縣人，東海大學歷史系學士、中國文化大學史學研究所碩士、博士，現爲健行科技大學通識教育中心專任副教授。研究領域爲唐代地方行政制度史。撰有〈唐代的縣與縣令〉、〈唐代河北地區與中央政治關係之研究〉、〈唐代縣令略論〉等文，著有《唐代的縣與縣令》一書。

提 要

「河北」地區自古以來就是重要的區域，既具有防守邊疆的戰略地位，又是物產豐饒、人口眾多、交通便利、經濟發達之處，因此在隋唐仍是重要的區域。

唐初，來自關隴的李唐政權對河北道始終懷有疑慮，甚至有所歧視。可是，唐高祖與唐太宗的用人並不僅限於關隴集團，從唐初河北道刺史與縣令的的人選來看，可以發現除重用關隴集團外，也啓用了不同地區及不同文化性質的人士爲唐效命。

唐初主要外患爲突厥，但對東北的經營仍不忽視。高宗時平定高麗，但自從吐蕃成爲唐朝邊防的重心後，唐朝不得不在東北方面轉採消極的政策。武后時營州李盡忠與孫萬榮的叛亂，節度使體制從此形成。節度使原本設於邊境，著重在軍事機能，兼領採訪處置使後，權力因而大增。天寶十四載（755），身兼范陽、平盧與河東三道節度使的安祿山叛變，叛亂後唐朝由盛而衰。

安史亂後唐朝形成藩鎮體制，而藩鎮、宦官與朋黨係造成唐朝滅亡的三大原因。肅宗起藩鎮林立內地，代宗廣建節度使外，採僕固懷恩之議，封田承嗣等安史降將爲河北地區的節度使，埋下日後河北三鎮尾大不掉的根源。

肅宗起，唐朝皇帝對於河北三鎮都採「姑息政策」，惟憲宗以武力強硬對付藩鎮，獲致「元和中興」的成就。穆宗時，魏博、成德與幽州鎮復叛，直到唐末。

固然，河北三鎮長期割據，擁兵固城，官吏自署，遵守「河朔故事」，彼此勾結以對抗中央，猶如半獨立狀態，唐中央也無力制服。但究其實，其與唐廷的關係並不如陳寅恪所言截然切割、斷裂分明的，而是彼此間仍有著若即若離的關係。

目 次

第十五冊　漢唐女主政治之探究——以呂太后和武則天爲中心

作者簡介

梁筱婷，國立台灣師範大學國文學系碩士畢業。

提　要

本論文以「漢唐女主政治之探究——以呂太后和武則天爲中心」爲題，針對呂太后和武則天兩位女主臨朝之原因、執政之表現、後世的評斷等諸方面進行分析與探討，全文共七章（含參考文獻），凡十二萬七千餘言。論文第一章爲緒論，敘述本文研究動機和目的，研究範圍和方法，前人研究回顧和研究步驟。呂太后和武則天的政治生涯有許多可比較之處。兩位女主都是在開國之初便臨朝主政；在眾多曾經臨朝的女主當中，唯有她們被立紀，顯見她們也得到了部分史家認同，擁有如男性帝王般的歷史地位。因此，欲探究漢唐時期的女主政治，呂太后和武則天可說是兩朝的典型代表。

第二章探討女主臨朝的成因。對於母親的尊崇賦予了女性一種權力和義務，促使母后臨朝成爲了維護皇權的可靠方法；帝王制度本身的家天下性質，也讓后妃有了正當的理由攝政。父系傾向的宗法政治使女性止步於政治前，卻也同時成爲了后妃涉政的關鍵原因之一。從她們臨朝的契機可以發現，她們都是在帝王制度無法正常運行的時候，爲了穩定國家統治秩序而採取讓她們主持國政這樣的變通方式。據此，即使漢唐相隔近千年，然而由女主臨朝作爲變通的方法是有其根源存在，所以才會爲歷代所用。

第三章探討女主臨朝的特徵。呂太后和武后都曾廢立皇帝，以直接或間接的方式除掉前朝皇帝的血脈。此外，兩位女主都曾任用酷吏，不過呂太后並沒有借助太多的酷吏力量掌政。反之，武則天在特定時期曾很大程度上借助酷吏的力量剷除異己，藉以穩固政權。呂太后和武后執政時表現出來的另一個共同點，便是同樣在朝廷中安置本生宗族的人。在呂太后和武后所樹立的外戚當中，有專權殘暴的亂政者，也有忠節賢明的穩政者。雖然兩位女主用外戚，不過這並不表示她們會放任外戚胡作非爲。她們都適當的抑制外戚，只要有違綱紀、行爲不端者便會遭到貶謫罷官。呂太后和武后皆能知人善斷，從而鞏固政權，穩定時局，因此也是值得探討的。

第四章探討了兩位女主施政的表現。本文從安定時局、經濟、法制、思想文化、軍事活動、外交政策諸方面的發展探究兩位女主在這些方面的改革、發展與貢獻。

第五章探討的是兩位女主臨朝時所面對的局限，主要是來自朝臣的制約和傳位的問題。由於兩朝初期的政治環境都是屬於相對的獨裁，統治者的權力並無達到高度集權，故而呂太后和武后臨朝受到朝臣的制約。作爲皇權的代管者，女主臨朝只是一種過渡的形式，在封建社會建立的嚴密制度下，臨朝的女主基本上不可能傳位於本生家族的人，這也是她們臨朝的局限。

第六章探討的是從漢朝至近現代史家學者對兩位女主的評價。最後一章爲本文的結論。

目　次

第十六冊　唐代博戲文化探究

作者簡介

張永慶，臺灣員林人。曾就讀於中國文化大學新聞系、台中教育大學數學系、台東教育大學師資班，中興大學歷史研究所。曾擔任記者、救國團嚕啦啦服務員、臺灣史前文化博物館解說志工等，目前擔任彰化縣僑信國民小學教師。任教期間，深覺充實自身學識之重要，因此，常利用工作閒暇，多方涉略，尤以歷史叢書爲最。承蒙恩師宋德喜教授指導，以碩士論文《唐代博戲文化探究》出版本書。

提　要

唐代（618～907）是中國歷史上的盛世，國家統一、疆域廣袤，政治、社會與經濟均有長足的發展。國內各民族間的融合與對外文化的交流，造就唐代多元、開放與兼容並蓄的文化特徵。

唐代，對於中國遊戲歷史的發展，有著關鍵性的地位。伴隨著社會的穩定與經濟的發展，上從皇帝與貴族，下至平民百姓，無不重視游藝活動。除了傳統遊戲內容得到進一步的定型、推廣與普及之外，更逐漸發展出多樣的遊戲，豐富中國的遊戲文化，顯示出唐代帝國的繁華、恢宏與多元。

本文旨在深入探究唐代文化中所呈現出來與博戲相關的生活面向。首先，從博戲產生的背景、源流與發展，概述博戲從先秦至唐代的沿革；其次，探究唐代博戲的社會階層，分別從帝王、貴族、平民百姓、婦女與博戲的關係及其所代表的意義；再者，從博戲中樗蒲與雙陸的形制與博法，還原唐代博戲盛況與文化。本文運用唐詩與筆記小說彌補史籍中博戲活動記載的不足，從中探究博戲在社會上傳播的情形，以及博戲文化所反映出唐代社會多元的精神文化。

目　次

第十七冊　北宋與遼、西夏戰略關係研究——從權力平衡觀點的解析

作者簡介

蔡金仁

學歷：淡江大學中國文學系學士

淡江大學國際事務與戰略研究所碩士

中國文化大學史學研究所博士

現職：樹人醫護管理專科學校通識教育中心副教授

學術領域：魏晉南北朝、戰略研究

提　要

在中國大一統的朝代中，漢民族王朝往往是亞洲霸權，然而北宋在大一統的朝代裡卻屬例外，宋太祖爲懲唐末五代藩鎮擁兵不聽中央號令之弊，將

兵權、財政權收歸中央，且刻意貶低武人地位，重文輕武結果導致積弱不振。北宋自建國以來一直受到遼的威脅；至於西夏，其國祚竟比北宋還長，北宋實力雖略大於西夏，卻一直無法收服，反而屢次遭西夏擊敗，因此北宋與遼、西夏的戰略關係即成爲橫亙北宋全朝重要的國防課題。

本書試圖從權力平衡觀點探討北宋與遼、西夏的戰略關係，分析北宋戰略體系因應不同變局產生的變化，如從北宋統一戰爭開始，到形成重文輕武國策，之後面對遼的軍事威脅時，北宋從衝突、妥協、再衝突的過程，以及面對西夏時，宋夏和戰不定的過程，由於宋遼夏三國誰也無法單獨消滅另兩個國家，彼此間存在著微妙的權力平衡關係，因此本書乃探討北宋與遼、西夏間的戰略互動關係，闡明北宋因應不同的戰略局勢產生不同的戰略變化，從其變化分析權力平衡在聯合與對抗中所代表的戰略涵義，並尋求對權力平衡運作所可能提供的教訓。

就思想傳統而言，戰略與歷史幾乎不可分，因此本書的研究係從戰略觀點出發，輔以歷史研究法及文獻分析法，以科際整合方式，結合「戰略研究」與「歷史研究」，藉由歷史敘述與歷史解釋，從事文獻分析，研究北宋對遼、西夏之戰略規劃與決策全形，並評論其得失。

本書內容除緒論、結論外，正文分爲五章。首先爲緒論，對研究動機、目的、方法、途徑、架構、範圍、限制及現有研究成果，作扼要完整說明。第一章爲概念架構，對戰略的由來及意義；權力平衡的涵義，作一明確的交代，並探討戰略研究的新領域。第二章說明北宋的立國戰略，分析宋太祖先南後北、強幹弱枝、建軍等各項政策，藉以剖析北宋爲何重文輕武、導致積弱不振的原因。第三章考察北宋、遼、西夏三者間戰略關係的演變，敘述遼、西夏的歷史背景，分析其對中原的態度，以求作爲北宋對外關係的基礎。第四章研究北宋的戰略設計，解析北宋對北方及西方的戰略認知，亦即北宋對所處環境的分析。第五章評估北宋對遼及西夏在戰略運作上的演變，並檢討各種同盟的運用及其間的得失關係。最後爲結論，藉由分析北宋、遼、西夏三者戰略關係的認知，瞭解權力平衡的運用，從歷史中得到驗證。

戰略的目的在求長治久安，戰略的法則在求持盈保泰，必須在力與勢的均衡下始能達到上述要求。北宋便是在力不足的情況以及守勢爲主的戰略指導下，需對外組織聯盟以增強實力，但是並不能抵消北宋國力太弱的弱點，其結果不但未能打敗遼收復燕雲十六州，最後反而亡於金之手，由此可知，要維護生存利益，唯要靠自己最可靠，增強自身實力才是安全之道。

目　次

第十八冊　宋代奠定的佃耕制及其後世沿革

作者簡介

張履鵬，天津市寧河縣蘆臺人，生於 1929 年，長期在農村工作，熟悉農村、農業和農民。早年曾經在河南省內的研究所和大學從事農業經濟歷史研究與教學工作，擔任過教授和研究員職務。現已退出崗位，在鄉自選課題項目，進行有關農業經濟等方面的歷史知識普及和學術探討。

提　要

國家建立就要有各種制度，土地制度是其中重要一項。宋代以前的土地制度，都是國家控制土地還授爲主，兼有民間土地交易。宋代對土地採用不設田制，不抑兼併的佃耕制土地制度，把土地完全推向市場。佃耕制也叫租佃制，一直延續到解放前。佃耕制度的農業經濟結構，由自耕農經濟、地主經濟和佃農經濟組成。在佃耕制實行時期，三者互相轉化，並不固化，推行共一千餘年，而且不斷完善，生命力很強，土地並沒有高度集中，「千年田換八百主」一直運轉著。封建土地制度的井田制在秦代早已廢除，中國近代土地改革運動是針對的租佃制，但並不平坦。上世紀六十年代初，全國由合作社發展爲人民公社，結果是輝煌的幻滅。新的土地制度還在「模著石頭過河」。在現代化農業進程中，海峽兩岸農業經濟專家共同關注「小地主大佃戶」的農業經營發展方向。佃耕制作爲歷史和現實研究，總結其經驗教訓，是有其意義的。

目　次

第十九、二十冊　南宋文人飲食文化之研究

作者簡介

施靜宜，一九七四年生，高雄人。中國文化大學中國文學系文藝創作組畢業，中國文化大學中國文學碩士、博士。研究涉及現代詩、漢代詩歌、民間文學、飲食文學等領域。著有《餐芳譜——拈花作料理，古人與花的千古韻事》一書。現任稻江科技暨管理學院傳播藝術學系助理教授。

提　要

本論文以「南宋文人飲食文化之研究」爲題，主要探討南宋（1127～1279）文人的飲食觀、飲食內容、飲食行爲、飲食文學與其所欲建構的飲食美學等飲食文化，使人們對南宋飲食文學的文化意義有更全面的認知與評價。本論文共分八章，第一章緒論，說明研究動機、研究現況、研究範圍與研究方法；第二章傳統飲食觀，主要是探討南宋之所以能開創出獨樹一幟之文人飲食的文化根源，即士大夫意識深處所內化的傳統飲食思想；第三章南宋飲食書寫之風興起的因素，旨在探討南宋飲食文化與飲食書寫的興起，背後之主客觀

與內外在的因素；第四章南宋三大詩人的飲食書寫，旨在探討南宋最具代表性的詩人如陸游、楊萬里與范成大的飲食觀與書寫特色；第五章南宋文人的飲食譜錄，旨在探討南宋飲食譜錄的撰著與文人食譜的內容與思想；第六章南宋文學的飲食結構，乃是從南宋文人的飲食書寫探索其飲食風貌，共分爲主食、蔬菜、水果、肉食、海產、飲品與點心等七大類；第七章南宋飲食書寫的特色及影響，旨在探討南宋文人飲食的核心精神與對後世文人飲食的影響；第八章結論，則將本論文的研究成果予以扼要整理說明。

目　次

上　冊

第二一冊　蒙元高麗宗藩關係史述論

作者簡介

梁英華，1979 年出生於山東海陽，北京大學歷史系博士。從 2002 年開始從事中韓關係史研究，期間發表《試論黃遵憲、曾紀澤、袁世凱在 19 世紀 80 年代對朝鮮外交的策略》、《蒙元時期高麗國王入朝述論》、《1356 年恭愍王改革前後元朝對高麗的政策變化述論》等論文。

提　要

蒙元與高麗的國家關係，締結於 1218 年，結束於 1384 年。作爲北方游牧民族入主中原的蒙元政權，憑藉強大武力改變了以往中韓宗藩關係中的傳統政策，積極干涉高麗內政和外交，與高麗建立起了另類宗藩關係。在這一宗藩關係中，蒙元在推行某些懷柔政策的同時，改變了重視禮儀和厚賜的基本外交原則，一味強調對高麗單方面的控制權。而且，由於自身二元政治文化特點，蒙元推行的懷柔政策也出現了不同程度的變質。本文在述兩國宗藩關係建立、發展、強化、消亡的過程中，通過對蒙元高麗特殊宗藩關係具體內容的梳理，試圖回答蒙元如何改變了古代傳統中韓宗藩關係的實質，這種宗藩關係與歷史上其他時代中韓宗藩關係是否存在共性，其個性與特殊性又體現在何處，出現這種現象的原因是什麼等問題。

目　次

第二二冊　明清以來江南迎神賽會的變遷——基於功能主義的考察

作者簡介

魏文靜，1981 年生，湖北天門人，南京大學歷史學博士。師從南大歷史系范金民教授、胡阿祥教授、夏維中教授從事江南經濟史和江南民俗史研究，先後在《東南大學學報》、《歷史教學》等中文核心期刊上發表與江南迎神賽會相關論文數篇，參編《封疆大吏》、《國學四十講》等史學讀本多部，主持、參與江蘇省教育科學「十二五」規劃課題兩項，學術反響良好。

提　要

明清江南迎神賽會屢禁不止、耗費奢靡，向來被視爲社會「頑疾」。從功能主義視角來看，明中期以來江南商業發展進程中賽會組織形式的變化和賽會功能需求的增長乃其屢禁不止之根本所在。娛樂功能上，「舁神」儀式拓展了賽會的表演空間，使賽會表演所汲取的文化內涵更爲豐富，娛樂素材更爲廣博，爲賽會取得「一境若狂」的轟動效益提供可能。經濟功能上，行會從興起到走向繁榮，逐漸成熟的過程中對迎神賽會的認識也經歷了崇奢、治生、逐利、商戰四個逐層遞進的層次，此四個層次應和了迎神賽會經濟功能不斷深化的過程，最終促成了迎神賽會從單一民俗節慶向工商博覽會和旅遊節事的嬗變。教化功能上，無錫「泰伯誕」會和蘇州同里「關帝誕」會，都承擔著施善與教化的職責，紳衿及其家族活躍其間，著力頗多。直至民國中期「去迷信」運動時，知識分子仍爲社會教育的主導力量。但「去迷信」運動以科學主義爲主旨，在去除賽會宗教性時亦動搖了賽會教化功能延存的宗教基石。縱觀江南迎神賽會六百年間的變遷，上達朝廷下至官府的禁賽舉措向來不爲主導賽會興衰的決定因素。行業祭祀組織的壯大和地緣祭祀組織的發展是這一時期賽會組織形式中最顯著的兩大變化。商業化變革是明中後期以來江南迎神賽會變遷的總體趨勢，工商行會則是推進賽會商業化變革的主體力量。

目　次

第二三冊　十八世紀贛南地區的糧食市場整合研究

作者簡介

鄭生芬，高雄市人，民國六十六年（西元一九七七年）生。國立成功大學史研所畢業，現職爲台南市立民德國中歷史教師。就讀於成功大學歷史系期間，受蘇梅芳老師啓發，對清史研究產生興趣，曾著述《論郭嵩燾的洋務思想》一文爲畢業論文，攻讀碩士期間，又幸獲謝美娥老師指導，完成《十八世紀贛南地區的糧食市場整合研究》一文爲碩士論文。

提　要

本文從「清代糧價資料庫」取得清代贛州府、南安府及寧都直隸州的米價原始數據，建立一組糧價時間數列，經過可靠性評估及補遺漏值，運用計量方法，分析此一數列的長期趨勢以及相關分析，探討贛南地區的市場整合程度，並輔以定性史料佐證量化研究結論。

觀察米價的長期趨勢，結果皆呈現緩慢上升的長期趨勢。由史籍記載的自然災害考察其與糧價變動的關聯性，極端價格多有相應的天災伴隨發生，驗證其極端值並非人爲統計造成。

對米價長期變動的觀察，顯示贛州府、南安府、寧都直隸州三個府（州）的時間數列變動極爲近似，已經間接證實贛南地區的米糧市場呈現高度整合狀態，以相關分析法所得的結果，贛州府與南安府的相關係數值高達 0.84，贛州府及寧都直隸州的相關係數值達 0.78，兩組相關係數接近 0.8 或以上，且數值皆爲正相關，表示彼此關係緊密，意謂贛州府、南安府、寧都直隸州三府（州）的糧食市場有高度的整合，實可視爲同一市場區。又南安府與寧都直隸州的相關係數雖較低，爲 0.56，但不能視爲兩者不相關。從米價相關分析的結果，驗證十八世紀贛州府、南安府、寧都直隸州三府（州）的糧食市場爲高度整合的地區，贛南地區實可視爲一個糧食市場區。

目　次

十八世紀陝南地區的糧食市場整合研究

作者簡介

陳金月，畢業於成功大學歷史學系在職專班，現任國中教師。因緣際會之下，承蒙研究所指導教授 謝美娥老師的引薦得以獲得花木蘭文化出版社出版。而這份論文之所以能完成，最要感謝的是我的指導教授 謝美娥老師。如無老師的指導，無法順利完成本文，並感謝出版社出版拙著。

提　要

本文從「清代糧價資料庫」取得清代漢中府、興安府及商州直隸州的米價原始數據，建立一組糧價時間數列，經過可靠性評估及補遺漏值，運用計量方法，分析此一數列的長期趨勢以及相關分析，探討陝南地區的糧食市場整合程度，並輔以記述性史料佐證量化研究結論。

觀察米價的長期趨勢，發現漢中、興安、商州三府州都呈現緩慢上升的趨勢。利用史籍記載的自然災害考察其與糧價變動的關聯性，大部分的極端價格都有相應對的自然災害伴隨發生，驗證其極端值並非人為統計造成。

透過對米價長期變動的觀察，顯示漢中、興安、商州三府州的變動趨勢並不完全同步同向，間接指出此三府州彼此間的糧食市場程度不高，且相關分析的結果，漢中府與興安府的相關係數值為-0.36，漢中府及商州的相關係數值為-0.08，二組皆為負相關，表示漢中府和興安府這二個地區彼此關係較微弱，而漢中府和商州的係數值接近於 0，似是沒有關聯，意味漢中、興安、商州三府州不構成一個糧食市場區。又興安府與商州的相關係數為正相關，雖然係數值只有 0.41，但對其他二組而言，其相關相對的高。從米價相關分析的結果，驗證十八世紀漢中、興安、商州三府州未形成一個高度整合的糧食市場地區，而其中的興安府和商州地區才形成一個糧食市場區。

目　次

第二四冊　科舉革廢與華夏文明的近代轉型

作者簡介

苗永泉，1985 年生，山東萊蕪人，漢族。本科就讀於中國政法大學政治學專業，大學本科期間獲中國政法大學第四屆「學術十星」獎並因此免試攻讀本校碩士研究生。攻讀碩士學位期間師從叢日雲教授，獲法學碩士學位。後考取山東大學博士研究生，師從山東大學威海分校的張銘教授，獲法學博士學位。現就職於山東師範大學公共管理學院。

提　要

在長期的文明演進過程中，科舉制度與華夏文明實現了結構性嵌合。在帝制時代中後期，它越來越成一個將一統王權、儒學、士大夫官僚集團和士紳社會聯繫起來的核心制度樞紐，也是不斷完成政治、社會和文化再生產的傳送帶。由此這一制度在華夏文明系統中發揮了全方位的功能，其中具有成功人類文明共性的一面，也具有更適合中國社會自身特點的一面，這些背後都凝結著歷史的大智慧。然而面對近代文明的挑戰，科舉制度及其所依託的整個文明不得不進行痛苦轉型。西方的衝擊經過一個認知建構的內化過程而作用於近代中國的制度變革。最終在特定認知、觀念和時代取向的影響之下，清末國人以「合科舉於學校」這種錯位嫁接的方式廢止了傳統的科舉體系並試圖全面照搬西方的制度體系。然而由於中西文明高度的結構異質性，這種另起爐式的跨文化制度移植帶來了許多錯位、失調和衝突，產生了「雙重蛻變」的歷史後果：一方面是傳統文明的結構性解體導致中國社會迅速蛻變，另一方面是新移植過來的制度也異化變質，二者處於同一個歷史過程中並發生惡性互動，產生種種不盡人意的後果。跨文化學習過程涉及到非常複雜的方法論問題，而線性思維方式、急功近利心態和唯理主義觀念特別不適合人類社會這種「複雜大系統」的變革。

目 次

第二五冊　近現代閩籍翻譯家研究

作者簡介

陳愛釵，祖籍福建省南平市樟湖板，1969 年 6 月出生於福建省將樂縣。自幼在將樂長大，十八歲高考後進入福建師範大學外國語學院英語語言文學專業就讀，本科畢業後繼續在該校攻讀碩士學位，師從著名翻譯家許崇信教授。1994 年 8 月留校任教。2001 年師從林國平教授攻讀專門史博士學位。

提　要

福建（閩）孕育了近現代多的翻譯家。「閩籍翻譯家」群體近現代中國社會的發展作出了積極的貢獻，自 1840 年鴉片戰爭至 1949 年中華人民共和國的成立這近百年的時間中，中國經歷了眾多重大的歷史變革，每一次變革都與閩籍翻譯家相關聯。本書主要運用歷史學的方法，分別從 1840～1894 年、1895～1910 年、1911～1949 年這樣三個歷史階段來考察各個時期閩籍翻譯家的翻譯活動、主要成就以及社會影響，積極吸收與利用學術界現有的研究成果，把每一階段中的重要人物、重要譯作作研討的重點；同時也注意一些鮮人知的譯作、翻譯家的挖掘。大致勾勒出一部簡明的、以閩籍翻譯家骨幹的中國近現代翻譯史，在此基礎上探討福建故土與閩籍翻譯家群體的因緣：福建船政學堂、福建近現代基督教、移民、留學和新式教育與閩籍翻譯家的關係。近代以來福建出現大批傑出的翻譯家，並非偶然，而是有其優越的自然地理因緣和深厚的社會歷史文化積澱；閩籍翻譯家不但人數多，翻譯作品無數，更重要的是水平高，獨領風騷一百年。一部閩籍翻譯史，在某種意義上說，就是一部中國翻譯史；閩籍翻譯家翻譯的作品多是經世致用之作，與時政緊密關聯，對於中國近現代社會有著深遠的影響，中國近現代每一步進步都和他們息息相關；閩籍翻譯家還具有故土的情懷，近現代福建歷史書寫了輝煌的篇章。

目　次

第二六冊　章學誠研究論稿

作者簡介

林時民。1950 年生，台灣台中清水人。台灣大學歷史學系文學士，台灣師範大學歷史研究所文學碩士、文學博士。現任中興大學歷史學系教授。著有：《劉知幾史通之研究》（1987）、《史學三書新詮：以史學理論爲中心的比較研究》（1997）、《中國傳統史學的批評主義：劉知幾與章學誠》（2003）、《統帥與鑰匙：中國傳統史學十五論》（2005）、《台中市志・教育志》（2008）、《劉知幾史學論稿》（2015）、本書及相關學術論文卅餘篇。

提　要

本書雖係舊新論文所裒輯結集而成，然亦略謂自足形成體系，輯中首就章學誠生平擇要分期敘之，期以釐清生平與著作之間的有機聯繫，於焉吾人始有其宏著可讀。餘則專就其史學思想、史學理論、史學方法論乃至史學闕失予以分篇抒論，申其要解，企圖闡明其一家獨斷絕學乃宏揚自《春秋》以來，歷代卓越史家所承繼並發揚的史學宗旨。易言之，書中編次由外而內，由高層之思想理論轉入修史方法技術之實際層次，其道不外乎欲以管窺章氏史學之堂奧而已。內文中頗見章學誠對先聖孔子、史公馬遷、劉知幾、鄭樵等等諸前賢博彥之史學要論多所繼承、聯繫、發展甚至對立之種種側面，然則其總成則得以建立其一家專述之言，名山之業，於中國史學史上凝成屹立不搖之地位。其史學不僅記錄中國史學之精微深邃，宏揚既有優良史學傳統，終究更且推進東西史學之合流。

目　次

第二七冊　安徽歷史文化地理研究（1667～1949）

作者簡介

付勇，男，湖南常德人，1976 年生，文學碩士，史學博士。2000 年～2003

年，師從中國著名文藝理論家蔣述卓教授攻讀文藝學碩士學位；2008 年～2014 年，師從著名歷史學家陳偉明教授攻讀歷史地理博士學位。長期從事高校教學與科研管理工作，學術研究主要集中在文化史、人物史、證券史等領域，近年來發表相關學術論文近 20 篇，主持和參與國家、省市級課題 5 項，參編專著 2 部。對近代安徽歷史文化地理中的若干問題研究持續、深入，有自己獨到的見解；對中外證券史的發展、演變有深刻的理解和認識，擅長用理論指導實踐，崇尚「和氣致祥之妙，謹始慎終之絕」的人生哲學。

提　要

安徽地處我國中原地區與長江流域要衝，歷史上向爲戰略要地，又是南北紛爭的主要戰場，也是我國經濟、文化重心轉移的過渡地帶。安徽於清康熙六年（1667）年建省，其地形「上控全楚，下蔽金陵，扼中州之咽喉，依兩浙爲唇齒。洪流沃野，甲於東南。故六代以來，皆爲重鎭。」

本文嘗試對清代民國時期安徽歷史文化地理進行區域斷代研究，重點選取了清代民國時期安徽風俗、方言、地方戲、宗教、書院與人才等材料較爲詳實的文化因子，就它們的地域差異及形成背景、演變過程進行分析，主要研究它們的空間分佈規律與歷史變遷軌跡，比較其區域間差異，首先劃分出單個文化因子的文化區，並在此基礎上結合安徽各地民風、學風特徵分析這一歷史時期安徽五大文化區——皖北文化區、廬巢太文化區、安慶府文化區、宣池文化區、皖南徽文化區的形成，穩定的行政區劃對形成文化區起到很重要的作用，但需要明確的是文化區和行政區並不能完全劃等號。

目　次

第二八冊　中國邊疆史事研究

作者簡介

蔣武雄，1952 年生。1974 年畢業於東海大學歷史學系；1978 年畢業於政治大學邊政研究所；1986 年畢業於中國文化大學史學研究所博士班；現爲東吳大學歷史學系教授。主要研究領域爲中國災荒救濟史、中國古人生活史、中國邊疆民族史、宋遼金元史、明史。先後在《東方雜誌》、《中華文化復興月刊》、《中國邊政》、《中國歷史學會史學集刊》、《空大人文學報》、《東吳歷史學報》、《中國中古史研究》、《國史館館刊》、《中央大學人文學報》、《玄奘佛學研究》、《史匯》、《中央日報長河版》等刊物發表歷史學術論文一百三十餘篇，以及出版《遼與五代政權轉移關係始末》、《明代災荒與救濟政策之研究》、《遼金夏元史研究》、《遼與五代外交研究》、《宋遼外交研究》、《宋遼人物與兩國外交》等著作。

提　要

在中國歷史的發展中，邊疆民族的活動與表現，以及與中原朝廷的互動，是我們在研究中國歷史時，不能加以忽略的，因此筆者四十年來，頗致力於此一領域的研究。今天輯錄成書，即是筆者年輕時期所發表十六篇關於中國邊疆史事研究的文章。

一、論邊疆民族與中原朝廷建國之關係 —— 論述中國歷代中原朝廷建國時，獲得邊疆民族協助之情形。

二、布帛與中國古代外交 —— 論述布帛在中原朝廷與北方遊牧民族交往歷程中所扮演之角色。

三、論東北民族之文化演進 —— 論述中國東北民族文化演進之特殊現象，在渤海國未興之前並非優美，但渤海國興，其文化卻盛如「海東盛國」。而渤海國亡後，東北民族文化卻又逐漸退步，至明代更退爲漁獵生活型態。

四、論漢武帝征伐匈奴後對國運之影響 —— 論述漢武帝征伐匈奴，耗費繁重，導致財政匱乏，國運深受影響。

五、從《全唐詩》看唐代外來文化之盛行 —— 從《全唐詩》論述唐代外來文化盛行情形，使唐代文化具有濃厚國際色彩。

六、范仲淹之治邊 —— 論述宋代范仲淹在邊之日，嚴密防守西夏入侵之情形。

七、蒙古初期與遼金之軍政關係 —— 論述蒙古曾先後臣屬遼金，但及至蒙古興起，金僅築「金源邊堡」禦之，反而傾力攻伐南宋，以致最後亡於蒙古。

八、論元朝初期之以漢治漢 —— 論述蒙古初期與漢文化接觸，以及元初忽必烈時期以漢治漢之情形。

九、故元與明在遼東之爭戰 —— 論述明太祖對故元遼東諸將招降與爭戰之情形。

十、明太祖時期之海運遼餉 —— 論述明太祖時期歷年海運遼餉之主事者，以及後來廢止之原因。

十一、明代經營奴兒干考 —— 論述明代初期對東北各族招撫，和建置奴兒干都司之情形。

十二、明代遼東軍政與國運之關係 —— 論述明末遼東軍政敗壞，軍士逃亡、部伍空虛、屯田荒蕪、屯糧缺乏等情形。

十三、論明代遼東邊墻與邊防之關係 —— 論述明代遼東西段、東段邊墻與邊防之關係，以及遼東邊墻後來殘破之情形。

十四、論明末遼東邊將李成梁與奴兒哈赤興起之關係 —— 論述李成梁恩撫奴兒哈赤、爲虐遼東、棄地予奴兒哈赤，致使奴兒哈赤壯大之情形。

十五、戴傳賢先生對我國邊政之貢獻 —— 論述戴傳賢先生重視邊疆、關切邊民、培養與任用邊疆人才、愼選治邊人才等情形。

十六、莫德惠先生對我國邊疆之貢獻（東北與西南地區） —— 論述莫德惠先生在我國東北與西南地區之事蹟表現，對於此二地區，以及國家外交、抗日，均有很大之貢獻。

目 次

中國文明起源新考（上）

周運中　著

作者簡介

周運中，男，1984 年生，江蘇省濱海縣人，南京大學歷史學學士，復旦大學歷史地理學博士，現任廈門大學歷史學系助理教授。著有《鄭和下西洋新考》（中國社會科學出版社，2013 年）、《中國南洋古代交通史》（廈門大學出版社，2015 年）、《臺灣古史新考》（廈門大學出版社，2015 年）等，另發表論文多篇。主要研究中國古代史、歷史地理、海洋文明史等。

提　要

本書利用歷史文獻學、考古學、語言文字學、人類學、自然科學五重證據法，復原五帝五行部落聯盟史實，證明五帝五德說可信，修正五帝眞實世系，再現中國文明起源進程。中華文明正源裴李崗文化是伏羲氏創造，向東西發展爲大汶口文化與仰紹文化。太皞姓風、崇龍，少皞姓嬴、崇鳳。嬴即龍，兩皞姓氏、聖物交叉，因爲源自兩胞族。炎帝崇山、火，黃帝崇雲、水，源自女媧、伏羲兩胞族，媧即華夏。伏羲即贔屭、元龜、玄武，即今鷹嘴龜。華夏族創造廟底溝文化，覆蓋華北。四千多年前的降溫促老虎山文化南遷，征服陶寺文化。陝北石峁古城是共工氏建造，源自阿爾泰山突厥狄人，會駕車、冶金。蚩尤利用新技術，佔據垣曲銅礦及鹽池，打敗炎帝。炎帝向東征服宿沙氏，此即精衛填海由來。黃帝殺蚩尤，炎黃融合，產生顓頊。九黎亂德，少皞衰落，實爲萊人改宗良渚文化。少皞三大氏族投奔顓頊，定都濮陽，建立五行部落聯盟。高辛氏帝嚳出自水正，高唐氏堯出自金正，高虞氏舜出自木正。四千多年前的地震導致積石山崩塌，阻塞黃河，引發洪水，摧毀東方部落聯盟，河南中部有崇氏崛起，建立夏朝。五行聯盟西遷，所以東方禮器成爲夏朝禮器。南遷到嵩山附近的祝融集團滅夏，此即羿寒代夏，也即新砦文化由來。

目次

上冊

下冊

緒論：研究史與研究法

源遠流長的中華文明是全世界唯一沒有中斷的偉大文明，傳統說法是五千年中華文明，現在有人說是八千年或一萬年中華文明，其實這幾種說法都極有道理。文明的諸多標準不可能在同一時間產生，人類文明受氣候劇變影響。一萬年前，末次冰期結束，進入全新世。人類進入新石器時代，開始從事定居農業，製作陶器。因爲農業起源於萬年之前，這就是中華文明萬年說的由來。經過一段時間的發展，終於在八九千年前進入三皇時期，此時出現了精神文明的巨大進步，這就是中華文明八千年說的由來。五六千年前是全新世中期的大暖期，中華文明逐漸進入五帝時期，這就是中華文明五千年說的由來。四千多年前氣溫急速下降，導致北方民族南遷中原，這是中國歷史上第一次大規模的北人南遷。這次劇變直接導致涿鹿之戰和五帝時代的誕生，又不到兩百年就進入夏朝。夏朝雖然在四千多年前，但是夏朝與五帝時代不可分割，所以古人說五千年而非四千年。

一百多年前，因爲中國被西方列強打敗，於是有國人偏激地認爲中國必須模仿日本脫亞入歐，甚至有人主張徹底拋棄中華文明傳統。在這種歷史背景下，疑古思想自然要大行其道。從美國留學歸國的胡適，鼓吹疑古論，並直接指導他的學生顧頡剛炮製出《古史辨》。近一百年來的中華遠古史著作，因爲受到疑古派的衝擊，完全放棄了流傳了八千年的中華古史框架，或把歷史變成一團虛無主義的迷霧，或把歷史變成一根空洞的社會發展理論的竹竿，或把歷史變成一幅由零碎文物與古文字組成的靜物畫：這是時代造成的遺憾。

雖然王國維早已用殷墟卜辭證明了《史記》記載的商王世系，中央研究院歷史語言研究所主持的殷墟發掘也使胡適明確對顧頡剛說他已改而信古，並公開承認疑古說的錯誤，顧頡剛也不再堅持早年看法。但是因爲戰爭的影響，中國的考古學早年發展緩慢。近數十年來，無數振奮人心的考古發現不僅證明了疑古說的錯誤，還爲我們提供了許多不爲人知的珍貴史料。中國考古學的極大發展，爲我們研究中國文明起源提供了最有力的支持。

中國，即中央之國，既是地域上的中央，也是組織上的中央。其實世界上很多國家的都城都在國境之中央，如果在環境大致相同的理想狀態下，國都一定處在中央地域。中國最早的王朝夏朝興起於河南省，就是在黃淮海大平原及關中平原、汾河平原的中央地域。中國東部的各大平原相互連接，特別是華北大平原和長江中下游平原沒有顯著的分水嶺，在江淮東部連爲一體。雖然有很多湖沼，但是比起山地，交通還是方便很多。中國有亞歐大陸最大的溫帶平原區，而且是季風氣候，雨熱同期，適合農耕，這是中國和世界上其他國家最大的環境差異。古埃及文明、兩河文明、古印度文明都在熱帶沙漠、草原地區，平原較小，而且不是季風氣候，和中國的環境迥異。所以從世界上其他古典文明總結出來的文明起源模式不可能適用於中國，中國的環境優勢特別明顯。有學者認爲恰好是惡劣的環境刺激了文明的產生，〔註 1〕這個觀點在中國尤其不能成立。

胡厚宣指出，商朝自稱天邑商、大邑商、中商，三代時期已有中國概念，中國原指國都。〔註 2〕天邑是指宗教意義的頂層，大邑是指軍事實力的強大，中即中央之國。現在所知的中國二字最早見於周成王五年的青銅器何尊，1963 年出土於陝西寶雞，銘文 122 字，講述周成王五年，初遷成周（今洛陽市）時對名爲何的宗小子說：「惟武王既克大邑商，則廷告於天曰：余其宅茲中國，自之辥民。」〔註 3〕中國二字，原器寫成中或。或即國的本字，或由戈、口組成，象徵用兵器保衛城池，國的本義是武裝的城防。《逸周書・度邑》講述周武王營建成周的歷史，周武王曰：「自洛汭延于伊汭，居陽無固，其有夏之居。

〔註 1〕〔英〕阿諾德・湯因比著、劉北成、郭小淩譯：《歷史研究》，上海人民出版社，2000 年，第 91～100 頁。

〔註 2〕胡厚宣：《論殷代五方觀念及「中國」稱謂之起源》，《甲骨學商史論叢初集》，河北教育出版社，2002 年，第 277～281 頁。

〔註 3〕楊寬：《西周史》，上海人民出版社，2003 年，第 521～530 頁。李學勤：《青銅器與典籍的對照研究——以何簋、何尊爲例》，《故宮學術講壇》第 1 輯，故宮出版社，2011 年，第 242～247 頁。

我南望過于三塗，我北望過于有岳，丕願瞻過于河，宛瞻于伊洛。無遠天室，其名茲曰度邑。」周人追溯作河洛作爲中國的歷史，首先提到夏朝。考古學家提出在廟底溝文化時代已經出現了中國的雛形，最遲在龍山文化時代已經出現了中原爲中心的發現趨勢，還有人認爲最早的中國是夏朝首都二里頭古城。〔註 4〕

文明的概念還有爭議，界定文明的標準肯定不止一條，而諸多標準不可能同時產生，所以文明起源的問題比較複雜。有學者認爲國家的形成是文明起源的最重要標誌，筆者認爲農業、手工業、宗教、文字、城市與巫師、首領等統治精英的產生肯定遠早於國家，所以文明起源的過程非常漫長。王巍、彭邦炯都區分了文明和國家的不同，王巍還區分了文化層面的文明和社會層面的文明。〔註 5〕本書主要研究國家起源，也即三皇五帝到夏朝的歷史，而兼顧宗教、文字、城市的起源。至於農業起源等問題，因爲涉及遠古人類遷徙史，需要結合最新的分子人類學，所以本書無法展開。

第一節　疑古論的批判

夏朝誕生之前，是三皇五帝時代。但是《史記》沒有說三皇，開篇是《五帝本紀》，篇尾太史公曰：

> 學者多稱五帝，尚矣。然《尚書》獨載堯以來；而百家言黃帝，其文不雅馴，薦紳先生難言之。孔子所傳宰予問《五帝德》及《帝繫姓》，儒者或不傳。余嘗西至空桐，北過涿鹿，東漸於海，南浮江淮矣，至長老皆各往往稱黃帝、堯、舜之處，風教固殊焉，總之不離古文者近是。予觀《春秋》、《國語》，其發明《五帝德》、《帝繫姓》章矣，顧弟弗深考，其所表見皆不虛。《書》缺有間矣，其軼乃時時見於他說。非好學深思，心知其意，固難爲淺見寡聞道也。余並論次，擇其言尤雅者，故著爲本紀書首。

司馬遷說《尚書》開篇是《堯典》，這是古書殘缺。堯之前到黃帝的歷史，諸子百家都有提及，可惜有時很不正經，有損領袖的光輝形象。儒家有《五

〔註 4〕許宏：《最早的中國》，科學出版社，2009 年。

〔註 5〕王巍：《試談文明與國家概念的異同》，《古代文明研究》第一輯，文物出版社，2005 年，第 1～3 頁。

帝德》、《帝繫姓》，見於《大戴禮記》，可惜有些儒家不傳授這些篇目。《春秋》、《國語》徵引了這些篇目，可見其可信。《五帝本紀》只選擇典雅的史料，不正經的史料一概擯棄。司馬遷一定看到了很多三皇的史料，可惜都被他捨棄，給後人研究古史留下了難題。他雖然捨棄了很多所謂的不雅傳說，但是又說出了自己刪削典籍的眞相，讓後人對這些傳說更加好奇。後人對此有兩種態度，一是繼承春秋儒家及司馬遷的路子，繼續完善春秋戰國形成的五帝大一統說法，甚至補上《三皇本紀》，使得這種大一統的結構不斷上溯，使得古史的系統不斷完善，努力使後人相信這些都是眞實的歷史。一是懷疑《五帝本紀》及各種典雅的史料，形成了疑古學派。

疑古之風在漢代就有，唐宋稍盛，清代發展爲辨僞學，開始只是對某些著作的辨僞，閻若璩《古文尚書疏證》、惠棟《古文尚書考》宣佈《古文尚書》其實是僞作。後來發展爲對所有書籍的辨僞，萬斯同有《群書獻疑》，姚際恒有《古今僞書考》，張心澂有《僞書通考》，特別是最後兩部網羅很深，幾乎把所有古書懷疑一遍。其實這是清代考據學發展的必然結果，因爲考據學者持有科學態度，他們的語言文字學水平又大爲提高，所以才有辨僞學的蓬勃發展。辨僞學有很多作用，但是發展到古史辨派就是走上了極端。

顧頡剛自我總結古史辨派興起的背景有四：(1) 史學上尋源心理的發達，(2) 西洋治學方法和新史觀的輸入，(3) 清代中葉以來疑古學的興起，(4) 考古學的抬頭。〔註 6〕乾嘉年間的崔述寫出了《考信錄》，他提出儒家六經及《論語》、《孟子》講述的上古史可信，而《國語》、《大戴禮記》及諸子百家所說的往往不可信，戰國之後的記述越發不可信，但是晚出的古史卻越來越系統。晚清的常州學派及廖平、康有爲等今文學派學者，攻擊古文經典，認爲古文經典是漢代劉歆僞造。錢穆、楊寬批評今文學家只是宣傳而非學術，顧頡剛認爲其言誠有是處，但是他認爲今文學家的長處本來在於破壞僞經和僞史，破壞和建設是一事的兩面，至於今文學家所言是否比僞經和僞史可信，可以暫且不問。〔註 7〕顧頡剛的態度是只談破壞，不問建設，但是破壞者未必能有建設。

1902 年，日本學者那珂通世在《史學雜誌》發表了《考信錄解題》，介紹了崔述的《考信錄》。受其影響，白鳥庫吉於 1909 發表的《中國古傳說的研

〔註 6〕顧頡剛：《當代中國史學》，遼寧教育出版社，1998 年，第 116 頁。
〔註 7〕顧頡剛：《當代中國史學》，第 36 頁。

究》否認堯、舜、禹是存在的人物。白鳥庫吉又多次刊文宣傳堯舜禹抹殺論，1921 年，內藤湖南發表《尚書稽疑》，提出春秋時期儒墨兩家爭論，墨家推崇大禹，儒家因此造出比大禹更早的堯舜等人物，日本學者的疑古論對中國古史辨派的產生起了促進作用。〔註 8〕日本疑古派的觀點經過劉師培介紹到中國，引起顧頡剛、胡適、錢玄同、洪業等人的興趣。1920 年，胡適託日本朋友青木正兒購買那珂通世標點的《崔東壁遺書》，次年將此書交給顧頡剛。白鳥庫吉等人的疑古論遭到日本學者林泰輔的批評，林泰輔是最早利用甲骨文的日本學者，他和羅振玉、王國維關係密切，可見中日兩國釋古派的關係也很密切。〔註 9〕廖名春指出，顧頡剛抄襲了日本人的學說。〔註 10〕陳學然對此不僅作了詳細論證，還指出顧氏一直設法掩飾自己的抄襲行爲。〔註 11〕

據顧頡剛《古史辨》第一冊自序，1912 年，章太炎在蘇州開國學講習會，講國學，痛批孔教會和今文學家，顧頡剛在聽課後也受到其影響。但是不到一個月，章太炎就被捕入獄，顧頡剛又轉向今文經學，服膺康有爲之說，這奠定了顧頡剛一生爲今文學家的基礎。顧頡剛的學生楊向奎曾說顧頡剛是站在今文學派的立場來攻擊古文，〔註 12〕可謂中的。顧頡剛的另一個學生童書業說康有爲、顧頡剛不是單純的考據家，古史辨派的考據學沒有價值，其實也是暗指康、顧二人不是純粹的學者。〔註 13〕顧氏一生強調學術的經世致用，所以他積極參與抗日宣傳，還曾經參與給蔣介石獻九鼎的風波，給九鼎撰寫銘文。九鼎傳說是大禹所製，顧氏既然早就懷疑夏朝和大禹的存在，又給蔣介石獻九鼎，因此被陳寅恪、傅斯年等著名學者譏諷。〔註 14〕所以疑古派、

〔註 8〕盛邦和：《從「堯舜禹抹殺論」到「神代史抹殺論」——上世紀初葉日本疑古史學敘論》，《二十一世紀》第 36 期，2005 年。

〔註 9〕田旭東：《白鳥庫吉與林泰輔——日本的疑古派及反對派代表》，江林昌、朱漢民、楊朝明、宮長爲、趙平安、黃懷信主編《中國古代文明研究與學術史：李學勤教授伉儷七十壽慶紀念文集》，河北大學出版社，2006 年，第 526～535 頁。

〔註 10〕廖名春：《試論古史辨運動興起的思想來源》，陳其泰、張京華編：《古史辨學說評價討論集》，京華出版社，2001 年，第 263 頁。

〔註 11〕陳學然：《中日學術交流與古史辨運動：從章太炎的批判說起》，《中華文史論叢》2012 年第 3 期。

〔註 12〕楊向奎：《「古史辨派」的學術思想批判》，《文史哲》第 6 期，1952 年 3 月。

〔註 13〕童書業：《「古史辨派」的階級本質》，《文史哲》第 6 期。

〔註 14〕朱維錚：《顧頡剛銘「九鼎」》，《東方早報・上海書評》2009 年 2 月 22 日。朱維錚：《顧頡剛從政》，《東方早報・上海書評》2009 年 4 月 20 日。

釋古派其實就是今文派、古文派的延續，今文派治學首重政治，不是純粹的學者。陳學然說：「在顧氏身上，我們看不到章太炎、陳寅恪，甚至傅斯年身上那種講究治學與國家命運相聯繫的學人氣質與不屈的治學精神，他更多的似乎只是關心個人名位而已。」

1916 年，顧頡剛考入北京大學。次年胡適從美國留學歸國，任北京大學教授，講授中國哲學史。胡適對中國古史持虛無主義態度，他在《研究國故的方法》中說：「在東周以前的歷史，是沒有一字可以信的。」胡適的這種態度影響了顧頡剛，胡適還不斷誘導顧頡剛點校姚際恒的《古今僞書考》。當時社會思潮是求變求新，很多人要徹底消除中國傳統，顧頡剛在這種時代變革的大背景下，又在胡適的直接指導下，於 1923 年《與錢玄同先生論古史書》一文提出了「層累的造成的中國古史」的觀點，他認爲三代的歷史出於東周人的僞造。1926 年，顧頡剛把討論古史的文章編爲《古史辨》第一冊，胡適盛讚：「這是中國史學界的一部革命的書，又是一部討論史學方法的書。」顧頡剛因爲胡適等人的提攜而一舉成名，成爲古史辨派的開山掌門。此後的 20 多年間，古史辨派成爲中國史學界最興盛的學派之一。

在這個大革命的時代，也有很多學者冷靜地批評古史辨派的虛妄。中國傳統學術的最後大師章太炎就反對片面疑古，陳學然指出，章太炎在 1910 年就批判白鳥庫吉的謬論，1924 年開始激烈批判顧頡剛等人的古史辨謬論。朱維錚指出，章太炎在清末就認爲古史既可疑又不可疑，應如乾嘉考證學者那樣，恢復經典眞相，不應疑所不當疑。而錢玄同、胡適等人在傳統學術上不及章太炎之萬一，所以不敢回應章大師的批評。日本學者抹殺中國古史與日本的侵華政策有關，這是章太炎最反感之事。〔註 15〕

錢玄同本來是章太炎的學生，但是從古文派轉向今文派之後，即肆意批評古書，他在顧頡剛的信中說《尚書》：「現在的二十八篇中，有歷史底價值的恐怕沒有幾篇……《尚書》即無僞篇，也只是粉飾作爲的官樣文章，採作史料，必須愼之又愼。」又說：「《儀禮》是戰國時代胡亂鈔成的僞書……《周禮》是劉歆僞造的，兩戴記中，十分之九都是漢儒僞造的……我以爲原始的易卦，是生殖器崇拜時代底東西……至於《左傳》，本是戰國時代一個文學家

〔註 15〕朱維錚：《〈中日學術交流與古史辨運動：從章太炎的批判說起〉讀後》，復旦大學歷史系編：《懷眞集：朱維錚先生紀念文集》，復旦大學出版社，2013 年，第 129 頁。

編的一部國別史，即是《國語》，其書與《春秋》絕無關係。到了劉歆，將它改編，加上什麼五十凡這類鬼話，算作《春秋》底本，而將用不著的部分仍留作《國語》（康有爲說）。這部書底信實的價値，和《三國演義》差不多。」〔註 16〕錢玄同的這些話以及他的廢除漢字主張，現在看來有嚴重的時代局限。

張蔭麟批評古史辨派使用默證方法，因爲先秦史料奇缺，不能因爲某個時代的史料缺乏就說這個時代沒有某種事物。這本來是擊中了古史辨派的要害，可是彭國良說因爲默證無法正確使用而批評張蔭麟之說，認爲張蔭麟對顧頡剛的批評不能成立，他還說顧頡剛本來就不是追求歷史事實，而是關心歷代人對古史的認識史。〔註 17〕筆者認爲，默證能否正確使用是一個問題，顧頡剛等人使用沒使用默證是另一個問題。既然古史辨派辨的不是古，而是歷代人心目中的古，那就不該叫古史辨，而應叫古史研究史辨。王樹民評價古史辨派時說，通過層累的傳說，來探尋歷史事實，本來應該是古史辨派的工作重點，但是被古史辨派忽略了，於是產生了無限度的傳說分化演變的誤說，將古史辨派的工作引入歧途。〔註 18〕王樹民的評價很中肯，古史辨派原來號稱要尋找歷史眞相，但是卻在傳說的梳理之中不能自拔。

當時革命派的中心是北京，學衡派的中心是南京高等師範學堂（後改爲中央大學，即今南京大學等大學前身）。針對顧頡剛推測大禹是一條蟲，南京劉掞黎、柳詒徵、繆鳳林等名學者予以抨擊。顧頡剛在 1923 年給錢玄同的信中說大禹是神，證據是《詩經・商頌・長發》說：「洪水芒芒，禹敷下土方。」他說《說文》釋禹爲蟲，禹是九鼎上一種蜥蜴之類的動物，被誤以爲是開天闢地的人，〔註 19〕這就是大禹是一條蟲之說的由來。難道古人笨到連爬蟲和人都分不清嗎？是顧頡剛自己沒有分清蛇和蜥蜴，蟲字的原形是蛇，不是蜥蜴。劉掞黎引《詩經》駁顧，《魯頌・閟宮》：「是生后稷……奄有下土。」《大雅・下武》：「成王之孚，下土之式。」不能說后稷、周成王都是神吧！〔註 20〕古書經常說帝王接受天命，不能因爲人與天有關就說是神。

〔註 16〕錢玄同：《答顧頡剛先生書》，《古史辨》第一冊，上海古籍出版社，1982 年。

〔註 17〕彭國良：《一個流行了八十餘年的僞命題——對張蔭麟「默證」說的重新審視》，《文史哲》2007 年第 1 期。

〔註 18〕王樹民：《〈古史辨〉評議》，《曙庵文史續錄》，中華書局（北京），2004 年，第 23 頁。

〔註 19〕顧頡剛：《與錢玄同先生論古史書》，《古史辨》第一冊。

〔註 20〕劉掞黎：《讀顧頡剛君〈與錢玄同先生論古史書〉的疑問》，《古史辨》第一冊。

顧頡剛回答劉掞黎的第一篇文章《答劉胡兩先生書》，僅列四條觀念，第一是打破民族一元觀念，第二是打破地域一統觀念，第三是打破古史人化觀念，第四是古代爲黃金世界的觀念。顧頡剛第二篇文章《討論古史答劉胡二先生》詳細回應，他說禹的地位獨立，各地都有禹的神話，所以禹必然是天神。〔註 21〕這個結論當然不合邏輯，如果歐亞大陸各地都有成吉思汗的傳說，難道成吉思汗就一定是神？夏、商的地域都被顧頡剛嚴重縮小，所以傅斯年在 1927 年給顧頡剛的信中就批評顧頡剛把商朝疆域說得太小。〔註 22〕大禹傳說在多地流傳本屬正常，夏朝地域不小，傳說也能向外傳播，不能因爲傳說的擴大就說大禹不存在。可惜顧頡剛的邏輯就是根據後世的誇張，斷定古人不存在。難道我們能夠因爲宇宙現在的膨脹，就說宇宙爆炸的那個原點不存在嗎？顧頡剛又說共工氏之子后土也是能平九土，所以大禹就是后土，所以大禹、后稷不過是社稷神。這個邏輯又不能成立，劉掞黎反駁說，難道劉邦和朱元璋的事迹相似，我們就能說劉邦就是朱元璋嗎？〔註 23〕

顧頡剛又說禹和夏毫無關係，他的理由沒有一條成立。他說《詩經》、《尚書》說到禹，全不說夏。此說不通，如果古人都清楚大禹的時代，何必一定要說夏禹？顧頡剛說《立政》篇把有夏、桀和成湯、紂對比，但是不說夏禹，所以禹和夏無關。顧頡剛的邏輯極爲荒謬，此條根本不能推出禹和夏無關。顧頡剛就憑這幾條證據，極爲武斷地說：「禹和夏沒有關係，是我敢判定的。」

顧頡剛說，禹是南方民族的神話人物，因爲南方人要興修水利，所以造出禹的神話。顧頡剛以爲越人奉禹爲眞，可是爲何越人奉禹，他就相信呢？越人奉禹本來是越人漢化之後的附會，顧頡剛把這種傳說當成了歷史，卻把歷史當成了傳說。禹會塗山也被他當成辨僞證據，可是我們看春秋戰國時人常在國境之外會盟，難道途山一定要在大禹老家？塗山會盟的祭壇最近已被發現，詳見本書第十章第二節。難道上古的華北人就不修水利？沈長雲指出顧頡剛此話有誤，戰國之前的華北就有水利。〔註 24〕

〔註 21〕顧頡剛：《答劉胡兩先生書》、《討論古史答劉胡二先生》，《古史辨》第一冊。

〔註 22〕傅斯年：《評〈秦漢統一的由來和戰國人對於世界的想像〉》，《古史辨》第二冊，上海古籍出版社，1982 年，第 11 頁。

〔註 23〕劉掞黎：《討論古史再質顧先生》，《古史辨》第一冊。

〔註 24〕沈長雲：《禹治洪水問題辨析》，中國社會科學院古代文明研究中心、安徽省文化廳、蚌埠市人民政府：《禹會村遺址研究——禹會村遺址與淮河流域文明研討會論文集》，科學出版社，2014 年，第 206 頁。

1937 年，顧頡剛突然又說禹是西部戎狄的神，可是他舉的證據又都是漢代人說禹出自西羌，但是羌、戎本來不同，所以實在是牽強附會。他之所以改口說禹是戎人，就是看到《左傳》昭公二十二年和哀公四年說到晉國有九州之戎，於是顧頡剛大喜過望，認爲九州的傳說來自戎狄。〔註 25〕其實這個九州不過是瓜州的異譯，即襄公十四年的瓜州戎，而瓜州戎的首領叫駒支，實即月支的異譯，瓜州、九州也即月支的異譯，關於此點，筆者將另有專文。九州戎是白種印歐語系的月氏人，絕不是黃種漢藏語系的羌人，顧頡剛不辨民族。即使他辨明了民族，此說也不能成立，因爲禹出西羌本是晚出傳說。

《禹貢》沒提堯、舜，顧頡剛就說不正常，說禹是堯、舜的臣子，不應不提堯、舜。治水的實際工作是禹做的，當然可以不提堯、舜。顧頡剛的疑問根本不能成立，他居然又說洪水和堯、舜毫無關係。可見顧頡剛的無數假說，就是建立在一個又一個不能成立的疑問上。

顧頡剛的《古史辨》有一大法寶，就是經常把胡適抬出來助陣，胡適在 1924 年《古史討論的讀後感》說顧頡剛：「他初次應用這方法，在百忙之中批評古史的全部，也許不免有些細微的錯誤。但他這個根本觀念是顚撲不破的，他這個根本方法是愈用愈見功效的。」胡適不管顧頡剛的論證有多少錯誤，就強調顧頡剛一個觀念：時代越後，傳說的古史期越長，傳說中的中心人物越被放大，就算不能知道某一件事的眞實狀況，也可以知道某一件事在傳說中的最早狀況。可是顧頡剛的這個觀念本來就不能成立，先秦史料奇缺，我們看到的傳世史料不過是滄海一粟，要根據一點零星的材料就討論傳說的最早狀況本來就很危險。於是顧頡剛不得不把辨僞的對象擴大到漢代或更晚，但是辨明漢代人造了多少僞，對我們瞭解古史眞相是毫無用處。所以顧頡剛又說這工作可能本來就不能查出古史眞相，僅僅是知道古人是如何看待古史。

劉掞黎說夏朝到春秋都和交趾沒有往來，胡適抓住這句話，就說單憑這一句話足以證明《堯典》是秦漢的僞書。姑且不論中國和越南的交往是否晚於春秋，根據一句話判斷一本書的眞僞，就是錯誤的觀念。古書多不出自一人，現在已經是學界常識，余嘉錫說：「後人習讀漢以後書，又因《隋志》於古書皆題某人撰，妄求其人以實之，遂謂古人著書，亦如後世作文，必皆本

〔註25〕顧頡剛：《九州之戎與戎禹》，《禹貢》第七卷第六、七合期，1937 年。收入《古史辨》第七冊下編，上海古籍出版社，1982 年，第 117～139 頁。

人手著。於其中雜入後人之詞，輒指為僞作（眞僞之分，當別求證據，不得僅執此為斷）。而秦、漢以上無完書矣。不知古人著述之體，正不如是也。」〔註 26〕春秋戰國的書，尚且多是門人彙編，何況是更早四千年的五帝時代呢？《堯典》雜入後人之語，傳抄幾千年，多有錯訛，不過是尋常之事。葉國慶說：「余以為《堯典》類一百衲衣，色樣錯雜，難指為某一時之作品。四宅之說，寅賓出日，寅餞內日之語，類祀之禮，含有古代社會之色彩，不能謂其為漢時制度之反映。」〔註 27〕葉說合理，我們不能簡單地說古書是眞是假，絕大多數古書是有眞有假。

古史辨派眼中的古人好像非常原始，《禮記・明堂位》列舉了虞、夏、商、周四代禮制的諸多異處，顧頡剛說：「這樣那樣，一件一件搬了出來，好像那時眞有一個歷史博物院，保存著四代的器物，所以會說得如數家珍。但倘使果眞這樣了，孔子又何必興文獻無徵之歎呢？」〔註 28〕其實顧頡剛在同一篇文章的開頭就引了《史記・周本紀》說：「封諸侯，班賜宗彝，作分殷之器物。」說明歷代文物並非在改朝換代之中完全毀滅，後世完全可以看到前朝文物。北京的故宮博物館開放，顧頡剛也常去觀看。既然清宮之中能有歷代文物，周人為何不能有虞、夏、商歷代文物？對於貴族來說，歷代寶物確是家藏，自然是如數家珍。孔子說文物無徵，主要指文字史料，而非文物。古史辨派之所以因此懷疑古人，其實是因為他們潛意識裏一直認為古人極其落後。根本原因是他們受了西化思潮的影響，產生了簡單的直線進化史觀。

古書中最寶貴的史料，往往被顧頡剛斥為漢代人的僞造，比如《左傳》昭公十七年郯子所述少皞氏部落結構、昭公二十九年蔡墨所述遠古五官之制，是最寶貴的遠古史料，顧頡剛卻說這幾段話是劉歆插入《左傳》，而顧頡剛的論證又不能成立，他反駁昭公二十九年一段，說《世本》、《左傳》、《山海經》等書的句芒、祝融都是人名，則不是官名，所以《左傳》這一段是僞造。〔註 29〕一個人有多個名號是常識，但是顧頡剛不允許任何一個人有別名。五帝有姓名，也有族名，還有官名，顧頡剛就說五帝不應有幾個名號，所以

〔註 26〕余嘉錫：《古書通例》，中華書局（北京），2007 年。

〔註 27〕葉國慶：《〈堯典〉著作時代問題之討論》，《禹貢》第二卷第九期，收入葉國慶：《筆耕集》，廈門大學出版社，1997 年，第 4 頁。

〔註 28〕顧頡剛：《戰國秦漢間人的造僞與辨僞》，《古史辨》第七冊，上海古籍出版社，1982 年，第 29 頁。

〔註 29〕顧頡剛：《中國上古史研究講義》，中華書局（北京），2009 年，第 219 頁。

一定是僞造。他說是古人嫌古帝太多，於是把幾個人拼合爲一個人。〔註 30〕顧頡剛隨意誣陷古人，其實正是他自己胡編亂造。既然他又指責古人爲了拉長歷史會僞造更多的古帝，又說古人減少古帝的名目，可見顧頡剛的話自相矛盾。試想，劉歆再博學，能僞造如此長篇大論嗎？《左傳》昭公十七年所述少皞氏的鳥官，有同書昭公二十年晏子說齊國古有爽鳩氏可以參證，本書下文還要說到大量的證據，不可能是劉歆編造。

據說顧頡剛曾對葉笑雪說，前輩的學術根底沒法比，總要另闢一路才能站穩腳跟。張旭東評論說層累古史觀確是聰明人的靈機一動，而不是力作。〔註 31〕此評切中要害，古史辨派學者缺乏語言、文字、民族、地理學等諸多學科的功底，因爲他們出自今文學家，過度強調理論思辨，而考證功夫源自古文學家，這也是古史辨派致命缺陷。今人爲古史辨派辯護，說古史辨派誣陷古書造僞，即使被現在的出土文獻推翻也無關大局，本來是細節問題。〔註 32〕此說殊爲荒謬，所有歷史研究都建立在史料基礎上，如果史料出了問題，研究全部作廢，這不是細節問題，而是全局問題。古史辨派把古書推翻，就是全局問題。爲古史辨派辯護的人，多是研究史學理論而非先秦史，所以他們的辯護很難有說服力。古史辨派爲他們叫好的那些理論本來也不是古史辨派的創造，不需要通過古史辨派那樣激進的方式才能爲人接受。

比如顧頡剛說要打破的四個觀念，劉掞黎完全贊同打破民族一元觀念，當時多數學者也贊同。劉掞黎不全贊同打破地域一統觀念，他說西方人也可能忘記很多地域廣大的帝國，不能根據後人記載缺失就說原來不存在這樣的統一，這也是正確的。顧頡剛用地域擴大說來打破地域向來一統觀念，邏輯上根本不能成立，夏朝的一統地域沒有周朝大，周朝的一統地域沒有秦朝大，秦朝的一統地域又沒有漢朝大，但是不能說秦朝沒有一統，不能說周朝沒有一統，也不能說夏朝沒有一統。夏朝獲得了周邊廣大地域的尊崇，就是一統了，不在於有多大的疆域。顧頡剛在論證中就是這樣經常偷換概念，或者是他自己就混淆不清。《古史辨》第二冊的首篇《秦漢統一的由來和戰國人對於世界的想像》，顧頡剛就是用疆域的小來否定夏、商、周的統一。其實統一與

〔註 30〕顧頡剛：《中國上古史研究講義》，第 95 頁。

〔註 31〕張旭東：《牟潤孫找工作：新舊學風的對抗》，《東方早報・上海書評》2015 年 1 月 4 日。

〔註 32〕張富祥：《「走出疑古」的困惑——從「夏商周斷代工程」的失誤談起》，《文史哲》2006 年第 2 期。

否要看結構，不能看大小，我們不能因爲瑞士小就說瑞士不是國家吧！

顧頡剛喜歡看戲，也用看戲的眼光去衡量古史，這本來未必成立，居然被有些人津津樂道，說成是顧頡剛的一大發明。史學從來不是文學，史書從來不能胡編亂造，即便有人僞造歷史，也不能說世界上絕大多數史書和小說一樣吧！古史辨派隨意指責古人造僞，似乎古代造僞極其容易，其實在春秋之前，學術被貴族壟斷，造僞極其不易。春秋之後，百家爭鳴，一家隨意造僞要面臨其他學者的指責，隨意造僞不易獲得社會承認，所以當然不可能出現隨意造僞之事。但是古史辨派忽視了社會客觀現實，誇大人的主觀意志。

疑古派以論帶史，厚誣古人，難道春秋戰國時人完全不瞭解遠古史嗎？春秋戰國時還保留了很多上古史料，至於傳說則更多，所以司馬遷《史記》能夠記載夏商兩代的世系，商王世系已經得到甲骨文證明。《左傳》記載郯國的國君能夠講述他的祖先少皞氏的部落結構，《國語》說陽國保留有夏商以來的嗣典，詳見本書第二章第五節。前秦王嘉《拾遺記》引戰國時桑丘子之書，講述桑丘子祖先少皞氏所用的鳩表居然和現在考古發現完全吻合，詳見本書第一章第五節和第五章第四節。《越絕書・記寶劍》風鬍子說：「軒轅、神農、赫胥之時，以石爲兵……至黃帝之時，以玉爲兵……禹穴之時，以銅爲兵……當此之時，作鐵兵，威服三軍。」風鬍子把人類歷史分爲石器時代、玉器時代、銅器時代與鐵器時代，除了玉器時代有誤，總體不錯。說明古人對數千年的歷史有完美劃分，看似現代才首創的歷史分期早已爲古人道出。

古史辨派後來分爲兩派，一派以顧頡剛、童書業爲代表，他們認爲漢代人造僞的原因出於現實需要，比如他們認爲少康中興是爲了影射光武中興而造出，這種解釋把先秦和漢代的相似事情牽強附會，雖然比顧頡剛早年的神僊人化的簡單思路稍爲複雜，但是也不能成立。按照這種思路，光武中興也有可能是清代人爲了影射同治中興而造出，那麼歷史就不存在，只有現實。難道只有你把腳踏進那條河流，那條河流才存在嗎？說到底，古史辨派是唯心主義。

另一派則把古史全部歸結爲神話，以楊寬、丁山爲代表，二人之說晚出，童書業說楊寬的民族神話史觀混合了傅斯年的民族史說和顧頡剛的古史神話學，說明楊說也導源於顧說，其實就是大禹爲蟲的思路。〔註 33〕楊寬在《古史辨》第七冊發表長文《中國上古史導論》，把數十個古史人物都歸結爲東西

〔註33〕童書業：《古史辨》第七冊《自序二》，上海古籍出版社，1982 年。

方兩個族群的 11 個神的分化，所以童書業在此冊自序中說：「楊先生的最厲害的武器，是神話演變分化說。」丁山認爲禹是蛇神，帝江是江神，共工是虹神，姜嫄是地母神，神農、蓐收、后稷是農神，飛廉、句芒是風神，吳回是火神，〔註 34〕總之一切古史人物都是神。如果按照這種思路，世界上所有的人原來都是神，人沒有必有存在，因爲史書中全是神，沒有一個人。這種思路也很簡單，只需用神解釋古史人物，顯然也不能成立。這一派說到底，也是唯心主義。

古史神話派的丁山、楊寬在具體論證時，還有一個過度牽合的通病，比如楊寬認爲陶唐即高辛、高陽，鯀即共工，羿即契，丹朱即驩兜，因爲楊寬認爲所有古史人物都來自東方的五行之神及西方的嶽神、社神、稷神、火神，所以必須把很多古史人物強行牽合。〔註 35〕不過楊寬對顧頡剛提出了批評，他認爲古書不可能都出自劉歆僞造，顧頡剛遇到各種書籍中不符己見之處就說是漢人篡改，當然是一種極爲武斷的看法。

顧頡剛的大學好友傅斯年 1924 到 1926 年去歐洲留學時寫給顧頡剛的數封信中，開始對顧頡剛的《古史辨》大爲讚賞，後來批評較多。他在信中指出古書不成於一時，不能一概而論，康有爲、崔述之說不客觀。〔註 36〕他深受德國實證史學的影響，回國主持中央研究院歷史語言研究所時，提出史學就是史料學的口號，主張大力發展考古學，探尋可信的新史料，重建古史。傅斯年從不主張偏激疑古轉而批判疑古派，還寫過一篇小說《戲論》，專門嘲諷顧頡剛與古史辨派。《戲論》模倣《古史辨》顧頡剛給胡適、錢玄同的信，說民國三十三世紀有個疑古學者理必有，作《古史續辨》十冊，寫信給顧樂，論證孫文、黃興不存在，錢玄同也是顧頡剛的筆名，文中說顧頡剛的言論激斷，又明確說《古史辨》是詛信之作。〔註 37〕此文未刊，很可能是傅斯年早年寫成。

史語所主持的安陽殷墟科學考古改變了世人對古史的看法，甚至包括《古史辨》的始作俑者胡適！1929 年，胡適在上海對顧頡剛說：「現在我的思想變

〔註 34〕丁山：《古代神話與民族》，商務印書館（北京），2006 年。

〔註 35〕楊寬：《中國上古史導論》，《古史辨》第七冊上編，上海古籍出版社，1982 年，第 400 頁。

〔註 36〕王汎森、潘光哲、吳政上主編：《傅斯年遺箚》，社會科學文獻出版社，2015 年，第 38～69 頁。

〔註 37〕傅斯年著、歐陽哲生主編：《傅斯年全集》第三卷，湖南教育出版社，2003 年，第 159～161 頁。

了，我不疑古了，要信古了！」〔註38〕1930年胡適又在史語所演講說：「如我在六七年前根據澠池發掘的報告，認商代為在銅器之前，今安陽發掘的成績，足以糾正我的錯誤。〔註39〕胡適早已承認《古史辨》的錯誤，但是現在竟有人為了維護古史辨派，攻擊殷墟發掘是反科學，說：「正是殷墟發掘與典籍的吻合，使得這一成果變成了對疑古思潮的嘲諷，客觀上為維護傳統提供了科學依據……所以，殷墟的發掘不只對疑古思潮是一個重大打擊，也是對科學治學精神的一種反擊……本來就缺乏現代科學思辨的國學方法又重新鞏固了自己的地位，這也使得中國考古學在後來的半個多世紀裏，將重構國史為己任，沒有在完善提煉信息上和十分關鍵的理論方法上下功夫。」〔註40〕令人難以置信的是這段話居然出自上海復旦大學一位考古學教授的口中，他誤以為傳統的國學缺乏科學思辨，誤以為考古學必須推翻歷史記載，顛倒了殷墟發掘與古史辨派的是非。

顧頡剛在北京辦《禹貢》半月刊時曾經親口對陶希聖說：「考據的工夫做下去，自己覺得空虛。我辦禹貢，再辦通俗，是實際工作與民眾工作。」陶希聖覺得顧頡剛的疑古只是破，不能立，自覺空虛，所以轉為史地之學，再轉為通俗教育的民眾工作。陶希聖認為顧頡剛沒有領會實證主義，不像傅斯年能有所立，所以餘生江郎才盡，沒有新成績見江東父老。〔註41〕

譚其驤 1931 年告訴顧頡剛，鄧之誠對他的評價是：「人甚誠懇，亦甚用功，惟疑古入了迷，成為成見，往往無中生有，為可惜耳。」〔註42〕鄧之誠 1934 年日記中說：「閱顧頡剛昨所贈《兩漢州制考》，不能竟也。此君為學，大約不外是己非人、是今非古八字，兼足以概今時學風。」〔註43〕

陳寅恪 1935 年在給陳垣《元西域人華化考》所作序中說：「以誇誕之人，而治經學，則不甘以片段之論述為滿足，因其材料殘闕寡少，及解釋無定之

〔註38〕顧頡剛：《我是怎樣編寫〈古史辨〉的？》，《古史辨》第一冊，上海古籍出版社，1982年，第13頁。

〔註39〕王汎森：《傅斯年對胡適文史觀點的影響》，《傅斯年：中國近代歷史與政治中的個體生命》，三聯書店（北京），2012年，第272～273頁。

〔註40〕陳淳：《文明與早期國家探源——中外理論、方法與研究之比較》，上海書店出版社，2007年，第16頁。

〔註41〕范泓：《顧頡剛的「空虛」》，《歷史的復盤》，廣西師範大學出版社，2013年，第243～247頁。

〔註42〕顧頡剛：《顧頡剛日記》卷二，北京：中華書局，2011年，第568頁。

〔註43〕鄧之誠：《鄧之誠文史札記》，鳳凰出版社，2012年，第43頁。

故，轉可利用一二細微疑似之單證，以附會其廣泛難徵之結論……今日吾國治學之士，競言古史，察其持論，間有類乎清季誇誕經學家之所爲者。」牟潤孫曾是顧頡剛的學生，因反對顧頡剛的論點而疏遠顧，牟指出陳寅恪在此批評的古史研究者正是顧頡剛。〔註 44〕

陳垣 1939 年在給劉文典《莊子補正》所作序中說：「今日治先秦子史之學，與先生所爲大異者，乃以明清放浪之才人，而談商周邃古之樸學。其所著書，幾何不爲金聖歎胸中獨具之古本，轉欲以之留贈後人，焉得不爲古人痛哭耶？」前引張旭東之文指出，陳垣在此批評的也是顧頡剛。

呂思勉《先秦史》說：「今之疑古者，每援後世書籍之體例，訾議古書，適見其鹵莽滅裂耳。」〔註 45〕古史保存極爲不易，不可以晚近記載體例衡量，不能因爲傳說及記載有誤就說古史不存在，就說古人造僞。其實古人何嘗不想把古史記全？我們能看到古史的一鱗半爪，已經要非常感謝那些記載者。但是古史辨派居然把這些記載者統統誣陷爲造僞者，豈不是好壞不分？

唐蘭原也曾懷疑古史，後來研究古文字，發現商代文字已很成熟，所以他認爲歷史不應從夏代開始。他在昆明西南聯大與徐旭生討論古史，看到徐旭生的《中國古史的傳說時代》，徐當時主張信古，唐說：「我認爲對古書處處懷疑，胡想亂說，是完全錯誤的。但也不能盡信，要有科學根據，要有分析，疑其可疑，信其可信。古代史資料只要不是寓言，不是漢以後人僞託的，就不應輕易否定。有些資料常和神話混雜，但就是近代歷史也還經常雜有神話的，應該剝去其神秘的外衣而探討它的實質。太昊、少昊、炎帝、黃帝等在春秋時代，還有他們的後裔，還可以考到他們的故都和其子孫的國土，這是假不了的。」〔註 46〕

有的古史辨派學者後來也改變看法，楊向奎提出《周禮》出自有儒家氣息的齊國法家，成書於戰國中期，其中也有現實反映，不完全是虛構。〔註 47〕顧頡剛晚年也認爲其原本出自齊國法家，但是仍然認爲今本是漢末劉歆的僞

〔註 44〕牟潤孫：《論清代史學衰落的原因》，《注史齋叢稿》，北京：中華書局，2009 年，第 676 頁。牟潤孫：《敬悼陳寅恪先生》，《海道遺稿（二編）》，北京：中華書局，2009 年，第 127 頁。

〔註 45〕呂思勉：《先秦史》，上海古籍出版社，2005 年，第 6 頁。

〔註 46〕唐蘭：《中國有六千多年的文明史》，《大公報在港復刊三十週年紀念文集》，香港大公報，1978 年，第 23～24 頁。

〔註 47〕楊向奎：《〈周禮〉的內容分析及其成書時代》，《山東大學學報》1954 年第 4 期。

造。〔註 48〕其實他的證據很多不能成立，比如他說《周禮》封地萬里一定出自秦皇漢武的擴張，其實完全可以用先秦人的理想規劃來解釋，未必出自秦漢時期的擴張。顧頡剛晚年雖然沒有正式宣佈放棄早年的學說，但也不提往事，其實已經悄然走上了釋古的道路，致力於《尚書》等古籍的整理工作。所以許冠三評價顧頡剛，說他始於疑，終於信。〔註 49〕

就在古史辨派已經改變看法之時，徐復觀仍然提出《周禮》完全出自劉歆僞造的新據，他批評顧頡剛的新觀點所下的功夫不深，方法不當，材料不夠，可是徐說基本從思想史的角度出發，而且充滿臆測，其實比顧頡剛之文要差很多。〔註 50〕比如徐復觀認爲劉歆爲了湊足六官，就根據春、夏、秋、冬四官又加上天、地兩官，此說完全出自徐氏臆測。徐說強調六這個數字的重要性，殊不知上、下、左、右、前、後是普通人的方位分辨常識，東、西、南、北、上、下合稱六合也是人的常識，六官出自對宇宙的劃分是合情合理，根本不需要劉歆來首創。他又說《周禮》六官出自《大戴禮記》的《盛德》、《千乘》等篇，其實《周禮》極詳，而《大戴禮記》極略，當然更應是《大戴禮記》概括《周禮》較易，而《周禮》敷衍自《大戴禮記》較難，所以此說不能證明《周禮》成書於《大戴禮記》之後。筆者對《周禮》的成書有新的梳理，見本書第五章第三節。金春峰對徐復觀的看法也有詳細批評，他提出《周禮》是戰國入秦學者所撰，反映秦制。〔註 51〕筆者認爲入秦學者和齊人不是完全矛盾，筆者對《周禮》作者另有專文考證。

張亞初、劉雨的研究表明，《周禮》記載的 356 官，有 76 官能在西周金文找到根據，所以《周禮》一定參考了西周官制。《周禮》的春官宗伯接近西周的太史寮，有大史、大祝、大卜三大文書宗教官，《周禮》的地官司徒、夏官司馬、冬官司工接近西周卿事寮的三有司：司土、司馬、司工，《周禮》的天官冢宰接近西周中晚期金文中上陞的宰官。《周禮》秋官司寇在金文中是屬司工的下屬，司寇獨立可能是東周之後的官制。〔註 52〕沈長雲、李晶提出《周

〔註 48〕顧頡剛：《「周公制禮」的傳説和〈周禮〉一書的出現》，《文史》第 6 輯，中華書局（北京），1979 年。

〔註 49〕許冠三：《新史學九十年》，嶽麓書社，2003 年，第 190 頁。

〔註 50〕徐復觀：《周官成立之時代及其思想性格》，《徐復觀論經學史兩種》，上海書店出版社，2005 年，第 179～299 頁。

〔註 51〕金春峰：《周官之成書及其反映的文化與時代新考》，東大圖書公司，1993 年。

〔註 52〕張亞初、劉雨：《西周金文官制研究》，中華書局（北京），1986 年，第 140 頁。

禮》記載更接近春秋官制，作者是春秋末期或戰國初期人。〔註 53〕《周禮》不可能是西漢末年人的僞造，這部唯一的官制古書是瞭解上古史的重要文獻。關於《周禮》六官的起源，詳見本書第五章第三節。

尤其令人奇怪的是，胡適早已在七十多年前就改爲信古，可是現在居然還有學者爲胡適早年的疑古辯護，說胡適是因爲古史沒有證據，才說東周以上古史全不可信。〔註 54〕既然胡適已經改爲信古，這種辯護就毫無意義。胡適年少時無視古書之中大量證據，本來就是一種錯誤的治學態度。還有一些學者爲古史辨派辯護，走上歷史虛無主義的歪路，認爲上古史本來就是不能考證清楚，所以無需考古、釋古，僅需疑古就行。這種極端態度恐怕連顧頡剛本人也不會答應，以這種態度爲顧頡剛辯護，還不如說是拿古史辨派來爲他們自己的理論作注。

治學需要創新，創新的前提是懷疑，但是懷疑不能過分，否則就走上了偏激的死胡同。近代疑古思潮盛行的根源是全盤西化論，但是中國顯然不可能全盤西化，所以由偏激的西化論產生的疑古論自然要被歷史淘汰。破易立難，疑古、信古易而釋古難。一個好的歷史學家不應該把解構傳統當成自己的最高目標，而應該努力用各種實證手段去復原歷史眞相。先把歷史事實研究清楚，才能解答自己和他人提出的歷史疑問。

日本白鳥庫吉、內藤湖南等人竭力抹殺中國古史，是在近代日本脫亞入歐的思潮下產生。胡適及其門徒顧頡剛的疑古論，也是在中國的西化思潮下產生。何新近來提出胡適是美國共濟會的中國分會員，爲了顛覆中國而一手策劃古史辨運動，有人評論何說荒謬。〔註 55〕筆者認爲胡適未必是共濟會員，因爲胡適並非近代中國西化論的首創者，而且在殷墟發掘之後就拋棄了早年的疑古論。但是何說也不是空穴來風，所謂新文化運動的領袖們，爲了急速模倣日本，脫亞入歐，提倡徹底推翻中國所有傳統。他們的偏激行爲，極其荒謬。劉夢溪認爲，五四反傳統思潮打擊的是傳統文化的核心價值，也即大傳統，文化大革命則是破壞了家庭人倫的小傳統。有些人所說的中國文

〔註 53〕沈長雲、李晶：《春秋官制與〈周禮〉比較研究——〈周禮〉成書年代再探討》，《歷史研究》2004 年第 6 期。

〔註 54〕李揚眉：《「疑古」學說「破壞」意義的再估量——「東周以上無史」論平議》，《文史哲》2006 年第 5 期。

〔註 55〕何新：《希臘僞史考》，同心出版社，2013 年。高峰楓：《「學術義和團」的勝利》，《東方早報・上海書評》2013 年 5 月 12 日。

化的缺點，只能說是特點。中國的傳統不能拋棄，現在需要重建我們的傳統。〔註 56〕何先生的古史研究，成果頗多，也有很多卓見，我們不能因爲其中有錯就全面否定。

盛極一時的古史辨派現在已經很少有人信從，雖然還有個別學者爲古史辨派辯護，〔註 57〕但是他們的辯護微弱無力。李零指出，古史辨派把上古史全盤否定，爲中國考古學的發展掃清了地盤，但是恰恰是考古學證明了疑古派的錯誤。〔註 58〕在《古史辨》第一冊中，李玄伯就提出：「要想解決古史，唯一的方法就是考古學。」〔註 59〕疑古派雖然懷疑古書，但是也主張用新興的考古學探索歷史眞相，顧頡剛在《古史辨》第一冊《答李玄伯先生》就有此看法。筆者以爲，即使沒有古史辨派，考古學也要在中國蓬勃發展，所以這絕非古史辨派的功勞。不過是因爲古史辨派的極端責難，客觀上對中國考古學的發展有一些推動作用。

第二節　中華文明西來論的批判

一百多年的中國，曾經盛行中華文明西來說，此說最早由歐洲人提出，出發點是歐洲文明中心論。德國耶穌會士柯切爾（Athanasius Kircher）在 1652～1655 年發表《埃及之謎》，1667 年發表《中國禮俗記》，提出中華文明來自埃及。1716 年，法國學者尤埃（Perre Daniel Huet）的《古代商業與航海史》一書提及埃及文明經過海路經由印度傳入中國。1758 年，法國學者德經（Joseph de Guignes）發表《中國人爲埃及殖民說》，論證埃及人在公元前 1122 年東遷中國，漢字是古埃及文字的正傳，此說得到瑞典的東方學家帕林（Palin）的贊同。〔註 60〕1871 年，傳教士艾約瑟（Joseph Edkins）出版專著，從比較語言學的角度提出中國人的祖先在公元前 3000 年從西亞東遷到甘肅、陝西。法國人拉克伯里（Terrien de Lacouperie）在 1894 年出版《中國上古文明的西方

〔註 56〕劉夢溪：《文化認同與文化傳統的重建》，《故宮學術講壇》第 1 輯，第 175～187 頁。

〔註 57〕文史哲編輯部編：《「疑古」與「走出疑古」》，商務印書館（北京），2010 年。

〔註 58〕李零：《考古發現與神話傳說》，《李零自選集》，第 59 頁。

〔註 59〕李玄伯：《古史問題的唯一解決方法》，《古史辨》第一冊，上海古籍出版社，1982 年，第 268～270 頁。

〔註 60〕〔英〕萊斯利、亞京斯著、黃中憲譯：《破解古埃及》，三聯書店（北京），2007 年，第 56 頁。

起源》的一書，提出公元前 2282 年的巴比倫人東遷中國，首領即黃帝。1900 年，日本人白河次郎、國府種德把這個觀點寫進《支那文明史》，給中國學者帶來很大影響。1913 年，英國傳教士鮑爾（C. J. Ball）出版《中國人與蘇美爾人》，也持同樣見解。〔註 61〕

20 世紀初，中國面臨列強瓜分的危險境地，爲了拉近中國人和西方人的距離，提高中國人的自信心，證明中國人歷史上也是殖民者，提倡中國人也可以接受西方文明，所以當時很多著名中國學者競然相信從西方人提出的中華文明西來說。1895 年，維新派學者宋恕就在《六字客齋津談》講到中國之學來自巴比倫，蔣智由、劉師培、章太炎、黃節、丁謙等人還加以論證。〔註 62〕

1921 年，瑞典學者安特生主持河南仰韶遺址的發掘，認爲仰韶文化的陶器與中亞安諾遺址的陶器類似，所以中華文明也是從西方而來。當時還有一些學者採取調和論，不認可中華文明來自西亞，而提出中華文明來自帕米爾高原，比如梁啓超認爲黃帝起自崑崙山，1915 年袁世凱政府製定的國歌唱道：「華冑來自崑崙東，江河浩蕩山綿連。」隨著中國考古學的發展，安特生的中華文明西來說逐漸爲中國更早的考古發現推翻。五四運動使得中國人的愛國熱情更加高漲，中華文明西來說逐漸爲學界拋棄。到 1930 年代已經很少有人提中華文明西來說，甚至出現了西方文明來自中國說。天長日久，中華文明西來說爲國人遺忘。

近年來，分子人類學家提出的「夏娃理論」傳入中國，經過中國分子人類學家對中國人的深入研究，進一步提出中國人的祖先確實是在近幾萬年來從西方遷入中國。〔註 63〕但是中國人的祖先在數萬年前西來與近幾千年來的中華文明西來是兩個問題，所以「夏娃理論」不能解決中華文明起源問題。

〔註 61〕江曉原：《中國天學之起源：西來還是自生？》，《自然辯證法通訊》1992 年第 2 期。

〔註 62〕楊思信：《對「中華文化西來說」的歷史考察》，《淮陰師範學院學報》1999 年第 4 期。楊思信：《拉克伯里的「中華文化西來說」及其在近代中國的反響》，《中華文化論壇》2003 年第 2 期。李帆：《民族主義與國際認同之間——以劉師培的中國人種、文明西來說爲例》，《史學理論研究》2005 年第 4 期。李帆：《西方近代民族觀念和「華夷之辨」的交匯——再論劉師培對拉克伯里「中國人種、文明西來說」的接受與闡發》，《北京師範大學學報（社會科學版）》2008 年第 2 期。孫江：《拉克伯里「中國文明西來說」在東亞之傳佈與文本之比較》，《歷史研究》2010 年第 1 期。

〔註 63〕金力：《寫在基因中的歷史》，韓昇、李輝主編：《我們是誰》，第 84～92 頁。

一百年前的中國學者提出中華文明西來說，因爲當時中國考古學還沒有建立，所以沒有太多實物證據。幾百年來，西方漢學家提出的中華文明西來說，固然因爲當時的條件不足，所以缺乏鐵證，但是他們的視角仍然值得肯定。正如印歐語系開始不過是一種假說，很不完善，16 世紀最初有人注意到歐洲語言和梵語的相似點，但是經過幾百年的論證，直到 19 世紀才最終爲學界承認。〔註 64〕幾千年來，關於世界上所有語言是否同源一直有爭論，著名的巴別塔故事講述的就是世界所有語言同根共祖，雖然古人不能記得語言誕生時的歷史，但是古人無疑能夠注意到語言分化的事實，會據此推測所有語言同源。認爲世界所有語言同源的學者已經列舉了很多證據，現在仍然有很多語言學家在努力探尋世界所有語言同源的更多證據。

承認中華文明吸納異族文明的成果，不等於說中華文明全部西來，中華文明的絕大多數是中國人自己創造。世界上也找不到任何一種完全獨立發展的文化，即便是埃及古文明、兩河古文明、印度古文明，在其起源階段也都有外來因素，所以中華文明的起源不可能沒有外來因素。從遠古時代起，中國文化就是海納百川的開放文化，這是正常情況，也應該令現代中國人感到高興。現代中國人不必因爲我們的老祖先接納一些西方文化而沮喪，更不能否認這一段史實。

但是我們也不能走向另一個極端，我們不能再回到一百年前的中華文明西來說。近來，易華的《夷夏先後說》提出：「夷創造了東亞新石器時代定居農業文化，夏或戎狄引進了青銅時代游牧文化。體質人類學研究表明夷屬蒙古人種，可能來自南亞；部分夏或戎狄屬印歐人種，來自中亞……漢族的歷史是夷夏結合的歷史，漢人、漢語、漢文化均是夷夏混合的結果。」〔註 65〕此說或在一時聳人聽聞，但是具體論證時錯誤很多，難以成立。

易說最大的問題，是把歷史上中原的華夏及中國各族曲解爲夷，又把融入華夏的極少戎狄誇張爲夏，完全不合史實。易著爲了強調印歐人在中華文明起源過程中的作用，爲了強調印歐人和東亞人的對立，把東亞所有民族強行套入一個大口袋，自行冠以夷人之名。這顯然不合史實，眾所週知，夷是特指中原以東的海岱地區人群。其實按照下文的考古學術史回顧，自從徐旭

〔註 64〕〔英〕戴維·克里斯特爾著、任明等譯：《劍橋語言百科全書》，中國社會科學出版社，1995 年，第 466 頁。

〔註 65〕易華：《夷夏先後說》，民族出版社，2012 年，提要。

生的三大集團說提出，傅斯年的夷夏東西說便已過時。蘇秉琦的六大區系說提出，徐旭生的三大集團說又過時了。現在又有分子人類學家根據基因檢測結果研究東亞各族的遷徙史，爲民族史提供了新的可靠依據。根據最新研究，東亞各族的演化非常複雜，絕非類似夷夏說的二元論可疑概括。

夏朝所對應的二里頭文化，基本是由王灣三期文化及更早的中國本土文化發展而來，不是一個從中亞東來的異質文明。如果從中亞遷來的印歐人很多，或者成爲東土的首領，勢必要使二里頭文化產生巨變。但是沒有證據表明二里頭文化與王灣三期文化存在文化的斷層，也沒有發現二里頭文化很接近中亞或西亞的某種文化。試想，如果從中亞東遷的印歐人眞的成了華夏的主體或首領，印歐人的體貌和中國人差異巨大，古書會不提到這種巨大的差異嗎？易華列舉出諸多從西亞傳入東亞的物質文明：青銅技術、羊毛、牛奶、馬車、小麥、磚、支石墓、火葬、墓道、兵器、金器、天的崇拜等。〔註 66〕其實所謂漢語的天和阿爾泰語系的 tengri、蘇美爾語的 dingir 同源，未必是在青銅時代產生，很有可能追溯到更早的年代。而青銅鑄造等技術的傳播完全不必通過人種的更迭來實現，這些技術也不可能改變中國本土文明的核心和主流。

易說雖然搜集了一些考古學、人類學的材料，但在一些根本的大問題上也不符合考古學和人類學的結論。比如易著說夏文化是西北的齊家文化，〔註 67〕可是考古學界公認中原的二里頭文化或者還包括王灣三期文化是夏文化。又如易著引用分子人類學的檢測結果，說明上古中國西北有印歐人，可是分子人類學檢測結果是印歐人占上古中國人的比例極少。

易著缺乏堅實的歷史文獻考據，在一些關鍵問題的論證上，居然沿用一百年前中國人論證黃帝西來的那些本來就不足爲憑的神話。比如黃帝的很多傳說和崑崙有關，而崑崙在西北，所以他們就說黃帝是從青藏高原走下的人。其實史書沒有黃帝來自崑崙的任何確切證據，關於黃帝的史料考證，詳見本書第三章。不但華夏的黃帝不曾去過崑崙，就是一千多年前藏族在藏南崛起之前，崑崙山也不是藏族的傳統居地。崑崙是高山，黃帝是神人，所以中原的神話自然把黃帝安排到崑崙山，這是神話，不是歷史。中國歷代皇帝沒去過崑崙山，周穆王更不可能去西域，《穆天子傳》說周穆王去崑崙本是誤解，

〔註 66〕易華：《夷夏先後說》，第 104～132 頁。
〔註 67〕易華：《夷夏先後說》，第 133～138 頁。

筆者另有專文論證。易著任意使用《山海經》，比如《大荒南經》說東南某國的事迹，竟被易著用來論證西北游牧民族，〔註 68〕地域完全不合。又如《史記》說黃帝遷徙往來無常處，易著據此認定黃帝以游牧爲生，其實南方的很多刀耕火種的民族也是經常遷徙，不能因爲黃帝有遷徙就說是游牧民族。可能是司馬遷看到很多地方都有黃帝遺迹，就說黃帝遷徙無常。

易著有時連牽強附會也談不上，就任意曲解史料，比如第 60 頁說：「炎帝是東亞定居農耕民族的象徵，黃帝是西北游牧民族的象徵。」可是我們在史書中根本找不到顯示炎、黃有這種差異的任何史料，在易著中居然也找不到任何證據。而第 56 頁竟又說：「堯舜的主要事迹與定居農業有關，而炎黃與青銅游牧文化關係密切。」那麼炎帝到底是東亞的農耕土著還是來自中亞的游牧民族呢？第 56 頁又說：「炎帝的失敗代表著一個時代的結束，即傳說中堯舜時代的結束。」難道堯、舜居然在炎、黃之前嗎？第 40 頁說：「堯舜活躍於中原，與東方和南方關係密切，是東亞夷人的代表。他們生活的時代尙未有夏或黃帝的蹤迹。」易著認定堯、舜的年代比炎、黃早，簡直是毫無根據的臆說。易著根本不理會史書，就把歷史任意改造爲自己需要的樣子，還不如疑古派，疑古派學者終究是熟讀史書，而且作文必定詳列史料。

由此可見，歷史研究絕不能以論代史，不能忽視文獻考證。沒有史料考據，書名再文藝，理論再花哨，也只能是空中樓閣。本書將全面論證中華文明的主體絕非來自西方，中華文明的主體是在本土由中華民族自我創造。至於歷代中華文明吸納的外來成分，也要給予應有的地位，但是絕不能誇大。

第三節　西方模式論的批判

1877 年摩爾根出版名著《古代社會》，由於受到馬克思、恩格斯的推崇，因此在中國大陸長期佔據神聖地位。中國學者按照摩爾根及馬克思主義的一系列概念去理解中國的遠古時代，把母系社會、父系社會、部落聯盟、奴隸制、圖騰等詞語與中國古書的名詞全面結合。由於西方理論家並未細緻研究過中國古史，他們的理論不是專門針對中國歷史。越往上古，人類文明對地理環境的依賴越深，而世界各地的地理環境差異巨大，所以由某些地區經驗提煉出的理論未必適合世界所有地方。而且很多歐美原典經由蘇聯改造輸

〔註 68〕易華：《夷夏先後說》，第 57～59 頁。

入，所以這種生搬硬套存在先天誤區。中國學者又處處受意識形態影響，往往弄巧成拙，產生很多大笑話。比如中國社會科學院歷史研究所 1997 年出版的重點研究課題成果《中國古代文明與國家形成研究》，後記說此課題是爲了紀念 1995 年恩格斯百年誕辰而提出。書中說帝嚳：「只能是母系時代女性氏族的假定代表。所以，嚴格地說嚳屬於五帝時代。」〔註 69〕意識形態工作者爲了把中國歷史套到所謂神聖理論中，居然不惜把帝嚳剔出五帝之列，還把帝嚳從男人變成女人，還是個假定的代表！此書的論證根本不能成立，論據僅有兩條，一是帝嚳的事迹很少，二是《帝系》說帝嚳有四妃，生出唐、商、周三族的男性始祖，所以一定是圖騰感孕神話，帝嚳一定是女人。問題是，事迹很少不能證明沒有此人，《帝系》說帝嚳是娶了四個妻子，《史記・五帝本紀》僅提到兩位妻子，不提帝嚳是商、周的始祖，則帝嚳的四妻中或有附會，不必全部說出虛構，更不必一定解釋爲僅有女祖先的感孕神話。關於帝嚳，詳見本書第六章。

中國大陸的學者爲了把中國歷史套入斯大林的社會發展史論中，關於中國是否存在奴隸社會、封建社會及何時存在這些制度，爭論不休。因爲絕大多數爭論不是純粹的學術爭論，所以不能促進學術進步。最終在特殊的年代走向極端的以論帶史與以論代史，史學完全淪爲政治附庸。蘇秉琦在《中國文明起源新探》一書開篇就提出中國文明起源的研究必須走出兩個怪圈，其中的一個怪圈就是把馬克思提出的社會發展規律看成歷史本身。〔註 70〕

1980 年代，大陸改革開放，張光直、童恩正把塞維斯的遊團～部落～酋邦～國家四階段演進說引進中國，童恩正說部落聯盟模式在中國並不適用，這一觀點在謝維揚的《中國早期國家》一書中發揚光大，謝著認爲中國早期國家來自酋邦。因爲部落聯盟的主要特徵是：沒有最高首腦，會議的議事原則是全體一致通過，參加部落保持獨立，地位平等，而堯舜禹的部落聯合體卻有最高首領，由最高首領決斷，因此是酋邦模式。〔註 71〕謝說打破了中國古史理論界的長期統一局面，在中國學術界影響很大。

可是謝說遭到了易建平的批判，易建平的《部落聯盟與酋邦》一書詳細

〔註 69〕李學勤主編：《中國古代文明與國家形成研究》，雲南人民出版社，1997 年，第 192 頁。

〔註 70〕蘇秉琦：《中國文明起源新探》，三聯書店（北京），1999 年，第 5～6 頁。

〔註 71〕謝維揚：《中國早期國家》，浙江人民出版社，1995 年。

研究了部落聯盟與酋邦的理論，認爲謝維揚等中國學者沒有領會西方學者的理論，他指出摩爾根沒有說部落聯盟是國家形成的必經階段，但是民族是必經階段，民族比部落聯盟高級，民族階段也有軍事民主制。酋邦是家庭式的，但是不平等。酋邦沒有政府，但是擁有權威與集中管理。酋邦有階級，但是沒有明顯的社會經濟階級或政治階級。酋邦的統治往往不是建立在暴力基礎上，而建立在高級的宗教神權之上。易建平還介紹了國家起源的很多其他理論：弗里德提出了一個新理論，劃分出相當於塞維斯四階段的四個階段：無等級和無分層社會、等級社會、分層社會、國家。弗里德認爲國家產生的動力在於社會的內部衝突，稀有資源的競爭導致國家建立。卡內羅認爲所有酋邦與國家都源自戰爭，地域環境的限制往往引發戰爭的出現。克里斯廷森認爲酋邦是部落社會的變體，酋邦與國家之間的是分層社會。分層社會可以分爲兩類：一類是權力分散的分層社會或權力分散的原始國家，一類是權力集中的原始國家。權力分散的分層社會通過貢賦與勞役制度維持領土，主要見於歐洲、非洲及亞洲的次生國家。權力集中的原始國家相當於馬克思所說的亞細亞國家，有神權集中的統一政府。易建平提出，酋邦未必都是專制集權，戰爭未必導致專制社會的產生。即使在周代也有國人會議與諸大夫會議，相當於外國史中的民眾會議與長老會議（或貴族會議），商代的王權也受約束。五帝時代有禪讓，堯咨四嶽是部落首長的議事。〔註 72〕因爲易著專注翻譯西方理論，所以自然勝過謝著。但是易著不研究中國史，所以沒有把西方理論與中國古史結合，也找不到古史的證據來批評謝著。

正如易著的批評，謝著過分強調了五帝的權力，沒有看到史書中所說的堯、舜的權力其實受到很多制約，堯、舜是禪讓而非傳子，還有很多記載說堯、舜要禪讓給許由等人，但是許由堅決不受。《莊子・讓王》也說：「堯讓天下於子州支父……舜以天下讓善卷……舜以天下讓其友石戶之農……舜以天下讓其友北人無擇。」很多人不接受這個帝位，可見這時的帝位不像後世的帝位那樣是天下人都想要的寶座。還有一些記載說堯舜的生活非常儉樸，《淮南子・修務》說：「蓋聞傳書曰：神農憔悴，堯瘦臞，舜黴黑，禹胼胝。由此觀之，則聖人之憂勞百姓甚矣。」《韓非子・五蠹》說：「堯之王天下也，茅茨不翦，采椽不斲，糲粢之食，藜藿之羹，冬日麑裘，夏日葛衣，雖監門

〔註 72〕易建平：《部落聯盟與酋邦——民主・專制・國家：起源問題比較研究》，社會科學文獻出版社，2004 年。

之服養，不虧於此矣。禹之王天下也，身執耒臿以爲民先，股無胈，脛不生毛，雖臣虜之勞不苦於此矣。以是言之，夫古之讓天子者，是去監門之養而離臣虜之勞也，古傳天下而不足多也。」韓非說堯、舜之所以要讓天下，是因爲太苦。五帝和後世的帝王差別很大，顯然不能簡單套用所謂的酋邦理論。

謝著討論所謂的中國酋邦時，竟僅分炎黃與堯舜禹兩個時段，把五帝中間的顓頊與嚳全部挖去！帝嚳的史料很少，但是顓頊的史料很多。殊不知古人以爲顓頊主持的變革才最重要，《左傳》昭公十七年郯子概述古史時說：「自顓頊以來，不能紀遠，乃紀於近，爲民師而命以民事，則不能故也。」郯子唯獨說到顓頊的改革，本書第五章將論證顓頊建立的五行新聯盟實質是一場民族大融合，中原的炎黃部族不僅通過涿鹿之戰收編了來自西北戎狄的共工與蚩尤部族，還在顓頊時吸納了東方的少皞部族中的高等氏族，從而產生的全新的華夏族文化。這個新生的華夏文化才是中華文明的眞正直根，所以摩爾根所說的民族階段確實很重要。研究中國古史時忘記顓頊這個最重要的改革，眞是不得要領。

謝著第 189 頁說酋邦的特點之一是酋長世襲，但是五帝顯然不是世襲，謝著第 274 頁解釋說：「堯、舜、禹酋邦在組成上對血緣關係範疇的超越與它們在形成過程中可能發生的對眾多部落的征服和吞併是有關的。」問題是，不但舜不是堯之子，即使按照儒家傳統的說法，嚳也不是顓頊之子，而且堯爲嚳子之說出自儒家的晚出附會。本書第五到第八章全面論證顓頊建立五行部落聯盟，帝位由五個部落的人輪流出任，此即五帝五德說的根源。顓頊出自炎帝部落，爲火官部落。嚳、堯、舜源自少皞部落投奔顓頊的三個氏族，分別成爲水官玄冥、金官蓐收、木官句芒部落。可見五帝社會不是酋邦，顓頊能建立五行部落聯盟，確實源自黃帝的大征服，但是黃帝或顓頊爲何要與被他們征服的部落分享帝位呢？這才是關鍵問題！

其實在黃帝大征服之前，各部落已經類似所謂的酋邦。唐蘭把中國文明追溯到少皞，還說少皞進入奴隸制國家，就是因爲《左傳》昭公十七年明確記載少皞部落出現嚴重的氏族分化，首領爲曆正鳳鳥氏世襲，其下有管理曆法的四個氏族，再下爲管理社會事務的五個氏族，再下爲五個工藝氏族，再下是九個農業氏族，而考古發現對應的山東大汶口文化確實在五千多年前就出現階級分化。〔註 73〕《左傳》還把少皞與黃帝、炎帝、共工並列，下文說

〔註 73〕唐蘭：《中國有六千多年的文明史》，第 23～58 頁。

顓頊時發生變革。說明同時期的中原各部落的社會發展進度類似。爲何此前已經進入首領世襲的酋邦階段，到了部落大融合之後沒有出現世襲的大首領呢？即使把黃帝大征服之前的各部落稱爲酋邦，酋邦到夏朝之間的五帝時代也不能用酋邦理論解釋。所以破解五帝時代的奧秘是中國文明起源最重要的問題，但這個問題不可能通過人類學家觀察原始部落來解決，因爲這些原始部落的發展極爲緩慢，而且很快受到現代社會的影響，所以人類學家不可能觀察到答案。而發展進程快的地方數千年前早已經歷過這個階段，答案已經記載在中國史書中了。

人類學家觀察的酋邦基本在與世隔絕的狹小地域，而部落聯盟說源自地理環境最接近中國的美洲大平原。中國有亞歐大陸最大的亞熱帶與溫帶季風宜農平原，因此產生全世界規模最大、體系最密、時間最長的農業宗法制社會。中國西北連接全世界最長的草原帶與最高的高原，東南是最大的大洋與最大的群島，中國的農業文明中又融合了海洋與草原文明。所以中國文明不僅體量巨大，內涵也很豐富。地域越大，交通越便捷，農業越發達，各部落的人口也越多，各部落的發展也越穩定，部落間的交流與戰爭規模越大，越容易產生大規模的部落聯盟，進而產生規模宏大、多元一體的民族。這種宏大的歷史畫面不可能出現在與世隔絕的狹小地域，所以酋邦理論不能解釋中國文明起源最關鍵的問題。在中國出現的大規模的部落融合，不可能產生一個大酋邦。因爲各部落的文化差異很大，既有華夏農業文明，又夾雜東南海洋文明和西北草原文明。各部落的人口太多，戰爭不可能消滅一個龐大的部落。即使一個部落戰勝周圍的兩三個部落，戰敗部落的人口也超過戰勝部落，所以不可能產生新的超級酋邦。即使到很晚的時代，人口較少的民族戰勝人口較多的民族，還要暫時扶植傀儡政權，否則不能管理廣闊的疆域。如金人扶植張邦昌、劉豫，清初利用漢軍南征，在華南封建三藩。所以黃帝征服中原，但是不可能廢除炎帝、少皞等部落的首領，只能是五個部落首領輪流爲帝。

由於亞歐大陸找不到類似中國的地理環境，而美洲原來與世隔絕，社會發展緩慢，又被西方殖民者打斷，所以也不能通過觀察美洲原住民的社會發展進程來印證中國的古史。中國邊疆不是典型的農業社會，但能稍作印證，如考察遼國的建立過程。《遼史》記載，唐代前期的契丹人分爲八部，首領出自大賀氏，經過戰亂，開元、天寶之際在軍事上勝出的涅里立遙輦氏爲世襲首領，迭剌氏的涅里子孫世襲夷離堇，掌控軍政實權，直到涅里的六世孫阿保機才奪權建國，距離涅里掌權已有一百五十多年。爲何涅里不稱王呢？《遼史・營衛志中》說：「大賀、遙輦析爲六，而世里合爲一，茲所以迭剌部終遙輦之世，強不可制云。」說明大賀、遙輦仍然人口眾多，所以要分而制之。而且大賀、遙輦原來地位較高，不能輕易取代。遠古時代也是一樣，黃帝部落雖然獲得軍事勝利，但是來自西北，文化程度不高，原來稱霸中原的是炎帝部落，而衣冠禮樂則以東方的少皞部落最盛。古人很尊重原來的高貴部族，《史記・周本紀》說周武王稱霸中原，分封神農、黃帝、堯、舜、禹的後代，漢武帝以三十里封周後爲周子南君。古人還有亡其國不絕其祀的原則，周要爲商的後代封建宋國，暴秦也不敢徹底滅周，《秦始皇本紀》：「秦不絕其祀，以陽人地賜周君，奉其祭祀。」而且遠古時代的人口較少，交通不便，所以人口較少、文化較低、距離較遠的黃帝部落不可能獨立統治中原，顓頊也不能，只能建立部落聯盟，輪流任帝。

人類學通過觀察原始部落來總結人類社會發展規律的方法本有缺陷，因爲人類學家觀察到的這些原始社會的發展進程已經或者很快就會受到現代社會的影響，所以我們根本不可能知曉這些原始社會的本來發展結果，也不可能清楚其歷史進程，我們看到的僅僅是一個斷面，世界各地的斷面又有很大差異，所以很難總結出一個固定的社會發展模式。人類學可以發現原始社會的共同點或共同經過的某個社會階段，但是未必能排比出這個共有的社會階段在各地方各民族的社會發展進程中所處的位置。中國遠古也有酋邦，但不是從酋邦進入國家，而是經過五帝的五行部落聯盟階段。

西方理論給我們很多有益的啓示，但是研究中國歷史必須依據中國的具體情況。比如謝著不以爲地理環境對文明起源有多大作用，但是易著指出塞維斯其實很強調地理環境在酋邦興起中的作用，塞維斯認爲酋邦經常在特殊的地理環境中興起，如多種環境共存的區域或沿海地區，因爲環境差異刺激氏族出現生產分工，促進商業發展，使得佔據有利區位或資源的氏族獲得更高地位。〔註 74〕觀察中國的情況，少皞部落所在的山東正是所謂海岱地區，良渚文化也在山前沿海平原，炎黃部落的核心地域正是豫陝晉交界處，山丘河湖錯佈，而且沿海地區與運城鹽池都佔有最重要的鹽業資源。所以地理環

〔註 74〕易建平：《部落聯盟與酋邦——民主・專制・國家：起源問題比較研究》，第 173～184 頁。

境確實對酋邦的產生起了很大作用，但是這只能解釋涿鹿戰前的情況，不能解釋後續歷史進程。或者說，只能解釋中國每個地區的發展進程，不能解釋整個中國的歷史發展歷程，中國遼闊疆域中的一個區域正是外國一個國家的面積。

世界各地的社會發展速度完全取決於地理環境，可以分爲四個大區。最隔絕的澳洲大陸發展最慢，在歐洲人到達之前還在石器時代。美洲大陸與亞歐大陸的接觸稍多，面積是澳洲大陸六倍，而且跨越南北，環境多樣，所以發展稍快。非洲中南部特別是西南部與亞歐大陸爲沙漠、海洋阻隔，所以發展速度排在其次。亞歐大陸不僅面積最大，而且東西走向，多在氣候適中的亞熱帶與溫度，宜居平原的面積與比例遠超非洲、美洲、澳洲，產生的文明最多，互相促進，所以發展速度最快。所以我們研究歷史特別是文明起源時，不能忽視地理環境的作用，要注意中國特殊環境對中國文明的影響。

所以西方理論的介紹，固然豐富了中國學者對世界文明起源理論的認識，但是這種對外國歷史理論的認識再豐富，也無法替代中國史實的具體研究。中西結合之前必須首先理清中國史實，否則就是削中國史實之足而適西方理論之履。非但不能解決中國的問題，也對西方學術無益。說五帝時代是酋邦階段，就是沒有認眞研究中國歷史而生搬硬套得出的錯誤看法。反而是我們認眞研究中國歷史之後，往往能發現其中有很多內容能與西方理論產生共鳴。本書不反對借鑒西方理論，本書論證五帝五德的最重要佐證就來自法國人類學名著《原始分類》，詳見第一章第四節。正如上文所說，中國文明中有西來因素，但不能說中國文明來自西方。研究中國古史需要借鑒西方理論，但不能把中國古史套入某種所謂先進的西方理論。

第四節　考古學的細化與回歸

1925 年，王國維在《古史新證》的總論批評了過分信古與過分疑古的錯誤，提出應該用地下出土的資料來研究傳世經典，即著名的二重證據法之說。王國維根據甲骨文證明《史記》殷商世系可信，其實是對古史辨派最大的批評，而且爲後世的古史研究樹立了典範。馮友蘭在 1935 年《近年史學界對中國古史的看法》、1938 年《古史辨》第六冊序言中都提出古史研究的三種態度：信古、疑古、釋古，他認爲這是正、反、合的過程，釋古包含了信古、疑古

的合理成分，比較有科學精神。李學勤認爲王國維的研究是釋古，他提倡走出疑古時代，進入釋古的高級階段。〔註 75〕

1921 年王國維的《殷周制度論》說：

> 中國政治與文化之變革，莫劇於殷周之際。都邑者，政治與文化之標徵也。自上古以來，帝王之都皆在東方，太皞之虛在陳，大庭氏之庫在魯，黃帝邑於涿鹿之阿，少皞與顓頊之虛皆在魯、衛，帝嚳居亳。
>
> 惟《史》言堯都平陽，舜都蒲?，禹都安邑，俱僻在西北，與古帝宅京之處不同。然堯號陶唐氏，而冢在定陶之成陽。舜號有虞氏，而子孫封於梁國之虞縣，孟子稱舜生卒之地皆在東夷。蓋洪水之災，兗州當其下游，一時或有遷都之事，非定居於西土也。禹時都邑雖無可考，然夏自太康以後，以迄後桀，其都邑及他地名志見於經典者，率在東土，與商人錯處河、濟間，蓋數百歲。商有天下，不常厥處，而前後五遷，不出邦畿千里之內。
>
> 故自五帝以來，政治文物所自出之都邑，皆在東方。惟周獨崛起西土……周人之制度大異於商者，一曰立子立嫡制，由是而生宗法及喪服之制，並由是而有封建子弟之制，君天子、臣諸侯之制。二曰廟數之制，三曰同姓不婚之制。此數者，皆周之所以綱紀天下。其旨則在納上下於道德，而合天子、諸侯、卿、大夫、士、庶民以成一道德之團體。周公制作之本意實在於此，此非穿鑿附會之言也，茲篇所論，皆有事實位置根據。〔註 76〕

筆者認爲，王國維此論實爲一篇最簡明的上古史綱要，他指出了上古史中最重要的兩大變化，一是文明的中心從東到西，一是殷周制度變革。上古文明的從東到西論，開啓了徐中舒、蒙文通、傅斯年、徐旭生等歷史學者的上古民族區分學說，還得到了蘇秉琦、鄒衡、石興邦、張光直、吉德煒、趙輝等考古學者的後續印證，他們都指出中國新石器時代文化中東方沿海與西北內陸的區分及禮樂制度從東到西的傳播。所以王國維此文是中國近代最重要的研究成果，本書復原的上古史完全符合王國維所論。不過王國維論證古帝居東時還是簡單列舉，沒有復原其複雜過程，其實伏羲、兩皞是本來居東，

〔註 75〕李學勤：《走出疑古時代》，長春出版社，2007 年。
〔註 76〕王國維：《觀堂集林》，中華書局（北京），1959 年，第 451～454 頁。

而顓頊是從西向東。

其實在王國維之前，梁啓超在 1907 年已經提出上古文明中心在淮河流域，他的《說淮》說：

> 淮，我們自有史以來最有價值之地域也……實國內第三之名瀆，而世界上第二等之大川也……而此長淮流域，則中國全部歷史之料之泰半，由茲產出也。伏羲、神農皆都陳，爲今河南陳州，實潁、蔡入淮匯流之處。然則我們文明最初之中心點，與其謂在黃河流域，毋寧謂在長淮流域之爲愈也……其後黃帝、堯、舜，渡河而北，則亦淮甸文明傳播之效而已。〔註 77〕

梁啓超的論證和王國維類似，都指出遠古的帝王都在東方的黃淮海大平原上建都，梁啓超更是追溯到了伏羲、神農。

1926 年，王國維的學生徐中舒發展王國維的學說，提出殷周異族說，指出周人稱殷人爲夷。〔註 78〕1927 年，蒙文通把遠古的民族分爲江漢、河洛、海岱三大集團。1935 年，傅斯年受到前人諸文的影響，發表《夷夏東西說》，辨明中原東部、西部的兩大民族集團，〔註 79〕其實和蒙文通之說吻合，蒙說只是多出一個南方的江漢民族。

徐旭生說他從 1939 年開始全面研究傳說時代的歷史，1941 年寫成《中國古史的傳說時代》，1943 年印出，1957 年修訂再版，他把遠古的氏族分成華夏、東夷、苗蠻三大集團，其實對應蒙文通的河洛、海岱、江漢三族。他說：「以後，才聽到友人說在我工作以前若干年，蒙文通、傅斯年已有相類似的說法，暗中摸索，大致相合，足以證明所得各條並非一人的私見。所不同的是蒙文通把炎帝、共工、蚩尤、祝融全分屬於南方的江漢民族（就是本書內的苗蠻集團），而我把炎帝、共工分屬於西北方的華夏集團，把蚩尤分屬於東方的東夷集團，雖也把祝融歸於苗蠻集團，卻指出他原來屬於華夏集團，在禹完全征服三苗以後，才到南方去，此後除宗教外，他那族姓的習慣與語言才漸漸與苗蠻集團同化。」〔註 80〕

〔註 77〕梁啓超：《說淮》，《學報》第 1 年第 2 號，1907 年。收入夏曉虹輯：《〈飲冰室合集〉集外文》，北京大學出版社，2005 年，第 505 頁。

〔註 78〕徐中舒：《從古書中推測之殷周民族》，《國學論叢》第一卷第一號，1927 年。

〔註 79〕王汎森：《傅斯年：中國近代歷史與政治中的個體生命》，第 123 頁。

〔註 80〕徐旭生：《中國古史的傳說時代》，廣西師範大學出版社，2003 年，第 139～140 頁。

徐旭生之說晚出，所以最爲全面細緻，他的三大集團比傅斯年之說全面，又比蒙文通之說合理。蒙文通是四川人，他說《山海經》是蜀人所作，又把諸多遠古中原的民族劃歸南方，大概有強烈的鄉土情結。徐旭生是河南唐河縣人，1913 至 1919 年在巴黎大學留學，學習哲學史，思維比較縝密，崇尚自然科學。他很早就懷疑古史辨派的學說，1924 年就想用《堯典》記載的中星來確定《堯典》寫作年代。徐旭生的三大集團理論歷久彌新，影響深遠。

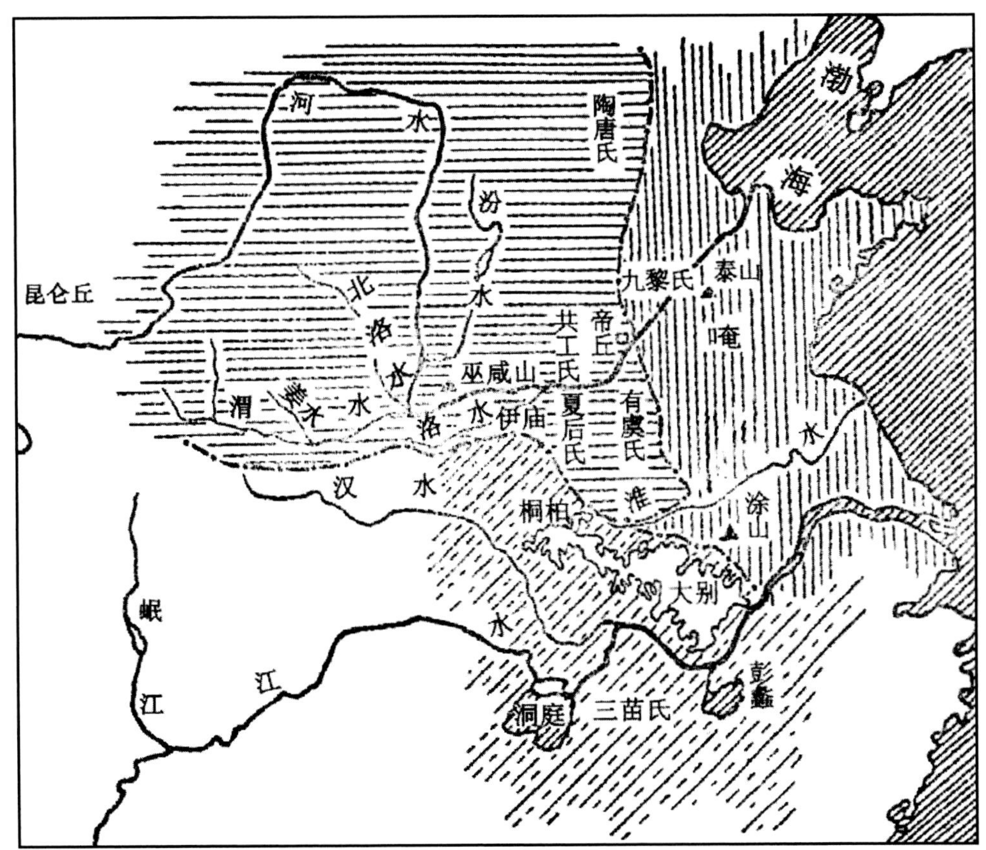

徐旭生的華夏、東夷、苗蠻三大集團地圖

徐著第一章《我們怎樣來治傳說時代的歷史》，原名《論信古》，他首先批評古史辨派的漏洞有四點：

1.過分使用默證，凡是缺乏史料之處，全部認爲沒有此事。

2.看到不合己見的史料，就宣佈是僞造，可是缺乏證據。

3.東周人所說的古史固然有矛盾之處，可是也有很多相同之處，古史辨派卻對此忽視。

4.古史辨派對傳說和神話的界限不能分辨，其實世界各國的古史傳說都混雜神話，正需要後世學者辨析。

李零批評古史辨派的漏洞時，提出三點：

1.疑古派對古史形成的複雜過程理解過於簡單，以爲見於晚出古書的記載必屬後人僞造。

2.疑古派不明古書往往不成於一時一地一人之手，把古書的形成年代拉後，其實是對古書形成過程的誤解。

3.沿襲今文學派的錯誤觀點，把《左傳》、《周禮》等古書斥爲僞書，使得古史失去可以依靠的結構。〔註 81〕

徐著提出研究古史的方法大體有三點：

1.遠古時代的民族眾多，後來逐漸融合。中國人一直以爲只有一個華夏，清末受到西方學術的影響，才感覺苗民不是一國，其實是一族，把華夏與苗族分開。到辛亥革命後，才有區分華夏、東夷，或者區分出楚、徐、粵等族。

2.綜合材料比未經系統的材料價值低，綜合材料包括：《堯典》、《皋陶謨》、《禹貢》、《帝繫姓》、《五帝德》、《五帝本紀》、《夏本紀》、《殷本紀》、《世經》等，未經系統的材料以《左傳》、《國語》最多，還有出土文獻及其他先秦兩漢諸子書籍材料。《尚書》前三篇、《大戴禮記》兩篇等多數是戰國時期成書，並非三代所傳，所以不必迷信。

3.需要注意相關史料的原始性的等級，辨析史料的源頭，儘量用一手史料。春秋戰國人記載的傳說時代的史料很多，經過現代學者的研究，可以推測傳說時代的輪廓。西漢的材料多數已經受到戰國時期綜合材料的影響，但是他們還能看到一些系統材料之外的古書，所以還有一些材料有相當價值。東漢以後的資料，價值降低。

相關文獻可以分爲三等：

（1）金文、《尚書》的《甘誓》、《商書》、《周書》、《周易》、《詩經》、《左傳》、《國語》、《山海經》等先秦古書爲第一等史料。

（2）《尚書》前三篇、《帝繫姓》、《五帝德》等先秦的綜合系統及西漢著作中的相關史料爲第二等史料。

〔註 81〕李零：《出土發現與古書年代的再認識》，《李零自選集》，廣西師範大學出版社，1998 年，第 24 頁。

（3）《世經》等晚出綜合材料爲第三等，譙周、皇甫謐、酈道元等人書中的材料也備參考。

徐旭生又提出具體工作中的五點原則：（1）引用古書需要忠實原文，（2）需要引用全部相關史料，（3）人名、地域、族姓的判別需要小心，（4）古人常不分地名、族名、人名，（5）遠古時期沒有後世的大一統局面，既沒有政治的大一統，也沒有文化的大一統。

徐旭生的三個理論及五個方法意義巨大，遠古時期確實沒有大一統的局面，民族眾多，所以戰國的儒家把遠古時期不同的部族首領全部串聯爲一家的說法不是歷史事實，這種綜合的材料是後人僞造，司馬遷選擇的雅馴史料就是這種改造的故事。雖然其中的領袖形象無比光輝，各族合爲一家，可惜不是歷史眞相。徐旭生沒有像疑古派那樣把古書全部否定，而是在先秦古書中努力尋找片段史料，並劃分史料的等級。

三大集團說確實受到近代西方學術的影響，只有中國人認識到了世界文明，中國傳統的天下變成了國家，才有可能認識到中華文明是在世界文明之中，中國各族並非全是黃帝子孫。1807 年到達廣州的第一個基督教新教傳教士英國人馬禮遜（Robert Morrison）就提出苗族是中國南方土著，而漢族是殖民者。〔註 82〕由於當時的西方人見過世界上很多民族，所以擅長思考民族學問題。

徐旭生提出華夏、東夷、苗蠻三大集團之中，其實還可以細分爲六支，華夏集團分爲炎帝、黃帝兩支，東方有混合了華夏、東夷文化的顓頊、有虞、商人三支。顯然他的學說受到西方民族學的強烈影響，徐旭生的民族劃分理論影響到另一位中國考古學的奠基者蘇秉琦。

1981 年，蘇秉琦提出，中國新石器時代文化可以分爲六大區系：

1.以關中、晉南、豫西爲中心的中原：分爲隴西、隴東、關中、豫西晉南到洛陽、洛陽以東五系。

2.以山東爲中心的東方：分爲泰沂、昌濰、膠東三系。

3.以環洞庭湖與四川盆地爲中心的西南部：分爲江漢平原、四川盆地兩系。

4.以環太湖爲中心的東南部：分爲蘇魯豫皖交界、寧鎮、蘇北、杭嘉湖、寧紹、浙西南六系。

〔註 82〕〔美〕亨特著、沈正邦譯、章文欽校：《舊中國雜記》，廣東人民出版社，2000 年，第 163～164 頁。

5.以燕山南北長城地帶爲重心的北方：分爲內蒙古中南部、遼西、遼東三系。

6.以鄱陽湖、珠江三角洲爲中軸的南方：分爲江西、廣東兩系。

在此基礎上，蘇秉琦又提出中國文明起源的滿天星斗理論，他認爲中國文明不是在一地形成，而是如滿天星斗一般在多地出現。遼寧省喀喇沁左翼蒙古族自治縣東山嘴村發現了紅山文化的祭壇，幾十千米外的建平縣、淩源縣交界處的牛河梁村發現了女神廟、積石冢和石牆，蘇秉琦認爲這是最早的古國，紅山女神是中華民族的共祖。

他又認爲統一的仰韶文化在6000年前分爲半坡、廟底溝兩種類型，廟底溝類型與源自遼西走廊的紅山文化的紅山後類型在擴散過程中碰撞，在河北省西北部的農牧交錯地帶相遇，產生了以龍紋與花結合的彩陶圖案。又與河曲地區的文化結合，產生了三袋足器。這一系列新的文化因素在 5000～4000 年前沿汾河南下，在晉南與來自四方的文化結合，形成了陶寺文化。他概括爲華山一個根、泰山一個根、北方一個根，在晉南交融。華山到燕山、陰山的 Y 形地帶是中國文化史上最活躍的大熔爐，也是中國文化總根系中的一個重要直根系。

他又提出五帝時代以距今5000年爲界，分爲前後兩段，前段以黃帝爲代表，活動在燕山南北。後段以堯、舜、禹爲代表，活動中心在晉南。堯、舜、禹時代，出現了最初的中國概念，這是共識的中國，是不確定的中心，這是古國階段。夏商周三代，出現了鬆散的聯邦式中國，這是方國階段。秦漢時期進入帝國時代，這是古國、方國、帝國的發展三階段。最後他還提出兩接軌論，指出中國北方地帶與歐亞大陸接軌，中國東南沿海與亞太地區接軌。中外文化的交流一天也沒有停過，中國歷來是世界的中國。〔註83〕

蘇秉琦的理論氣象宏大，證據充分，至今在中國學術界有很大影響。蘇秉琦發展了徐旭生的三集團說，把三集團擴展爲六大區，增加了北方、東南、華南三區，使得體系更加完備。其實增加的東南、華南對應百越，增加的北方對應戎狄，修正了蒙、徐三集團說中對百越、戎狄的遺漏。他還強調了北方的重要性，認爲中原與北方、山東文化的交融產生了最早的中國。

可是徐、蘇二說也有值得完善之處，先看徐說。徐說雖然又從三集團中區分出六支，可是對於六支的詳細考證還很模糊，他認爲炎帝原居地姜水在

〔註83〕蘇秉琦：《中國文明起源新探》，三聯書店（北京），1999年。

岐山附近，黃帝發祥地在陝西北部，蚩尤屬於東夷集團，涿鹿之戰的地點不會遠到今河北省西北部的涿鹿縣，可能在鉅鹿縣，這些考訂很不精確。他又認爲顓頊是宗教主，主持了宗教改革，這個觀點對後世影響很大，徐旭生的這一觀點其實是誤解了古史，詳見本書第五章。徐著沒能辨識帝嚳的族屬，對堯、舜、禹的事迹較爲忽略。徐著關注空間，忽視時間，強調族系的地域區別，忽略了歷史進程。

徐說影響了蘇說，蘇說認爲黃帝在燕山南北活動，過分強調了紅山文化的重要性，筆者認爲紅山女祖說與滿天星斗論本有矛盾，且紅山文化遠在塞外，五帝時代的文獻沒有遼西地區的記載。還有學者進一步論證紅山文化是黃帝一族，可是證據太少。筆者認爲黃帝不可能與紅山文化對應，因爲找不到任何堅實的史料表明黃帝來自遼西。蘇說又認爲堯、舜、禹的中心在晉南，其實也有可商之處。蘇說強調了陶寺文化的重要性，沒有注意陶寺文化較早衰落，陶寺文化和二里頭文化沒有直接源流關係。二里頭文化是夏文化，所以陶寺文化的興盛不能解釋夏朝的興起。如果陶寺文化不是堯、舜、禹的文化，堯、舜的地域也不在河南中部，那麼就另有地域。1926 年李濟從山西夏縣考古工地歸來，清華大學舉行歡迎會，李濟說他選擇山西工作的原因是《史記．貨殖列傳》說：「堯都平陽，舜都蒲?，禹都安邑。」次日，戴家祥去問王國維，山西夏縣是不是禹都，王國維說不是，遠古都邑多在東方。〔註 84〕筆者認同王國維的看法，堯、舜地域在今魯西、豫東，顓頊的都城在濮陽，說明魯西、豫東才是五帝時代的中心地域，但是堯、舜等族在大洪水時西遷到晉南。

考古學界的中國文明起源理論，除了著名的滿天星斗理論，還有三大系統論、重瓣花朵論及一元起源論、中原中心論等。

1981 年，石興邦提出中國新石器時代文化分爲三大系統：東方沿海及長江以南的東南文化系統，黃土高原地帶的西北文化系統，這是中華遠古文化的主體，還有一種北方沙漠草原的細石器文化系統，以狩獵、畜牧及游牧爲主。西北文化系統也可以稱爲半坡仰韶文化系統，以粟作農業爲主，陶器以紅陶和紅褐陶爲主，彩陶工藝發達，以魚、蛙花紋較多，擬人器型較多，缽、盆、罐、瓶、壺較多，尤其是尖底瓶、葫蘆壺、長頸瓶及其演變的類型爲特

〔註 84〕戴家祥著、王文耀整理：《戴家祥學述》，浙江人民出版社，1999 年，第 11 頁。

色，住宅以半窖穴式的黏土木結構建築爲主，有多種葬制。東南文化系統也可以稱爲大汶口——青蓮崗文化系統，以稻作農業爲主，陶器有相同的發展規律，早期是紅砂陶，中期是灰黑泥陶，晚期出現幾何印文陶，器型以三足器、圈足器、圜底器爲典型，出現禮器和大量酒器，原型爲仿竹木製品，造型以擬鳥型最爲突出，炊具以釜、鼎爲主，普遍出現精美的玉器，流行拔牙風俗，農耕工具以耜爲主，有多種葬制，東南文化系統是東夷、百越、百濮先民的文化。距今 6000 年左右的廟底溝文化是兩大文化系統的融合體，並迅速向外發展，形成了最早的華夏文化共同體。此時的大汶口文化向西發展到中原，在文化上佔有優勢，採用了半坡文化的工藝，保留了鳥圖騰的標誌。文化共同體的形成有地理、歷史、氏族三大因素，廟底溝文化產生於中原的平原地區，形成了一個統一的氏族部落文化共同體。〔註 85〕

石興邦在 1997 年又提出史前、原史、文明三階段論，他認爲 13000～5500 年前的史前時代分爲四段：（1）從採獵文化到農業文化的過渡期，在 13000～10000 年前。（2）早期氏族聚落文化，在 10000～8000 年前。（3）聚落文化發展時期，在 8000～7000 年前。（4）聚落文化的繁榮期，在 6000～5500 年前。5500～4000 年前是原史時代，是國家形成階段，相當於五帝時代，分爲兩段：（1）文明的孕育期，仰韶文化末期到龍山早期。（2）文明的產生期，龍山文化、良渚文化時代。距今 4000 年之後進入夏商周文明時代，青銅器、文字、城市、宗廟禮儀和宗法制是三代文明的特徵。〔註 86〕

石興邦在 1998 年提出仰韶文化叢體的形成源自地理環境的優越，中原處於地理中心，有活躍的生命力和強大的凝聚力。中國文明形成是由東西兩大文化系統的方國部落激烈融合形成，中國文明形成的推動力量是意識形態上的各種措施和祭祀文化活動。〔註 87〕

美國學者吉德煒在 1987 年提出中國新石器時代文化可以分爲西北內陸和東南沿海兩大文化圈，東部的陶器特徵是無彩繪，多棱角、分節、附加堆紋，陶器多由組合而成，器型多樣，東南社會的木器、玉器工藝也很高超，看出

〔註 85〕石興邦：《中國新石器時代文化體系及其有關問題》，黃盛璋主編《亞洲文明》第一集，安徽教育出版社，1992 年，第 28～50 頁。

〔註 86〕石興邦：《中國文化與文明發展和形成史的考古學探討》，《中國考古學與歷史學之整合研究》，中研院歷史語言研究所，1997 年，第 85～129 頁。

〔註 87〕石興邦：《中國文化與文明史形成的過程和特點》，《「迎接二十一世紀的中國考古學」國際學術討論會論文集》，科學出版社，1998 年，第 44～49 頁。

東南人群的思想、智力和語言及合作的技巧，高於中原西北的部族。東南社會的性別比高於西北地區，關愛女孩不及西北。東南社會崇信造型和控制，還施於人體，出現拔牙和頭顱變形技術。〔註 88〕

安志敏認爲在文明時代之前的已有文明諸因素形成，但是不能把單項因素當成文明時代的標誌，不能使用含糊不清的文明概念。中國文明起源始於二里頭文化，商周文明的出現標誌國家的誕生，中國文明的發祥地以黃河流域爲中心，而非起源於多中心。滿天星斗說的實質是否認中國文明起源於黃河流域，抹殺夏商國家的歷史作用。〔註 89〕

童恩正反駁了安志敏的觀點，他認爲蒙昧、野蠻、文明三個時代是 18 世紀歐洲啓蒙學者設想的人類社會發展序列，此時還沒有考古學和人類學。研究中國文明起源無需死守過時的概念，而且概念只能產生在充分的學術討論之後，舊有的理論框架已經不能包含新的發現。〔註 90〕童恩正認爲公元前 2500～2000 年，中國進入五帝時代，北方以龍山文化爲代表，南方以石家河文化和良渚文化爲代表，都出現了酋邦，但是北方發展爲國家，而南方則停留在氏族聯盟和酋邦階段，原因有六：一是南方自然條件優越，所以階級分化較慢，二是南北農作物不同，北方擴大耕地較易，消耗人力較低，三是北方鄰近戎狄，促進北方社會整合，四是北方有治河需要，促進政治的統一，五是北方的氏族組織發達，易於形成國家，六是北方祖先崇拜流行，而南方則保存原始的動物和鬼神崇拜。〔註 91〕

張光直提出世界文明的產生有兩種類型，一種是西方式，一種是中國式，中國式的文明是連續的文明，中國文明的這種特徵也見於埃及、印度、東南亞、大洋洲、美洲，所以是世界性的文明。西方文明的源頭兩河流域的蘇美爾文明的產生依賴於技術的突破，也即人與自然關係的突破，這個突破性的的文明是現代西方文明的主要源頭。中國文明和瑪雅文明可以稱爲瑪雅—中

〔註 88〕〔美〕吉德煒著、陳星燦譯、曹兵武校：《考古學的與思想狀態——中國的創建》，《華夏考古》1993 年第 1 期。

〔註 89〕安志敏：《試論文明的起源》，《考古》1987 年第 5 期。安志敏：《中國文明起源始於二里頭文化——兼議多源說》，《尋根》1995 年第 6 期。安志敏：《談談中國文明的起源》，《河南師範大學學報（哲學社會科學版）》，1991 年第 3 期。

〔註 90〕童恩正：《有關文明起源的幾個問題——與安志敏先生商榷》，《考古》1989 年第 1 期。

〔註 91〕童恩正：《中國北方與南方古代文明發展軌迹之異同》，《中國考古學與歷史學之整合研究》，第 169～193 頁。

國文化連續體，西方歷史經驗未必適用世界。研究中國古代史不能不研究世界史，研究世界史更不能不研究中國。〔註 92〕他在 1989 年又提出中國新石器時代各文化形成相互作用圈再形成文明的觀點，他認爲公元前 7000 年的幾個文化群相互獨立，公元前 5000 年出現了新的文化群，舊有文化群繼續發展。公元前 4000 年開始，幾個區域性文化相互連鎖成爲一個更大的相互作用圈。在此後的一千年，每個區域都能看的相似的文化社會變遷，最終在公元前第三千紀末年，走向一個複雜而且分級的社會，可以稱之爲文明。〔註 93〕他在 1997 年又提出龍山時代萬國林立，爭戰不休，造成財富和權力的集中，國王的權力主要來源於宗法制、勞動力的增加、巫術、文字、祭祀、美術等方面。〔註 94〕

1987 年，蘇秉琦的學生嚴文明提出中國史前文明的重瓣花朵論，他認爲新石器時代文化可以分爲三個層次，中原文化是花心，周圍有五個花瓣，即山東、燕遼、甘青、長江中游、江浙五大文化區，山東、甘青與中原文化區關係密切。再次是外圍的第三層文化區，包括福建、廣東、臺灣、西藏、內蒙古、新疆的各種文化，構成第二層花瓣。由於中原地處核心，易於吸收周圍文化的文明因素，所以夏朝出現在中原。〔註 95〕此說兼顧了中國文明的多元性和統一性，兼顧了中國文明起源理論的多元論與一元論。

〔註 92〕張光直：《考古學六講》，文物出版社，1986 年，第 17～24 頁。

〔註 93〕張光直：《中國相互作用圈與文明的形成》，《慶祝蘇秉琦考古五十五年論文集》，文物出版社，1989 年，第 1～23 頁。收入張光直：《中國考古學論文集》，三聯書店（北京），1999 年。

〔註 94〕張光直：《中國古代王的興起與城邦的形成》，《燕京學報》（新）1997 年第 3 期。收入張光直：《中國考古學論文集》，三聯書店（北京），1999 年。

〔註 95〕嚴文明：《中國史前文化的統一性與多樣性》，《文物》1987 年第 3 期。

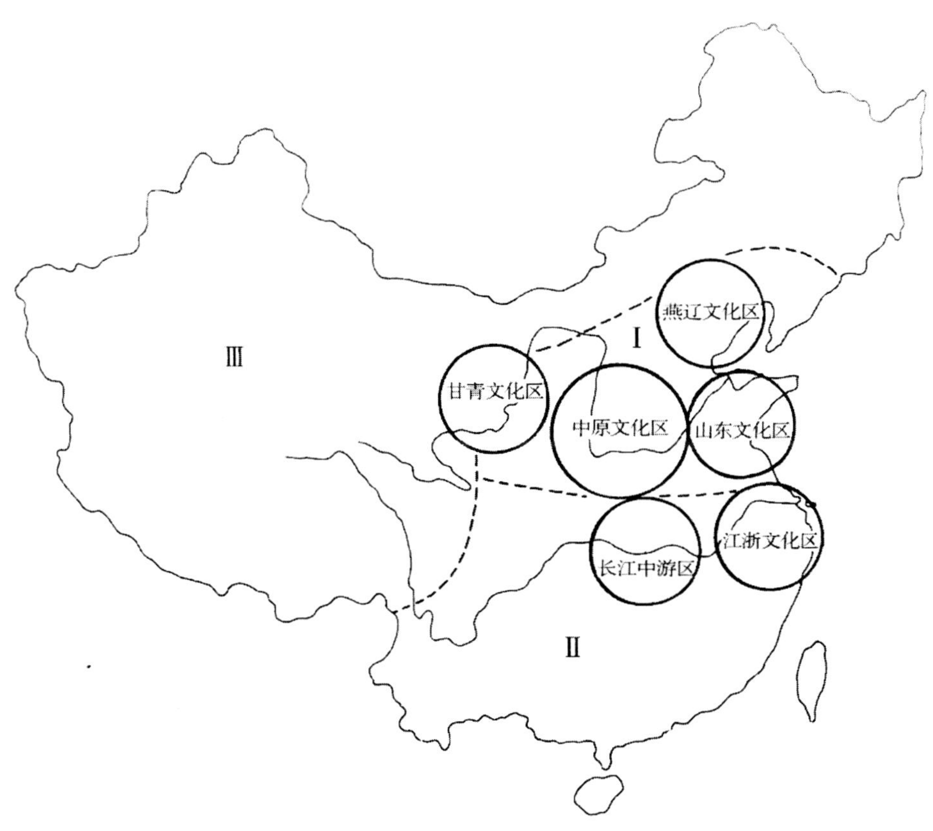

嚴文明：中國新石器文化的分區

Ⅰ旱地農業經濟文化區　Ⅱ稻作農業經濟文化區　Ⅲ狩獵採集經濟文化區

嚴文明在 1992 年又提出，公元前 3500 年是一個重要分界點，此前爲新石器時代，此後是銅石並用時代，相當於五帝時代。他在 1996 年又提出，新石器時代早期（前 10000～前 7000 年）是農業起源時期，中期（前 7000～5000 年）是農業大發展時期，晚期（前 5000～3000 年）是農業聚落大發展時期，前 3500 年之後的銅石並用時代開始出現明顯的貧富分化，出現把持宗教並擁有權力的貴族階層。公元前 3000～2000 年的龍山文化時代，萬國林立，是傳說的五帝時代。中國文物起源是多源的，中原的環境優越，成爲夏代以後的中國文明中心。他在 2000 年又提出，公元前 10000～3500 年是文明起源的準備期，公元前 3500～2600 年走向文明，公元前 2600～2000 年的龍山時代是初期文明，公元前 2000 年之後的青銅時代是成熟文明。〔註 96〕他在 1998 年

〔註 96〕嚴文明：《略論中國文明的起源》，《文物》1992 年第 1 期。嚴文明：《中國文明起

又提出，中國新石器時代在黃河、長江流域的文化區主要有六個，即：中原、海岱、燕遼、雁北、甘青、江浙、兩湖、巴蜀文化區。〔註 97〕

張忠培認爲在公元前 3300～3200 年，中國黃河、長江中下游及燕山、遼西地區的文化已經從父權制社會進入文明時代，氏族組織已經鬆散，同一氏族的家族出現貧富分化，聚落出現了分化，一些聚落成爲中心聚落，控制了王權和神權的人物成爲政權的主人。此時神權和王權還是平等的，後世王權逐漸凌駕於神權之上。此時用一個考古學文化內部也是多個方國割據，還沒有出現統一局面。此時中國文明的形成是多元而無中心的，龍山時代是中國文明的第二個階段，也即堯舜時代。堯、舜是國聯組織的首領，首領是禪讓制。此時技術進步，戰爭頻繁，城池增加。良渚文化和紅山文化消失了，龍山文化接受了西陰文化的骨卜宗教。骨卜宗教擴散到黃河流域及漢水、淮河流域，這是一場宗教革命，影響到商周。中國文明的第三個、第四個階段是夏、商和西周，此時是王國時期。東周到秦漢時期，中國文明進入了第五個階段，即帝國時期。〔註 98〕

戴嚮明總結了黃河流域新石器時代文化格局的演變，製作出山東、豫北與冀南、豫中、晉中、內蒙古中南部、晉南、晉西南與豫西、關中、隴東、隴中西與青海東部這十個地區的文化譜系示意圖，他總結龍山文化時代的黃河流域發展面貌是：馬家窯文化和齊家文化向西北發展，與中原無爭。而關中的客省莊文化、三北地區的遊遨文化、黃河下游的龍山文化、長江中游的石家河文化位於中原的四方，東漸西進，南下北上，群雄逐鹿，展現了波瀾壯闊的歷史景象。豫中地區的王灣三期文化向周圍反彈，與周邊文化融合，形成了陶寺・三里橋文化、後崗二期文化、造律臺文化，在這相互衝擊空前劇烈的歷史場景中，最終在漩渦中心的豫中地區誕生了中國歷史上第一個王朝夏朝。〔註 99〕戴嚮明

源的探索》，《中原文物》1996 年第 1 期。嚴文明：《東亞文明的黎明——中國文明起源的探索》，《農業發生與文明起源》，科學出版社，2000 年，第 137～147 頁。

〔註 97〕嚴文明：《東方文明的搖籃》，《農業發生與文明起源》，科學出版社，2000 年，第 156～157 頁。

〔註 98〕張忠培：《中國古代文明之形成論綱》，《考古與文物》1997 年第 1 期。張忠培：《中國古代文明形成的考古學研究》，《故宮博物院院刊》2000 年第 2 期。張忠培：《中國古代的文化與文明》，《考古與文物》2001 年第 1 期。張忠培：《關於中國文明起源與形成研究的幾個問題》，《中原文物》2002 年第 5 期。收入張忠培：《中國考古學：走向與推進文明的歷程》，紫禁城出版社，2004 年。

〔註 99〕戴向明：《黃河流域新石器時代文化格局之演變》，《考古學報》1998 年第 4 期。

總結的這一歷史大勢符合史實，只是在局部地區還有爭議。如果我們把這一歷史大勢與文獻準確結合，就能復原中國起源的眞實進程。

趙輝在 2000 年提出，中國自夏代以來有一個以中原爲中心的歷史趨勢，這一現象的起源很早，公元前 5000 年形成了北方旱作農業和南方稻作農業兩大經濟區，公元前 5000～3000 年前形成了彩陶文化圈、鼎文化圈和筒形罐文化圈，彩陶文化圈在仰韶文化佔有優勢，公元前 3000～2500 年在中原核心區周圍出現了六個文化圈，文化發達程度超過這個文化叢體的外圍地區，公元前 2500 年中原作爲文化實體的地位凸顯。〔註 100〕

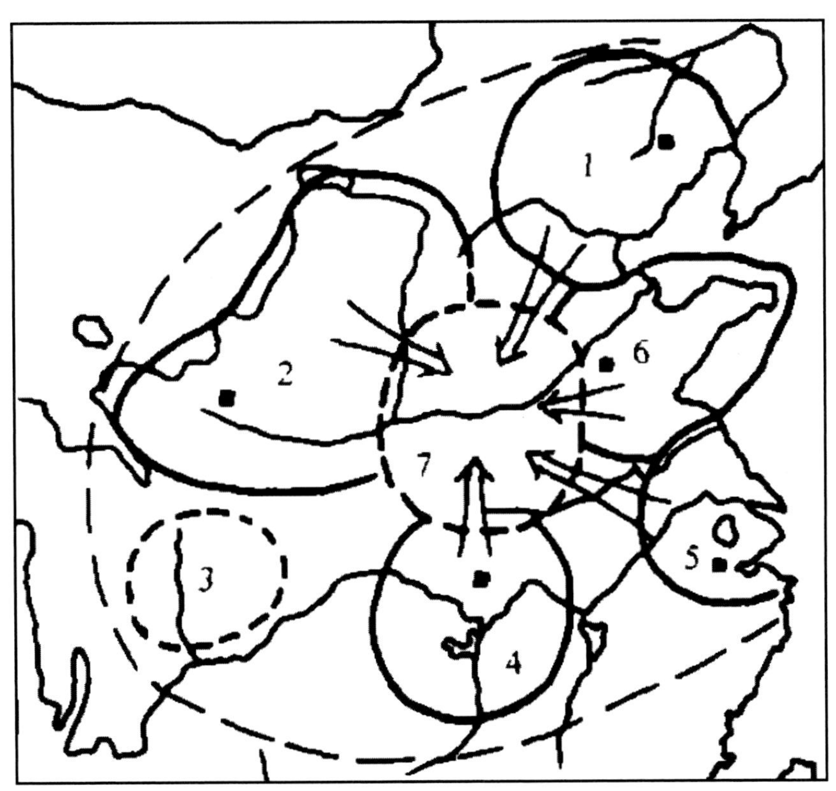

趙輝：公元前 3000～2500 年的文化形勢

1.紅山文化—小河沿文化　2.仰韶文化晚期—廟底溝二期文化

3.四川盆地新石器文化　4.屈家嶺—石家河早期文化

5.良渚文化　6.大汶口文化晚期　7.中原文化區開始出現

〔註 100〕趙輝：《以中原爲中心的歷史趨勢的形成》，《文物》2000 年第 1 期。

趙輝在 2006 年又認爲中原爲中心的趨勢這是新石器時代晚期的龍山文化時代奠定的。他認爲這個進程始於公元前 4000 年，可以分爲三個階段：公元前 4000～3300 年是第一階段，此時仰韶文化的廟底溝期進入空前繁榮的階段，長江中下游也有相同態勢，但是其他地區則相對沉寂。公元前 3300～2500 年是第二階段，此時仰韶文化的勢頭退縮，而海岱、遼西、長江中下游等地發展迅速。公元前 2500～2000 年是第三階段，除了成都平原興起一些城址外，長江中下游、遼西地區的文明卻很快凋零，中原地區再度崛起。中原地區的社會內部分化程度不高，缺乏宗教考古記錄。而在東部沿海地區，宗教往往是整合社會的最重要手段。中原新秩序的建立主要通過世俗的手段，特別是實力的比拼獲得。東方社會的社會分化是從一個比較富足的階層向兩端分化，而中原更像是從一個比較貧困的大眾單向發展出一個軍事貴族上層，所以氏族組織還被保留。周邊地區首先發展出的等級制度被中原地區吸收，所以有顓頊絕地天通的宗教改革。夏商王朝通過控制貴重金屬及其分配，達到鞏固權力的目的。源自東南的禮器琮、璧及龜甲占卜進入中原禮制，這種開放的態度及地理優勢，使得中原成爲文化、思想與意識形態的熔爐，培育出中國文明的凝聚力和政治、外交的向心趨勢。〔註 101〕

筆者認爲趙輝的總結很有道理，中國文明起源的早期階段確實可以說是滿天星斗，但是最終產生的王朝卻只有一個夏朝，可見我們最需要回答的就是中原中心的形成原因問題。其實趙文的論述有兩套地域區分系統，一是中原與周邊，一是東方沿海地區與中原的對比。東方沿海地區主要是山東文化區與江浙文化區，二者有很多共同之處。在徐旭生的時代，由於人們對良渚文化的認識很很少，所以徐旭生的東夷集團分佈區只畫到了長江南岸，苗蠻集團的分佈區只畫到了皖南地區，恰好把太湖平原留下了一片空白。而太湖周圍的良渚文化在當今卻受到了高度重視，因爲此處產生的禮樂制度後來進入了中原文明高層文化。趙輝對東方沿海社會與中原社會的比較非常深刻，而且這種對比甚至適用於中國幾千年來的所有歷史。秦漢之後的歷史記載一直說吳越及東南地區人好鬼崇巫，而北方的宗教顯然不很發達。雖然趙輝的論述已經把握了中原中心形成的發展大勢，但是也有不足之處，因爲蘇秉琦等人高度強調陶寺文化的重要性，近年又發現了重要的石峁古城，可見西北

〔註 101〕趙輝：《中國的史前基礎——再論以中原爲中心的歷史趨勢》，《文物》2006 年第 8 期。

地區也很重要。東南地區和西北地區如何與中原地區互動，恐怕還是要結合歷史文獻才能水落石出。

卜工特別強調禮的重要性，他認爲中國的文明起源發端於萬年以來的農業革命，古禮的時代就是文明的時代。新石器時代中期有兩大古禮系統，一是長江中下游爲軸心的東南地區出現了儺禮系統，一是黃河中游爲重心的西北地區發育了薩滿系統。東南地區流行抽象徽號，儀仗和指揮工具發達，追求服飾、道具的神秘與華麗，修築大型祭壇，主持儀式的專業人才具有崇高地位，禮儀活動的社會性突出。西北地區流行寫實徽號，玉器不發達，不特別追求形式，利用自然地貌建築祭壇，投入精力有限，主持者在社會中的作用不太明顯。中國古禮到周禮的演變分爲三個時期五個階段，首先是古禮時期，包括前仰韶的陶質祭器階段和仰韶的陶禮器階段，其次是酒禮時期，包括龍山文化的陶質酒禮器階段和夏商青銅酒禮器階段，再次是周禮時期，核心是宗法制。〔註 102〕

筆者認爲卜說很有啓發性，促使我們走出文明起源等同於國家產生的迷霧。中國文明的起源固然不適於三代，也不適於龍山文化，而應該追溯到新石器時代初期。其實歐洲的學者如果單就歐洲來尋找歐洲的古文明，自然會過度關注國家的產生，但是歐洲文明的起源其實應該追溯到西亞的兩河流域和古埃及，古希臘文明已經很晚的次生文明了，所以才有學者提出西方文明的源頭在東方，此處的東方指的是歐洲人眼中的中東。中國的情形和歐洲不同，中國文明是原生文明，所以中國文明的探源理應不限於國家的產生。

從王國維、徐中舒、傅斯年的二分說，到蒙文通、徐旭生的三分說，再到蘇秉琦的六分說，越分越細。面對文明起源一元論的質疑，嚴文明提出了中心和周圍有三個層次的理論，豐富了區系理論，這是重要的理論進步。吳春明精闢指出這一理論：「讓考古學文化是研究旗幟鮮明地回歸歷史研究、古史重建最基礎部分的民族史探索的本職。可見，重瓣花朵超越了單純的時空佈局分析，而構建了不同時空文化以中原爲核心的疏密、遠近程度不同的差序關係格局，精闢地概況了中國史前文化統一性與多樣性共存的緊密的內在結構……成爲考古學視野下重建中國古史、認識中國文化內在結構的基礎性文獻。」〔註 103〕可見嚴說不僅是回歸到了中華文明最終產生在中原的一元史

〔註 102〕卜工：《歷史選擇中國模式》，科學出版社，2009 年，第 193～203 頁。
〔註 103〕吳春明：《「重瓣花朵」與「多元一體」》，《南方文物》2013 年第 1 期。

實，還扭轉了考古學走向瑣碎的誤區，回歸到重建歷史、剖析文明的根本任務。張光直、石興邦、吉德煒、趙輝、卜工既重視東方沿海和西北內陸的對比，又兼顧中原的最終崛起，這也是重要進步。總之，考古學家爲中國文明起源研究做出了無可替代的巨大貢獻，爲我們的研究奠定了堅實的基礎。

第五節　帝與五帝

《說文》卷一上：「帝，諦也，王天下之號。從二，朿聲。□，古文帝。古文諸上字皆從一，篆文皆從二。二，古文上字。」又：「朿，木芒也，象形，讀若刺。」《漢書・律曆志下》說：「太昊帝《易》曰：炮犧氏之王天下也。言炮犧繼天而王，爲百王先，首德始於木，故爲帝太昊。」高田忠周認爲五德始於木，帝正是木芒，也即木之端。其實太皞木德是後世附會，詳見下文，所以此說不能成立。外國學者鮑爾認爲漢字的帝來自巴比倫的，讀音爲dingir、digir，字形與讀音都接近漢語。筆者認爲此說未必成立，因爲甲骨文帝字的中間不是一橫，而是一個指示符號，上面還有一橫，筆畫較多。

吳大澂認爲帝的本義是花蒂，是花蒂的象形。後世學者多從花蒂之說，但是花蒂在子房的上面，而非在其下，帝字的三筆是在三角形的下面，和花的形態不合，所以此說不確，這是因爲他們沒有仔細觀察花的結構。

但是如果過分迷信自然科學，就會走向另外一個極端，美國學者班大爲提出帝字源自對公元前2150年的北天極天象的寫眞，〔註104〕可惜這個天象完全是他個人的構擬，他說的三條線其實不存在，而且下面的三筆連接北斗星，也不能成立。這種說法非常牽強，也不能解釋與帝有關的其他漢字。

明義士、朱芳圃、徐中舒、嚴一萍、王輝都認爲帝字取自用柴祭天，但是這種祭祀在甲骨文裏寫成尞，即後世的燎。燎字是木字兩旁有點，表示火，中間沒有橫線，因爲樹枝可以依靠枝杈支撐，不需再捆紮。松丸道雄認爲是三腳的祭壇，其實不像。還有其他一些說法，或認爲與女陰有關，或認爲是紮起的稻草人，有學者認爲是捆綁的神像，〔註105〕筆者認爲帝的神像不應如

〔註104〕〔美〕班大爲著、徐鳳先譯：《北極簡史：附帝字的起源》，《中國上古史實解密——天文考古學研究》，上海古籍出版社，2008年，第353～355頁。

〔註105〕許進雄：《簡明中國文字學》，中華書局（北京），2009年，第180～181頁。潘玉坤主編：《古文字考釋提要總覽》第一冊，上海人民出版社，2008年，第13～14頁。王輝：《殷人火祭說》，《四川大學學報叢刊》第10輯《古文字

此簡陋，而且缺乏文獻依據，所以也不太可能。

筆者認爲，帝的本義是樹根上根鬚纏繞的根蒂，帝字的原形是不字，再加上 H 形。不字的原形就是樹根，最上面的一橫是地面，下面的三角形是主根，因爲主根越往下越細，所以畫成三角形，最下面的三筆是根鬚。不、本音近，本即樹根。本字是木字下方加一橫，表示樹根，這是畫出樹木的全形，點明樹根在樹木中的位置。不是去除地面以上的部分，專門畫出樹根的形象。

不字加上 H 形指示符，特指根鬚纏繞之處，即樹根的結締。如同在刀字上加一個 H 形指示符，則爲方字，方即刀柄，方和柄雙聲疊韻，都是幫母陽部。朱芳圃認爲方是柄的本字，鄭玄注《儀禮》:「今文枋作柄。」〔註 106〕《說文》卷八上仿：「籒文仿從丙。」《左傳》隱公八年：「鄭伯使宛來歸祊。」《公羊傳》、《穀梁傳》同年作歸邴，此邴在今山東費縣。《說文》卷六下：「邴，宋下邑。」而《左傳》隱公十年六月：「庚午，鄭師入郜。辛未，歸於我。庚辰，鄭師入防。」此防屬宋，即邴，在今山東成武縣，《太平寰宇記》卷十四單州單父縣：「西防故城，在縣北四十九里。」《漢書・地理志》山陽郡有西防縣。〔註 107〕又如隺即鶴的古字，隺是在隹的頭上加上一個 H 形指示符，特指鶴頂。最雄偉的鶴是丹頂鶴，丹頂鶴最突出是的是頭上的鶴頂紅，所以用指示符特指鶴頂紅，也是同理。

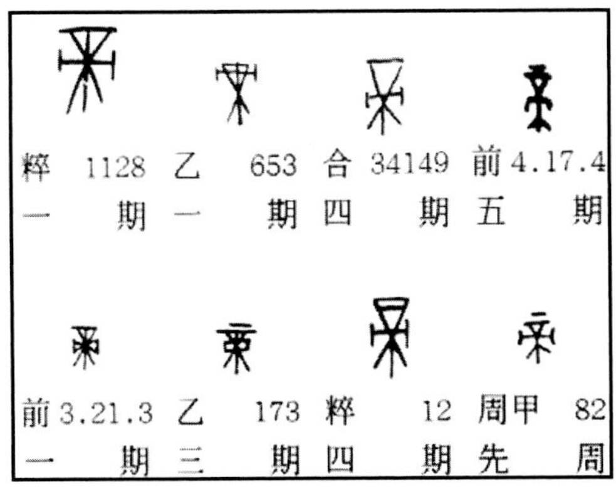

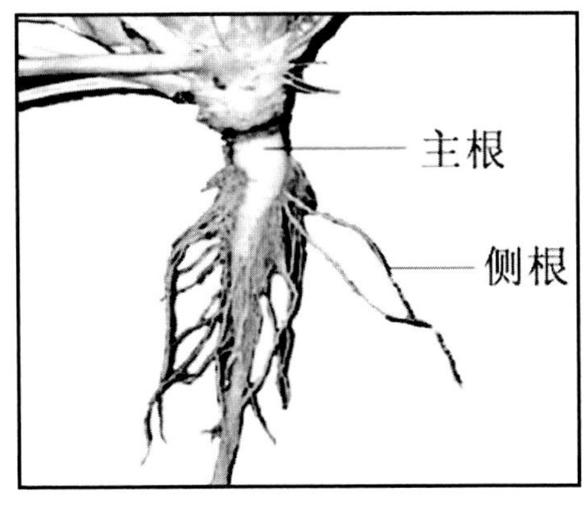

甲骨文的帝、植物根系示意圖〔註 108〕

研究論文集》，1982 年。

〔註 106〕朱芳圃：《殷周文字釋叢》，中華書局（北京），1962 年，卷下第 159 頁。

〔註 107〕彭邦炯：《關於丙、內、入等字及其相關國族地望的探討》，《古文字研究》第二十四輯，中華書局（北京），2002 年，第 41 頁。此文認爲西防在今金鄉縣西。

〔註 108〕本書古文字參考高明、涂白奎編著：《古文字類編》，上海古籍出版社，2008

帝的原意是結締、根蒂，所以五帝的帝，原意是指一個部落的根，也即祖居地的長房大宗。按照宗法制，長房大宗就是首領。所以帝就是嫡，上古的嫡字有時寫成啻或帝。日本學者島邦男發現甲骨文有時附帝號於父名，如第一期稱父小乙爲父乙帝，第二期稱父武丁爲帝丁，第三期稱祖甲爲帝甲，第四期稱父康丁爲帝丁，第五期稱父文武丁爲文武帝，西周仲師父鼎、㝨鼎有帝考，買簋有啻考，都是對父的尊稱，裘錫圭指出這是因爲帝通嫡，《大戴禮記·誥志》說：「天子……卒葬曰帝。」《禮記·曲禮下》說天子：「措之廟，立之主，曰帝。」帝是嫡系先祖，商人的上帝既是至上神，也是宗祖神。商王自稱是上帝嫡系後代，所以才有統治天下的權力，《尚書·召誥》：「皇天上帝改厥元子茲大國殷之命。」〔註 109〕帝和蒂、締、柢等字同源，《爾雅·釋言》：「柢，本也。」

無獨有偶，西方有一種家譜稱爲 Family Tree，真的把家譜畫成樹的樣子，祖先在根部，上面的枝葉就是子孫的分支。這和上古中國人把祖先稱爲帝（樹根）正好吻合，不過祖孫的方位與中國人的家譜正好相反，中國家譜是把祖先寫在頁面的上方，下面的枝杈是子孫。

顧頡剛說黃帝出現在戰國，先秦的帝是天神上帝，不是指人，戰國時人才把上帝變成人帝，胡適表示贊同。顧頡剛的論證有嚴重缺陷，他何以知曉夏、商人心目中的帝呢？顧頡剛沒用甲骨文，於是常玉芝幫顧頡剛證明，他說甲骨文中的一些帝可以降下禍福，掌握氣象，所以是上帝，但是他又說商王死後可以稱帝，帝的意思就是神主。〔註 110〕此說實在不通，難道能夠掌管禍福的一定是天神嗎？中國人至今在日常生活中還要求祖先庇護，消災降福。《詩經》中祭祖的歌曲多次提到降福，有時把祖先和上帝並列，比如《大雅·雲漢》記周人在旱災中哀歎：「后稷不克，上帝不臨。」《周頌·思文》說：「思文后稷，克配彼天。」在中國人的生活中，祖先本來就是可以掌握禍福的，這是中國文化和西方文化最大的區別。中國盛行祖先崇拜和多神信仰，這是令明清來華的西方傳教士最頭疼的問題。《周禮·春官·天府》：「掌祖廟之守藏與其禁令。」可見祖先和天神混淆。再說帝爲神主，帝爲神主沒有任

年。

〔註 109〕裘錫圭：《關於商代的宗族組織與貴族和平民兩個階級的初步研究》，《文史》第 17 輯，第 1～26 頁。李零：《考古發現與神話傳說》，《李零自選集》，第 73 頁。

〔註 110〕常玉芝：《由商代的「帝」看所謂「黃帝」》，《文史哲》2008 年第 6 期。

何證據，不過是常玉芝的猜想。帝字的原形不是神主，爲何帝變成了神主？不討論帝的原形，無助於獲得眞相。既然商王可以稱帝，可見帝本來就是祖先神，這本來是一個很簡單的問題，硬是被複雜化、混亂化。

五帝是春秋戰國時期人確認存在的人物，《國語・魯語上》說：「夫聖王之制祀也，法施於民則祀之，以死勤事則祀之，以勞定國則祀之，能禦大災則祀之，能扞大患則祀之。非是族也，不在祀典。昔烈山氏之有天下也，其子曰柱，能殖百穀百蔬。夏之興也，周棄繼之，故祀以爲稷。共工氏之伯九有也，其子曰后土，能平九土，故祀以爲社。黃帝能成命百物，以明民共財，顓頊能修之。帝嚳能序三辰以固民，堯能單均刑法以儀民，舜勤民事而野死，鯀鄣洪水而殛死，禹能以德修鯀之功，契爲司徒而民輯，冥勤其官而水死，湯以寬治民而除其邪，稷勤百穀而山死，文王以文昭，武王去民之穢。故有虞氏禘黃帝而祖顓頊，郊堯而宗舜。夏后氏禘黃帝而祖顓頊，郊鯀而宗禹。商人禘舜而祖契，郊冥而宗湯。周人禘嚳而郊稷，祖文王而宗武王。幕，能帥顓頊者也。有虞氏報焉。杼，能帥禹者也，夏后氏報焉。上甲微，能帥契者也，商人報焉。高圉、大王，能帥稷者也，周人報焉。凡禘、郊、祖、宗、報，此五者國之典祀也。」此處列舉的黃帝、顓頊、帝嚳、堯、舜就是後世所說的五帝，後世另外有一種對應五行的五帝，即太皞、炎帝、黃帝、少皞、顓頊，對應木、火、土、金、水，其實這種五行所配的五帝是戰國晚出的系統，並非歷史事實，因爲五行的五帝是東方人所傳，所以有太皞、少皞，詳見本書第一章第四節。

古史辨派認爲五帝一家的說法是晚出的，原因是戰國時期的民族大融合。1994年上海博物館從香港收購的戰國中期楚簡《子羔》說：

> 子羔問於孔子曰：三王者之作也，皆人子也，而其父賤不足稱也與？抑亦誠天子也與？孔子曰：「善，而問之也。久矣，其莫……〔禹之母……之〕女也，觀於伊而得之，娠三年而畫於背而生，生而能言，是禹也。契之母，有娀氏之女也，遊於央臺之上，有燕銜卵而措諸其前，取而吞之，娠三年而畫於膺，生而呼曰：欽！是契也。后稷之母，有邰氏之女也，遊於玄咎之內，冬見芙攼而薦之，乃見人武，履以祈禱曰：帝之武，尚使□是后稷之母也。三王者之作也如是。」

裘錫圭認爲據此可知，戰國中期人還認爲夏、商、周之祖是天帝之子。同時期的楚簡《容成氏》也沒有大一統帝王世系，說明五帝一家說尚未形成。

〔註111〕筆者認爲戰國中期可能也有五帝一家說，不過尚未成爲主流，諸說並行。五帝時期的階級早已分化，五帝不可能是平民之子，祖先神生的傳說是後人編造，這和貴族出身並不矛盾。五帝之間可能也有通婚關係，但是因爲五帝時期還處在民族融合的初期，所以五帝的族群區分還比較明顯，詳見本書第五章。五帝的一統世系不是一時一人的編造，而是逐漸形成，最終在戰國時期完成。《史記・五帝本紀》的大一統帝系來自《大戴禮記・帝系》，如下所示：

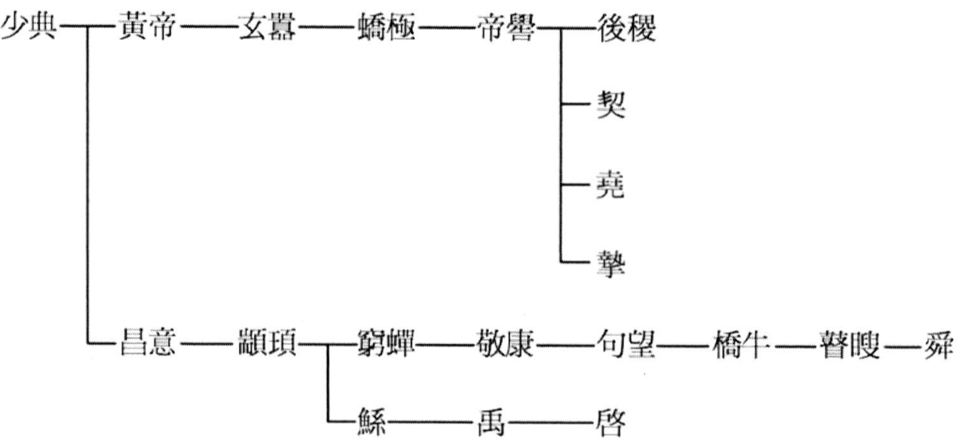

這個帝系當然有很多漏洞，禹成了堯的叔父、舜的曾叔祖父，正常人一望便知，古史辨派就是把這些明顯的漏洞當成了大發現，進而全部否定古史。歷代一直有人懷疑這個帝系，顧頡剛不過是因爲清朝滅亡，才敢公開否定。這不能說明古史辨派水平高超，他們不過是替兩千年來的懷疑者一吐胸中悶氣。其實《帝系》所述這些古人之間的關係，有些可能出自戰國人的改造，但不能說這些人不存在。我們僅需把其中僞造的關係訂正即可，本書的主要工作就是訂正這個帝系，而非全部否定。

《荀子・非相》：「五帝之外無傳人，非無賢人也，久故也。五帝之中無傳政，非無善政也，久故也。禹湯有傳政而不若周之察也，非無善政也，久故也。傳者久則論略，近則論詳，略則舉大，詳則舉小。愚者聞其略而不知其詳，聞其詳而不知其大也。是以文久而滅，節族久而絕。」此處說五帝年代久遠，所以記載很少，這是實情。郭店楚簡《唐虞之道》說：「唐虞之道，禪而不傳。」不傳，即不是傳子。五帝本來是禪讓制，所以不可能有五個朝

〔註111〕裘錫圭：《中國出土古文獻十講》，復旦大學出版社，2004年，第28～30頁。

代，但是後世人總是以爲五帝也是父子相傳，於是把五帝時代虛構爲五個朝代。

第六節　五重證據法研究五帝時代

近年來關於中國起源的系統著作不多，相關討論分化在先秦史、考古學等領域，二者無法深入結合，古史傳說中的國族與考古學的文化的對應無法取得共識，很多學者甚至沒有對應的意識，或者不敢對應。可是又出現先秦史、考古學兩個學科的學者分別積極與西方文明起源理論對應的現象，但是西方理論再好，也不能回答中國起源的本土問題。因爲西方理論學者對中國古史瞭解非常有限，由於世界環境的差異巨大，西方理論是否能適用於中國很難回答。單靠考古學也不可能解決問題，有著名考古學家認爲五帝時代僅是傳說，不是信史，〔註 112〕這種拒絕傳世文獻的態度當然無助於研究的深化。由於考古學與文獻無法深入結合，導致考古學理論發展到一定程度之後，難有重大突破，筆者認爲最終的突破點就是考古學和歷史文獻的結合。

許宏認爲考古學的強項是長時段對比研究，把握歷史進程的宏觀趨勢，最難的是絕對年代和具體事件的研究，難以告訴後人某個古代人群的族姓。〔註 113〕筆者認爲五帝時代不會超過 200 年，但是這 200 年的變化非常激烈，所以必須結合文獻才能復原各人群的族名，再借助文獻記載的各族關係解釋考古學各文化激烈變化的原因。

早在 1930 年代，徐中舒就提出彩陶文化（仰韶文化）是虞夏，黑陶文化（龍山文化）是太昊、少昊，可惜當時的中國考古學剛剛起步，材料很少，因此不能提供一個文化譜系。1950 年代范文瀾提出仰韶文化可能是黃帝時代文化，〔註 114〕1980 年代，唐蘭提出大汶口文化是少昊文化，因爲從墓葬可以看出階級分化，出現文字與禮制，文獻記載少昊在山東，地域吻合，《左傳》少昊官制說明已是初期奴隸制國家。〔註 115〕俞偉超提出洞庭湖、鄱陽湖、伏

〔註 112〕鄒衡：《中國文明的開始》，《夏商周考古學論文集：再續集》，科學出版社，2011 年，第 12 頁。

〔註 113〕許宏：《方法論視角下的夏商分界研究》，《三代考古》（三），科學出版社，2009 年。

〔註 114〕范文瀾：《中國通史簡編》第一編，人民出版社，1953 年。

〔註 115〕唐蘭：《中國有六千多年的文明史》，第 23～58 頁。

牛山之間的屈家嶺文化是三苗集團，夏商時期，來自中原的二里頭文化、二里崗文化取代江漢地區的原有文化，對應古書中的舜、禹南征三苗，〔註 116〕嚴文明提出大汶口文化與龍山文化是東夷文化，〔註 117〕又有學者提出陶寺文化可能是陶唐氏。〔註 118〕

賀雲翱認爲新石器時代晚期，良渚文化因爲海侵衰落，良渚文化人群北進中原，並與海岱地區的人群聯合，但是東方海洋文化體系的集團與中原內陸文化體系的集團戰爭失敗，直接後果是中原出現了中國第一個國家夏朝，夏朝吸納了東方文化的很多因素。〔註 119〕筆者認爲此說概括了夏朝興起之前的中國文化發展脈絡，此時東方沿海文化圈確實與中原文化圈發生了大規模的戰爭，本書第四章、第五章就專門考證此時的戰爭及戰後的文化融合。

欒豐實提出太昊是皖北、豫東、魯西南的大汶口文化，可能是從魯東南、蘇北地區西遷，遷徙原因可能是戰爭或洪水，少昊是泰山南北的大汶口文化，中心地區是泰安到徐州一帶。〔註 120〕張學海認爲以山東陽谷縣景陽岡古城爲中心的古國是龍山文化時代最大的國家，就是舜的虞國。〔註 121〕高廣仁認爲炎黃與蚩尤、兩昊在大汶口文化時期，堯舜時代在龍山文化時期。〔註 122〕

現在學界基本同意把東夷集團對應爲山東地區的新石器時代的大汶口文化、龍山文化與夏代的岳石文化，江漢地區的屈家嶺文化、石家河文化應該是苗蠻集團，中原地區的文化自然是華夏集團。因此徐旭生的三大集團說得到了現代考古學的印證，最近還得到了分子人類學的印證，〔註 123〕可見傳世

〔註 116〕俞偉超：《先楚與三苗文化的考古學推測》，《文物》1980 年第 10 期。改名《楚文化的淵源與三苗文化的考古學推測》，收入俞偉超《先秦兩漢考古學論集》，文物出版社，1985 年。

〔註 117〕嚴文明：《論青蓮崗文化與大汶口文化的關係》，《文物輯刊》第 1 輯，1980 年。嚴文明：《東夷文化的探索》，《文物》1989 年第 9 期。收入嚴文明：《史前考古論集》，科學出版社，1998 年。

〔註 118〕李民：《堯舜時代與陶寺遺址》，《史前研究》1985 年第 4 期。王文清：《陶寺遺存可能是陶唐氏文化遺存》，《華夏文明》第一集，北京大學出版社，1987 年。

〔註 119〕賀雲翱：《中國新石器時代海洋文化體系中不同文化圈之形成與交融》，《歷史與文化》，中國人事出版社，1996 年，第 211～214 頁。

〔註 120〕欒豐實：《太昊與少昊傳說的考古學研究》，《中國史研究》2000 年第 2 期。

〔註 121〕張學海：《考古學反映的山東古史演進》，山東文藝出版社，2004 年，第 94～96 頁。

〔註 122〕高廣仁：《海岱文化與齊魯文明》，江蘇教育出版社，2005 年，第 108～113、160～163 頁。

〔註 123〕金力：《寫在基因中的歷史》，韓昇、李輝主編：《我們是誰》，復旦大學出版

文獻的研究也有很強的生命力，我們不能忽視傳世文獻的研究。

董琦的著作《虞夏時期的中原》首先分析中原各文化區形成的地理與歷史因素，又劃分了龍山文化時代與二里頭文化時代的中原考古學文化區。龍山文化時代的中原有六大文化：河南中部有王灣三期文化，魯豫皖交界地區有造律臺文化，晉冀魯豫地區有後崗二期文化，汾河下游有陶寺文化，陝晉豫交界地區有三里橋文化，關中地區有客省莊文化。二里頭文化時代的中原只有三大文化區：在河南中部、西南部到晉南、關中東部的是二里頭文化，即夏文化，河北平原有先商文化，豫東到膠東的是岳石文化，即東夷文化。王灣三期文化發展出二里頭文化，擴張到其西部廣大地區，這和夏朝崛起於崇山、鯀被稱爲崇伯等說吻合。董著對這些文化進行了橫向與縱向比較，最後他又提出陶寺文化是唐堯，造律臺文化是虞舜。〔註 124〕

董著對中國形成時期的中原考古學作出很多可貴探索，並積極嘗試把考古學文化與文獻記載對應，崇—夏對應王灣三期文化—二里頭文化當然是正確的，但是筆者認爲陶寺文化不能對應唐堯，造律臺文化也不是虞舜專有。由於唐的地望在今山西翼城縣、曲沃縣交界處的天馬村、曲村一帶，後世又有堯都平陽的記載，加上陶寺這個地名更加引人想像，所以很多學者都認爲陶寺文化就是唐堯一族，也有學者認爲是早期夏人，〔註 125〕但是也有學者提出是共工氏。〔註 126〕筆者下文詳細論證，陶寺文化不是唐堯原居地，而是唐堯的遷居地。

許順湛認爲三皇五帝可信，三皇是伏羲、燧人、神農，伏羲是人類誕生初期，燧人來自擊燧（燧石）取火，神農則是農業時代。黃帝時代是仰韶文化，此時的部落聯盟已經到酋邦階段。顓頊原在豫西南，後遷魯西，帝嚳繼承顓頊。堯舜時代對應考古學上的龍山文化，此時萬國林立，堯舜政權是聯邦國家的宗主國，古書中的四嶽、十二牧、龍、夔、八愷、八元都是邦國首領，也在堯舜政權任職。他認爲堯舜集團對應陶寺文化，是中國最早的國家。

社，2011 年，第 97～99 頁。

〔註 124〕董琦：《虞夏時期的中原》，科學出版社，2000 年。

〔註 125〕高煒：《陶寺考古發現對探討中國古代文化起源的意義》，《中國原始文化論集》，文物出版社，1989 年，第 56～68 頁。

〔註 126〕張琨：《共工與伯夷的考古學觀察》，江林昌、朱漢民、楊朝明、宮長爲、趙平安、黃懷信主編《中國古代文明研究與學術史：李學勤教授伉儷七十壽慶紀念文集》，第 245～247 頁。

從黃帝到堯舜的五帝時代長達 2000 年，夏不是最早國家。〔註 127〕此說最大的問題是五帝長達 2000 年，按照常理五帝能有 200 年就已經很長了，不可能長達 2000 年。三皇是否早到人類誕生，也很値得疑問。許著不分史料的等級，尙未達到徐旭生的研究水平。因爲把歷代史料堆砌一氣，致使某位古史人物的活動範圍特別大。

韓建業認爲，炎黃時代相當於仰韶文化前期，約在公元前 5000～3500 年，炎帝對應半坡類型，炎帝崇拜魚，所以陶器上有很多魚紋，黃帝對應廟底溝類型，黃帝崇拜鳥，所以陶器上有很多鳥紋。後崗類型對應蚩尤或苗蠻集團，至廟底溝類型階段則部分南遷江漢，涿鹿之戰後，廟底溝類型出現在河北省。北辛文化～大汶口文化早期屬於少昊族系。顓頊是大汶口文化中晚期，帝嚳是大汶口文化末期，約在公元前 3500～2600 年，此時大汶口文化融入很多仰韶文化，二者地域正是豫東、魯西，既屬於華夏集團，又屬於東夷集團，大汶口文化的潁水類型對應太昊族系。此時華夏集團處於低谷期，而東夷集團處於高峰期。龍山文化前期是公元前 2600～2200 年，陶寺文化是唐堯，河南的王灣三期文化是先夏文化。龍山文化後期是公元前 2200～1900 年，造律臺類型是虞舜，陶寺晚期類型是先周文化。〔註 128〕

韓著把考古學的各文化與古書中的記載全面對應，體系更加嚴密，但是疑問卻比許著更多。由於只是機械對應，而且以考古學爲主體，忽視文獻記載，更沒有深入考證文獻，所以出現了古書中從未記載過的種種說法，比如炎帝崇魚，黃帝崇鳥。韓著說炎黃時代長達 1500 年，令人瞠目！古人不可能把 1500 年概況在一個人名下，也不可能是一個朝代或時代。時間最長的唐朝在名義上也只有 289 年，何況在遠古時期還沒有後世的帝國。由於韓著把蚩尤等同於苗蠻，因此又把苗蠻等同於河北平原的後崗文化，但是民族史學家及分子人類學家都認爲苗族原本就分佈於長江中游，不可能是從河北省南遷。韓著又把顓頊、帝嚳全部歸入大汶口文化，這也不能成立，因爲沒有文獻表明顓頊屬於東夷集團，徐旭生說顓頊兼有東夷文化特色的證據只有一條，即《山海經・大荒東經》說：「東海之外大壑，少昊之國，少昊孺帝顓頊於此。」這條孤證可能是很晚出現的說法，不足爲信，《山海經》雖然是最重

〔註 127〕許順湛：《五帝時代研究》，中州古籍出版社，2005 年。

〔註 128〕韓建業：《五帝時代——以華夏爲核心的古史體系的考古學觀察》，學苑出版社，2006 年。

要的古書之一，但是由於年代太久，其中也有很多訛誤。總之，韓著雖然給我們所知每個考古學文化都貼上了一個標簽，但由於缺乏對文獻的深入研究，導致這種簡單的對應基本不能成立。

筆者認爲五帝時代不可能超出龍山文化的時間範圍，即使按照《五帝本紀》的記載，堯舜都有百歲，五帝不過五百年，何況堯、舜百歲都是後人僞造，所以五帝時代不可能超過 300 年，能有 200 年就很長了。《韓非子·顯學》：「殷、周七百餘歲，虞、夏二千餘歲，而不能定儒、墨之眞。今乃欲審堯、舜之道於三千歲之前，意者其不可必乎？」韓非子說堯、舜在他三千年前，這是法家的誇大，其實是接近兩千年，所以說虞、夏二千餘歲。辛亥革命之前的革命黨採用黃帝紀年，《江蘇》等報刊定 1903 年爲黃帝 4394 年，《黃帝魂》定 1903 年爲黃帝 4614 年，《民報》定 1905 年爲黃帝 4603 年。《民報》所定時間最早，因爲採用《帝王世紀》和邵雍《皇極經世》之說，其實此說太早，黃帝的時代最早不會超過 4300 多年前。

我們沒有必要把所有的古史人物與考古學文化對應，人類的記憶是有限的，歷史的發展不是勻速的，從後世的歷史可以清楚看到，有時是幾十年歌舞昇平，一個朝代長達上百年，有時又是幾十年內就更換數個政權，幾乎每天都有戰爭，一天就誕生數位英雄。後世熱議的無數英雄人物其實集中在歷史上的幾個瞬間，比如楚漢之際、三國、隋唐之際等等。遠古時代同樣如此，有時穩定上百年，有時幾十年內就有很多戰爭，這種一張一弛是歷史的辯證發展。五帝時代是一個大變革的時代，是一個戰火連綿、英雄輩出的戰國時代，只能是夏朝建立之前的一個短暫時期，而不是中國全部新石器時代的代稱。

晉豫陝地區的半坡文化發展出西陰文化，擴張到東北、山東地區及長江流域，盛極一時，余西雲譽爲中國文明的濫觴，〔註 129〕韓建業改稱爲廟底溝時代，〔註 130〕其實二者的實質大體一致。我認爲，這個中原文化盛極一時的年代就是文獻記載的神農氏時代。按照《五帝本紀》記載，神農衰落就進入五帝時代。約 5500 年前後，西陰文化（廟底溝文化）瓦解，此後進入五帝時代，也就是龍山文化時代晚期。龍山文化最早出現在魯東南，中原地

〔註 129〕余西雲：《西陰文化：中國文明的濫觴》，科學出版社，2006 年，第 226～229 頁。

〔註 130〕韓建業：《廟底溝時代與早期中國》，《考古》2012 年第 3 期。

區進入龍山文化的時間稍晚，不會早過 5000 年，則五帝時代不會超過 4500 年。

有學者甚至把有巢氏推進到 200～50 萬年前，把伏羲氏推進到 50～15 萬年前，把燧人氏推進到 15～1.5 萬年前。〔註 131〕殊不知古人心目中的遠古氏族很多，伏羲、神農並非最古，戰國楚簡《容成氏》說：「尊盧氏、赫胥氏、喬結氏、倉頡氏、軒轅氏、神農氏、混沌氏、□畢氏之有天下也，皆不授其子而授賢。」《莊子・胠篋》說：「子獨不知至德之世乎？昔者容成氏、大庭氏、伯皇氏、中央氏、栗陸氏、驪畜氏、軒轅氏、赫胥氏、尊盧氏、祝融氏、伏羲氏、神農氏，當是時也，民結繩而用之。」古人傳說的遠古君主很多很多，並非僅有幾個，後世的系統化世系不過是晚出的僞說，所以我們不能把伏羲、神農比附到新時期中期之前，只能定在新石器時代晚期。

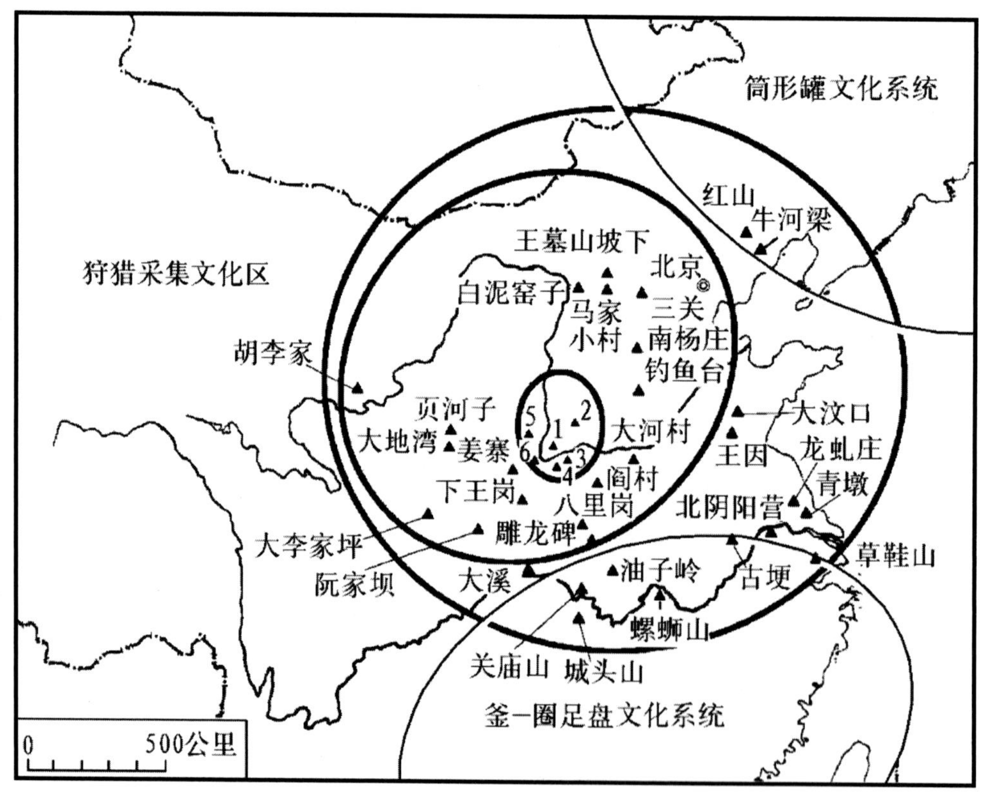

韓建業的廟底溝文化三個層次示意圖

〔註 131〕李伯謙：《考古學視野的三皇五帝時代》，《文明探源與三代考古論集》，科學出版社，2011 年，第 38 頁。

本書繼承前人研究成果，但是也有很多不同之處：

1.本書關注地理考證，深入研究傳說時代各部落的地域，修正徐旭生等人的錯誤。只有確定了各部族的地域，才有可能與考古學的地域文化對應。如果文獻考證有誤，特別是最重要的地名考釋出錯，則不免張冠李戴。比如現在還有人誤以爲蚩尤是三苗領袖，誤以爲炎帝起於江南，其實這些說法很晚才有，完全找不到先秦文獻的證據，徐旭生等人所寫的經典的古史研究著作從來不會把蚩尤和炎帝說成是中國南方人。徐旭生之後的很多學者，或不能遵循徐著提出的古史研究方法，或者沒有繼續專門研究古史文獻，所以沒有在文獻上有重大突破，特別是沒有在地名考證上有重大突破，因此也不能準確解釋各考古學文化的族名。五帝時代的部族遷徙非常複雜，如果不能在地名上有準確定位，就不能復原五帝時代的歷史概貌。

地理考證還要古今地理環境變遷的考證，遠古時代的自然環境與後世迥異，地球氣候在不斷變化，五帝時代到夏朝相當於 5000～4000 年前，這是一個氣候大變化的時期。8000～4000 多年前的全新世中期，氣候非常濕熱，但是在 4000 多年前，開始逐漸變冷。夏朝建立的基礎是大禹治水，大洪水改變了中原的政治地理，如果我們不能在大洪水的研究有所進展，其實也不能發現中國起源的關鍵原因。

2.本書關注中國遠古部落聯盟的結構，前人已經注意到了堯、舜、禹的禪讓是部落首領的輪流任職，卻未能揭示部落聯盟的組成機制，所以不能發現部落首領輪流任職的機制。本書指出中國古書中五帝之所以有金、木、水、火、土五行五德之說，其實是因爲顓頊之後的新部落聯盟按照五行機制組建，五行制是一種原始分類制度，而這種原始分類制度作爲部落的組成機制見於全世界很多民族。如果我們破解了這一點，就能發現五行聯盟的眞相，發現五帝時代部落首領輪流任職的機制。

古史辨派認爲鄒衍創立五德終始之說，現在很多學者都認爲古史辨派的此說錯誤，但是鮮有學者完全認可五德終始之說。本書最核心的觀點就是五帝確實是有五德，按照五行配置，五大部落首領輪流繼承帝位。五帝五德的詳細論證在第五章到第八章，基礎理論在第一章第四節。

3.本書注重繼承考據學，前人對考據學有很多誤解。甚至李零也認爲清代的考據學對象主要是經書，在所謂的小學研究上最爲突出，卻不能與近代以來的研究相比。〔註 132〕筆者認爲這個評價是低估了乾嘉學者，清代考據學者的考據範圍無所不包，不僅包括現在所謂的社會科學，甚至包括自然科學，比如天文、地理等學科，其實不可謂之小。小學是古人從小就學的學問，因而稱爲小學，小學是考據學的基礎。所謂不能和近代學者相比，主要是因爲清代學者受制於材料。如果乾嘉學者看到甲骨文，他們的成果一定不會比現代學者遜色，何況最早開始甲骨文的本來就是清代學者劉鶚和遺老羅振玉等人。

4.本書注重運用多種方法構建完整的體系，前面所說的地理學、人類學、語言文字學固然重要，但是最重要的是把歷史文獻、地理學、考古學、人類學、語言文字學綜合起來研究，單獨結合其中幾項得到的效果與全部結合的效果大相徑庭。如果只從一兩個學科出發，看到的歷史自然的非常片面的。這也是現在多數中華文明起源研究難以形成體系的原因，或者說，只是在各自學科內已經逐漸體系，但是這種割裂的體系當然不是歷史眞相。各學科間的壁壘如果沒有打破，也難以解釋各自棘手的問題。一旦綜合研究，很多問題便迎刃而解。

乾嘉學者之所以超邁前賢，最關鍵的原因就是有目錄、版本、音韻、文字、訓詁、金石之學爲堅實基礎，但是乾嘉學術最大的缺陷在於缺乏總體思維。因爲經學的主要工作是注釋經典，所以字詞越考越細，但是觀察歷史的視角越來越小。近代學者把音韻學發展爲語言學，引進了考古學、人類學及諸多自然科學，古文字學因爲甲骨文及簡帛文書的發現而脫胎換骨，各學科雖然飛躍發展，但是壁壘也越築越高，所以各學科雖然有各自的總體思維，但是仍然難以產生跨學科的宏觀思維。

饒宗頤先生提出把王國維的二重證據法發展爲三重證據法，加上了出土文字一種。他又提到楊向奎提出的三重證據法是加上民族學的材料，饒公認爲外國的古史資料也很重要，所以是五重證據法。〔註 133〕

筆者認爲饒公此論非常合理，民族學與人類學的材料非常重要。但是以上五重證據都來自人文社會科學，還應該注意結合自然科學，所以筆者提出的新五重證據法是歷史學、考古學、語言文字學、民族人類學與自然科學五

〔註 132〕李零：《中國史學現狀的反省》，《李零自選集》，第 21 頁。

〔註 133〕饒宗頤：《論古史的重建》、《談三重證據法——十干與立主》，《饒宗頤二十世紀學術文集》卷一《史溯》，第 1～13 頁。

大學科證據的結合。如果我們能夠結合這五大學科的方法研究上古史，一定能有重大突破。李濟曾經提出重建中國上古史的七種材料是：人類起源的材料，東亞地形的科學資料（包括地質學、氣象學、古生物學的研究）、人類的文化遺迹、體質人類學資料、狹義的考古學資料、民族學資料、傳世文獻。〔註 134〕如果我們把這七類當中的考古學兩類、人類學兩類分別合併，就是筆者所說的五重證據。

五重證據法能夠解釋考古學家無法解釋的一些歷史謎團，比如考古學家都觀察到夏朝的禮樂制度多數來自東方的龍山文化，方酉生指出：「二里頭類型應該是在繼承中原的河南龍山文化的基礎上吸收了龍山文化的一些因素發展而成。」鄒衡也認爲二里頭文化的觚、爵、盉、三足盤等器物大多來自東方的大汶口文化—龍山文化，夏禮繼承有虞氏之禮，有虞氏出自東方。〔註 135〕李伯謙認爲二里頭文化與山東龍山文化的鬶、觚、豆、單耳杯、三足盤有驚人一致性，〔註 136〕二里頭的玉器最接近良渚文化，二里頭遺址出土的一件玉質柄形飾物上的所謂饕餮紋圖案「風格與良渚文化玉琮表面的獸面紋如出一轍」。〔註 137〕但這只是中原的族群採納了東方的禮制，並非東方的族群替代或征服了中原的族群，爲何中原的族群全面吸納東方禮制，考古學無法解釋。許宏說：「大汶口—海岱龍山文化究竟是在什麼樣的歷史背景下，又是以怎樣的方式參與到創建中原禮樂文明的過程中來的，確是值得深入探究的問題。」〔註 138〕

其實我們如果結合文獻，就可以全面破解。因爲史書明確說到五帝時代的天官來自少皞氏部落，管理宗教祭祀，本書第八章將論證虞舜就是天官一族。因爲大洪水摧毀了東方大平原上的五行部落聯盟，所以東方諸族大舉西遷到河南中西部及山西南部，使得夏朝吸納了東方的禮樂制度，詳見本書第五章到第十章。因爲我們以前沒有對龍山文化時期也即五帝時代的歷史深入

〔註 134〕李濟：《再談中國上古史的重建問題》，《李濟考古學論文選集》，文物出版社，1990 年。

〔註 135〕鄒衡：《試論夏文化》，《夏商周考古學論文集（第二版）》，科學出版社，2001 年，第 153～154 頁。

〔註 136〕李伯謙：《二里頭類型的文化性質與族屬問題》，《文物》1986 年第 6 期。

〔註 137〕《偃師二里頭遺址新發現的銅器和玉器》，《考古》1976 年第 4 期。王巍：《良渚文化玉琮芻議》，《考古》1986 年第 11 期。

〔註 138〕許宏：《禮制遺存與禮樂文化的起源》，《古代文明》第 3 卷，文物出版社，2004 年，第 99 頁。

考證，所以不能發現從山東到河南之間的大平原上曾經是五帝社會的核心地區，不能發現後世赫赫有名的五帝社會雖然是曇花一現但又非常重要。

又如蘇秉琦等考古學家觀察到紅山文化、老虎山文化等北方草原帶文化對於中原文明進程的重要性，可是無法與文獻對應，於是有不少學者提出黃帝對應紅山文化等說法。其實這種簡單對應沒有根據，而本書提出共工氏來自北方草原，征服了晉南，促使陶寺文化變異，導致蚩尤侵擾中原，則可以把考古學的結論和文獻記載完好結合。

現在考古發現的先秦文獻層出不窮，每每給我們帶來新的認識，一些人根據最新的出土文獻構建出不少新的理論，筆者覺得這些新說固然是有宏觀視角，可是這些新說絕大多數也不能成立。因爲我們覺得非常新鮮的出土文獻，其實僅僅是春秋戰國時期無數爭鳴學說中的滄海一粟，其中雖然有不少寶貴資料，但是據以構建新的體系，無疑是盲人摸象。這些先秦文獻記載的種種傳說本來就有錯誤之處，不能完全憑信，否則今年出土一種，創立一個體系，明年出土一種，創立一個體系，互相矛盾，治絲益棼。

新史料固然很有趣，但是最出色的研究不是利用新史料，而是利用前人極爲熟悉的傳統史料，發現前人不能發現的問題。本書論證嚳出自玄冥、堯出自蓐收、舜出自句芒，是復原五帝五德眞相最關鍵的三個問題，可是完全沒有依賴新史料，用的都是幾千年來大家熟悉的史料。前人沒有對同類史料進行總結，或者沒有繼續深入，所以沒能看破。

現在出土先秦文獻以楚地最多，而楚地恰恰是在春秋戰國時期才逐漸漢化，絕大多數學者都沒有考慮到楚地是先秦時期的華夏邊緣，楚文化不是正宗華夏文化。儒家固然對傳說文獻進行很多改造，但儒家畢竟是中原人，所以儒家文獻自然更加可信。本書提及的一些最寶貴史料大多來自《左傳》，魯都之西的東方原住民桑丘子所記其祖先少皞氏之文物，居然和現在的考古發現吻合，也能和《山海經》吻合。《山海經・大荒經》所記四方神名和四方風神名居然和甲骨文記載完全吻合，筆者另有《山海經》研究專著考訂《大荒經》的作者是宋國人，宋人當然也是中原人。

何況在儒家的心目中，五帝極爲莊嚴，不會隨便篡改。即便是每一個帝王的事迹有可能被訛傳，其名號次序恐怕也不會被訛傳，好比現代的普通中國人儘管有可能不知道歷朝詳情，但是朝代次序還能記得很準。本書用了一些出土文獻，但是基本框架仍然是傳統的五帝說，沒有像不少學者那樣根據出土文獻否定傳統的五帝說。現在的種種出土文獻，雖然有不少吉光片羽，但是沒有一種記有嚴密的古帝新體系，所以不能替代傳統的帝系。

歷史學家應尤其尊重前輩留下的史料，心中首先要有敬畏之感。古人也生活在社會中，沒有多少人會一輩子大肆造假，所以可疑之處本來有限。而且歷代人都在懷疑，今人能夠發現的不少破綻，古人也能發現。

本書也發現不少小的破綻，但是這不是本書最大的特色，本書的基本框架是重建五帝五德體系，而五帝五德說是古人認可的古史體系。只不過這個體系的具體內容在春秋戰國時期慢慢爲人遺忘，需要筆者去努力復原，重新填充。這個體系一旦重建起來，上古史就不再是一堆散落在地上的珍珠，而變成了一條美麗的項鏈。這就是體系的重要性，嚴密的體系具備強大的解釋力。

五帝時代的歷史記載，雖然有很多內容出於後人誤解或有意僞造，但是其基本框架是可信的。所以筆者研究及重寫五帝時代前後的歷史，仍然按照伏羲、神農、炎黃、顓頊、嚳、堯、舜、禹時間順序，這也是本書不同於現今其他同類學術著作的特色。本書試圖在編年體的框架下復原五帝時代的歷史，編年體及其變體紀事本末體，比起紀傳體及其變體來說有很多優勢。〔註 139〕

在正文之前，還有幾點需要說明：

1.本書使用的漢字上古音構擬採用王力的系統，也有學者批評王力的系統沒有採用比較語言學的方法，還有一些缺點。其實採用任何一家的古音系統都不影響本文的論證，因爲在一家古音系統內音近的字，在另一家古音系統內也接近。採用王力的系統標音，主要是爲了方便說明問題。

2.本書在論證過程中會少量引用筆者尚未發表的文章，這些文章其實都已經寫成，之所以不作展開，主要是受篇幅限制，而且在筆者另外的書中也有獨立的系統，不能隨便拆解。比如關於《山海經》地名的定位，筆者有完整的專著，所以有時不再詳細論證。

3.本書的諸多結論其實符合分子人類學的最新檢測結果，有時之所以不能展開，也是受到篇幅限制，筆者將以本書的結論爲基礎，新寫一部中國遠古民族史，所以本書沒有太多涉及分子人類學的論述。

〔註 139〕白壽彝主編的《中國通史》分爲通論、傳記兩類，通論包括典志，綜合了編年體和紀傳體的特色。

第一章　五行、明堂五方與五帝五德

陰陽五行論是中國傳統思想的精髓，不理解陰陽五行論，就不能理解中國文化。陰陽五行論不僅影響了中國古代所有人，還在影響中國現代人的生活。現在的中醫學家往往研究陰陽五行，就是因爲中醫受此理論影響很深。陰陽五行論還影響了中國人的風水觀，對現代中國人的建築、飲食、服飾、宗教等都產生很大影響。現在韓國人起名仍然很重視五行說，不比中國遜色。

梁啓超、顧頡剛等人認爲陰陽五行說是戰國末年的鄒衍首創，梁啓超說：「陰陽兩字相連屬成一名辭，表示無象之兩種對待的性質，蓋自孔子或老子始……春秋戰國以前，所謂陰陽，所謂五行，其語甚希見，其義極平淡，且此二事未嘗並爲一談。諸經及孔、老、墨、孟、荀、韓諸大哲皆未嘗齒及……其始蓋起於燕齊方士，而建設之、傳播之，宜負其罪者三人焉，曰鄒衍，曰董仲舒，曰劉向。」〔註1〕古史辨派據此以爲五行說晚出，進而提出五帝說是因五行說流行才被戰國人僞造出來的。

呂思勉認爲梁啓超此文「頗傷武斷」，梁文誤在過分信奉儒家經典，而忽視諸子百家之書。他引《易・繫辭下》：「天地絪蘊，萬物化醇。男女構精，萬物化生。」說明古人早已把陰陽當成宇宙本源。〔註2〕欒調甫引《墨經》：「五行毋常勝，說在宜。」他認爲是因爲墨家深研物理，看到五行相勝說不可通

〔註1〕梁啓超：《陰陽五行說之來歷》，原載《東方雜誌》第二十卷第十號，1923年。收入《古史辨》第五冊，上海古籍出版社，1982年，第353頁。

〔註2〕呂思勉：《辯梁任公〈陰陽五行說之來歷〉》，原載《東方雜誌》第二十卷第二十號，1923年。收入《古史辨》第五冊，上海古籍出版社，1982年，第363頁。

之處，所以說五行毋常勝，則五行說在墨子之前。〔註3〕他還舉《墨子・貴義》之文爲證，詳見本章第三節。

其實我們知曉鄒衍的學術體系是通過《史記・孟子荀卿列傳》，但是原文明確說鄒衍僅是豐富了五行體系，並非首創者，詳見本章第四節。梁啓超引《荀子・非十二子》說：「略法先王而不知其統，猶然而猶，材劇志大，聞見雜博。案往舊造說，謂之五行，甚僻違而無類，幽隱而無說，閉約而無解。案飾其辭，而祗敬之，曰：此眞先君子之言也。子思唱之，孟軻和之。」荀卿已經說了，子思是因襲前人的五行陳說，說明在子思之前就有五行說。梁啓超說子思之說難考，或者還有《中庸》之外的著作，又說子思書中未曾提及五行，已是自相矛盾。其實，即使子思在書中沒有說到陰陽五行家的五行，他也有可能受到陰陽五行家的啓發，發揮出儒家的五行說，所以不能因爲今人看不到子思之書或子思的書中沒有陰陽五行家的五行，就說子思之前沒有五行說。今本《六韜・五音》太公曰：「古者三皇之世，虛無之情以制剛強。無有文字，皆由五行。」可見五行說起源很早。

前人誤以爲陰陽五行說晚出，因爲沒有看到後來發現的豐富考古資料。也有一些學者把陰陽五行說僅僅追溯到春秋的諸子或者傳說是西周初年成書的《洪範》，其實也還是太晚。還有學者追溯到商代的四方地理觀念，〔註4〕但是四方觀念顯然是人的常識，不可能晚到商代才產生。李零認爲可能來自占卜方法的數字化，也即數術。〔註5〕筆者認爲數術是後世的抽象，已經是一種學說的成熟階段。而追尋陰陽五行說的起源應從自然界及人的生產行爲入手，陰陽五行說來自古人對宇宙萬物的分類體系，如果是二分就是陰陽，五分就是五行。中國特殊的自然環境使得中國人最容易發展出五行說，詳見本章第三節。

陰陽五行論的起源很早，在新石器時代早期或更早時期就已經起源，所以在新石器時代中期就已經較爲成熟，在新石器時代晚期已經非常成熟。前人研究陰陽五行論往往因爲缺乏考古學的資料，而不能得出正確結論。現在豐富的考古材料，爲我們的研究提供了很多線索。

〔註3〕欒調甫：《梁任公五行說之商榷》，原載《東方雜誌》第二十一卷第十五號，1924年。收入《古史辨》第五冊，上海古籍出版社，1982年，第384頁。

〔註4〕龐樸：《五行漫說》，《文史》第39輯，中華書局（北京），1994年。

〔註5〕李零：《從占卜方法的數字化看陰陽五行說的起源》，《中國方術續考》，中華書局（北京），2006年，第62～72頁。

第一節　從文物看遠古的陰陽觀念

陰陽的觀念最早來自日夜和四季，晝夜的黑白之分非常明顯。夜冷晝熱，所以陰陽又被擴展到冷熱的對比。而氣溫和日照有關，四季的日照時間長短不同，所以陰陽又被擴展到溫度和季節的對比。由於中國多數地區是季風氣候，冬季是西北風爲主，古人因而避居山南，所以中國人又把山南水北之地稱爲陽，把山北水南之地稱爲陰。陰陽又擴展到男女，是因爲女性的生理周期和月亮有關。

《說文》卷七上：「暘，日出也。」其實昜就是暘的本字，昜的本字是日在地平線上很高，下面放出光線。陰陽二字，都從阜，阜即山阜，這是指山北山南，各爲陰陽。陰陽的這些引申義都是具體的，陰陽引申到陰間和陽間則比較抽象，但是這種思維的起源也應該非常久遠。據研究，遠在新石器時代之前，人類就已經有了生死和彼世的觀念。因爲陰陽的觀念產生很早，所以《國語・周語上》說西周末年關中大地震，伯陽父完全用陰陽失衡來解釋，說明陰陽說已經用來解釋重大自然現象。

陝西臨潼的姜寨遺址出土的一件陶瓶上有一個奇怪的人面圖案，左右一分爲二，而且左右正好是黑白相對，類似現在的一種美術字。其中只有一處沒有黑白相對，就是酷似眼睛的地方，都是白色。但是眼部的兩邊圖案不同，左邊是雙魚，右邊是鳥頭，也就是魚、鳥相對。無獨有偶，在姜寨出土的另外一件陶瓶上，人面只有魚、鳥兩種圖案，其實魚、鳥的圖案就是陰陽。因爲鳥在天上，象徵天和太陽，魚在水下，象徵地下與水，所以魚、鳥就是陰陽。所以魚、鳥相對代替了黑白相對，說明古人把黑白等同於陰陽，陰陽觀念體現在了陶瓶之上。世界上很多民族把蛇當成陰間的象徵，但是在中國則較多用魚來象徵陰，因爲中國降水豐沛，河湖密佈，特別是五千多年前的全新世中期，氣溫最高，中原魚類更多。

臨潼姜寨出土的陶瓶：黑白對立與魚鳥對立

鳥和太陽在新石器時代的陶器上，總是聯繫在一起，比如廟底溝文化陶器上有金烏負日圖。鄭州大河村遺址的陶器上，鳥和太陽也組合爲一個圖案。大汶口文化的大口陶尊上的太陽被畫上鳥翅，浙江河姆渡文化的骨器和象牙雕片上鳥和太陽合爲一體，良渚文化玉器上的鳩鳥也和太陽畫在一起。大汶口文化的陶尊上還有很多類似的鳥日合體的符號，詳見本書第五章第二節。鳥和太陽的合成也見於世界很多民族，饒宗頤指出古埃及的大神荷魯斯（Horus）是鳥首人身，頭戴日月合體的符號，這種符號接近良渚文化玉器上一種符號。〔註 6〕

古人有魚鳥轉化的看法，《夏小正》九月：「雀入於海爲蛤。」十月：「玄雉入於淮，爲蜃。」莊周更是把齊國人的傳說演繹成氣勢恢宏的鯤鵬轉化景象，鯤即鯀，也就是鯨，這是最壯觀的魚鳥轉化。魚鳥轉化即陰陽轉化，說明古人很早就有陰陽對立統一的思想。

〔註 6〕饒宗頤：《有翼太陽與古代東方文明——良渚玉器刻符與大汶口陶文的再檢討》，《饒宗頤二十世紀學術文集》卷一《史溯》，第 57～69 頁。

鄭州大河村彩陶

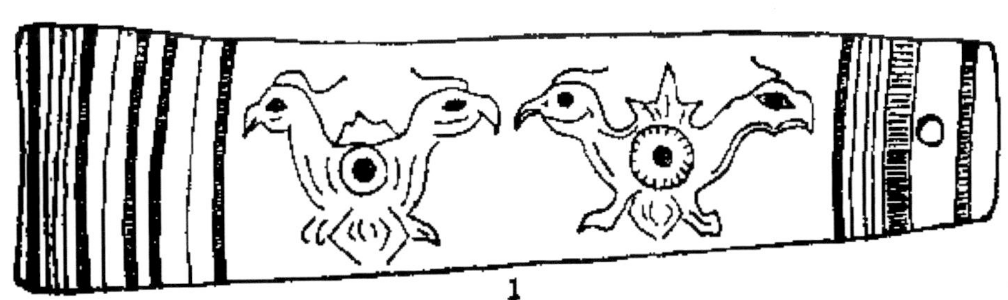

1

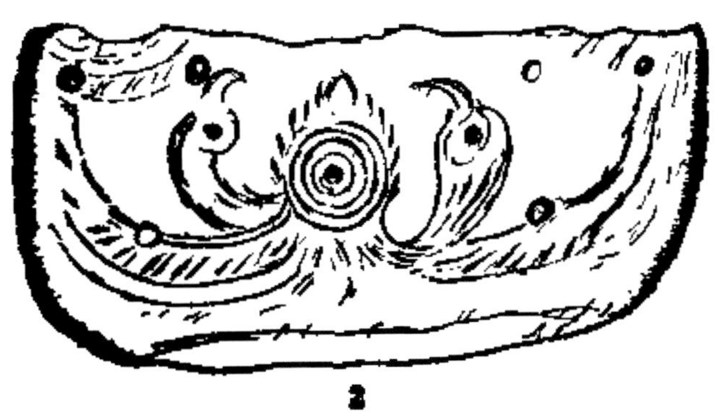

2

河姆渡文化骨器和象牙板上的鳥日合體符號

廟底溝文化的鳥與日圖案〔註 7〕

1.河南汝州洪山廟，2.～5.、7.～10.、13.～16.陝西華縣泉護村，6.山西芮城大禹渡村，11.山西翼城北橄，12.河南陝縣廟底溝，17.陝西華縣西關堡

鳥和魚的交合，還見於河南省汝州市（原臨汝縣）出土的仰韶文化時期

〔註 7〕中國科學院考古研究所山西工作隊：《晉西南地區新石器時代和商代遺址的調查與發掘》，《考古》1962 年第 9 期。其中的圖 1 是龜與鳥，原作者誤以爲是日與鳥。

的陶缸，前人或稱爲鸛魚石斧圖，畫的是一隻老鸛銜著一條大魚。其實類似的陶缸不止這一件，汝州市洪山廟仰韶文化遺址一號墓是中國目前發現的時代最早、規模最大的甕棺合葬墓，陶缸就是甕棺，多數甕棺都有大幅彩繪圖案，而且圖案很特別，主要紋飾不見於其他遺址。〔註 8〕其中一件陶缸上繪有兩隻鳥，中間有一隻龜。另一件陶缸中部繪有一圈圖案，分別是鹿、日、人、龜、日。另有一件陶缸上繪有兩個纏繞在一起的男性生殖器，還有一件陶缸上塑出男性生殖器。〔註 9〕前人或用圖騰解釋這些圖案，筆者認爲汝州市如此小的範圍內，出土的陶缸上有眾多動物，顯然不能用圖騰解釋，否則找不到如此多的氏族。這些主題也不是現實生活，因爲龜、鳥、蜥蜴等動物不是主食。如果是祈求漁業豐收，可以畫出人捕魚的圖像，而不必用鳥代替。有人釋爲動物崇拜、太陽崇拜、生育巫術、農業巫術，〔註 10〕或釋爲自然崇拜、狩獵巫術、圖騰崇拜、男女合體崇拜，〔註 11〕筆者認爲沒有全面把握其實質。

汝州仰韶文化陶缸：鸛魚石斧、陽具

〔註 8〕王仁湘：《史前中國的藝術浪潮——廟底溝文化彩陶研究》，文物出版社，2011 年，第 37 頁。

〔註 9〕袁廣闊：《河南汝州洪山廟遺址發掘》，《文物》1995 年第 4 期。袁廣闊：《試析洪山廟 M1 中出土的一幅男性生殖崇拜圖像》，《文物》1995 年第 4 期。

〔註 10〕吳汝祚：《汝州洪山廟仰韶文化部分彩陶紋飾淺析》，《文物季刊》1997 年第 1 期。

〔註 11〕趙春青：《洪山廟仰韶彩陶圖略考》，《中原文物》1998 年第 1 期。

汝州洪山廟出土陶缸圖案：鳥龜相交、骷髏、生育

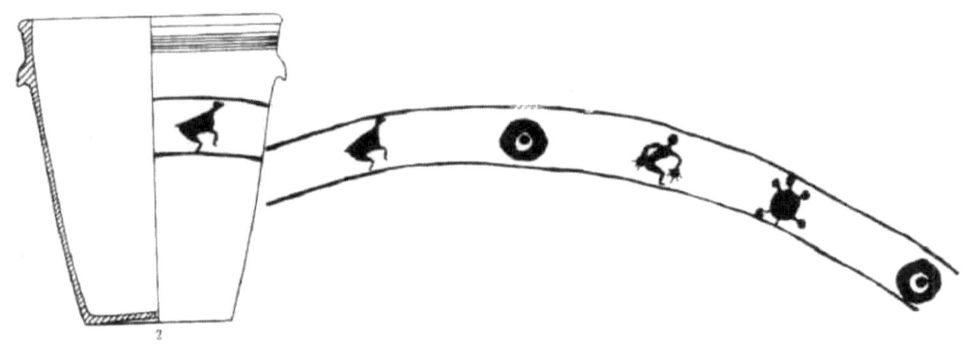

汝州洪山廟出土陶缸上的圖案：鹿、日、人、龜、日交替圖

其實這些圖案應該用陰陽來解釋，其中一件陶缸上畫出的骷髏，說明這些圖案的主題是生死，也是陰間和陽間。也只有陰陽主題才能解釋這些陶缸上的所有圖案，龜和魚都在水下，都是陰間的象徵，鳥、日及男性生殖器都是陽的象徵，鳥和魚的結合、鳥和龜的結合都是陰陽之交，鹿、日、龜、日的交替象徵陰陽空間轉換。《楚辭・九歌・大司命》：「壹陰兮壹陽，眾莫知兮余所爲。」掌管生死的司命出入陰陽，變幻莫測。

鳥、龜相銜的圖案非常有趣，屈原《楚辭・天問》說：「鴟、龜曳銜，鯀何聽焉？」鯀是有崇氏首領，在今河南登封，其南就是汝州，鯀治水時聽從鴟、龜曳銜的巫術，鴟鴞是貓頭鷹，鴟、龜曳銜就是鳥、龜銜接。說明從仰韶文化到龍山文化，這種模擬陰陽的巫術一直傳承。

鹿、日、龜、日交替的圖案，發掘報告認爲是鹿，筆者認爲很可能是羊，羊肉性熱，羊毛爲人類取暖，所以羊在中國文化是陽的象徵。漢字中一系列褒義的字都和羊有關，比如美、善、祥、羞、羹等。

還有一件陶缸上的圖案只有下半部分殘留，但是可以看出是一個人的蹲姿，而且露出顯著的陰部，這可能是表現母親生子的場面，而在甕棺上表現人的生育，或許也是祈求死人的再生。

兩件陶缸上都有蜥蜴，蜥蜴最奇特之處就是斷尾逃生，而且能再生新尾，蜥蜴成爲重要主題還是和生死有關，古人希望能像蜥蜴一樣起死回生。

汝州仰韶文化陶缸上的蜥蜴

寶雞北首嶺遺址出土的一件彩陶壺上也有類似的魚鳥相交圖案，說明這種圖案分佈很廣，涉及人的思想，用陰陽理論來解釋最爲切合。

這種鳥與水族相交的圖案，不僅見於中原地區，也見於北方和南方等地。內蒙古敖漢旗小山遺址出土的尊形器有一圈鹿、鳥、豬相交的圖案，中間以雲氣隔開，但是又纏繞在一起，類似洪山廟的鹿、鳥、龜交替的圖案，不過此處的豬代替了鳥，但是實質相同，因爲豬最喜歡在泥塘裏活動，所以古人看成是水物，《山海經》末篇《海內經》說：「黃帝妻雷祖，生昌意。昌意降處若水，生韓流。韓流擢首、謹耳、人面、豕喙、麟身、渠股、豚止，取淖子曰阿女，生帝顓頊。」顓頊在後世的五行體系中屬於北方玄冥，所以他的父親是豬、鹿結合的形象，春秋時期四象的北宮還是鹿，不是後世的玄武。北方的龜比較少，而豬很重要。中國新石器時代遺址中，北方遺址發現的豬很多，南方遺址發現的豬較少。越往北方，豬越重要。因爲豬的脂肪很多，北方人需要豬油來防寒，但是南方人不需要。《三國志・東夷傳》說：「挹婁在夫餘東北千餘里……處山林之間，常穴居，大家深九梯，以多爲好。土氣寒，劇於夫餘。其俗好養豬，食其肉，衣其皮。冬以豬膏塗身，厚數分，以御風寒。」東北的挹婁人養豬，吃豬肉，穿豬皮衣，冬天還用豬油塗身，厚達數寸，用來防寒。在全新世早期，冰期剛剛結束，氣候還比較寒冷，所以豬特別重要。

安徽含山縣淩家灘遺址是長江下游最大的新石器時代遺址，年代約爲距今 5800～5300 年，淩家灘出土的一塊玉雕爲鳥形，但是兩翼卻是豬頭，中間有天象符號，說明此件器物與宗教有關，豬和鳥合一，很可能也代表陰陽。不過筆者認爲兩翼的動物更像是馬來貘，馬來貘的鼻子比豬的更長，而且下垂，沒有野豬的獠牙。馬來貘生活在熱帶，但是全新世中期的氣候暖濕，長江流域也有馬來貘。馬來貘喜水，所以按照陰陽合一的思路可以解釋。貘身上截然分成黑白兩色，令人想到陰陽對立。古人對貘很熟悉，西周青銅器中有貘尊，美國弗利爾美術館有一個貘尊，1974 年寶雞茹家莊 2 號墓出土了一個貘尊。

關於水族和鳥的對立統一，還見於太皞、少皞圖騰龍與鳳的對立統一，詳見本書第二章。

寶雞北首嶺陶壺圖案、安徽淩家灘出土玉器

馬來貘、貘尊

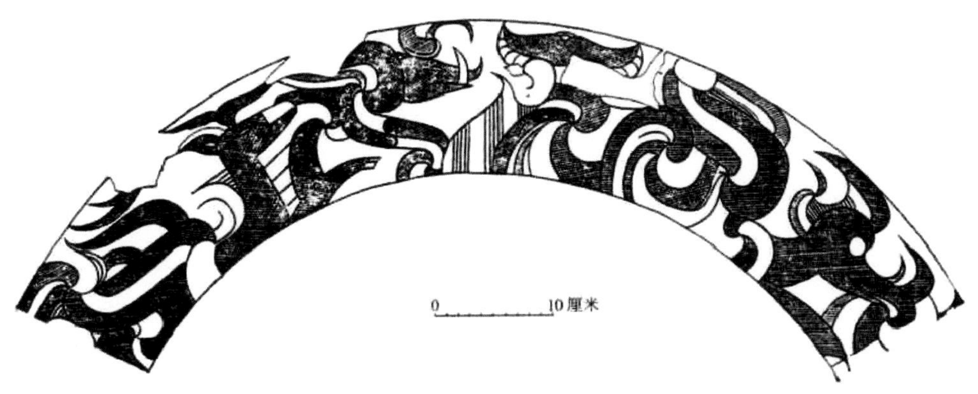

敖漢旗出土陶尊鹿、豬、鳥交替圖

第二節　四象與五行的由來

五行思想比陰陽思想複雜，這也被看成是中國文化的象徵。《逸周書・成開》周公對成王說：「三極：一，天有九列，別時陰陽。二，地有九州，別處五行。三，人有四佐，佐官維明。」《國語・鄭語》史伯對鄭桓公說：「故先王以土與金、木、水、火雜，以成百物。」《尚書・洪範》說箕子給周武王講述洪範九疇，第一是五行。不過此篇開頭箕子說：「我聞在昔，鯀陻洪水，汩陳其五行，帝乃震怒，不畀洪範九疇，彝倫攸斁。鯀則殛死，禹乃嗣興，天乃錫禹洪範九疇，彝倫攸敘。」漢石經的汩作曰，僞《孔傳》：「汩，亂也。」既然鯀陳其五行，爲何帝還要震怒？既然五行在九疇之中，爲何又說帝不給鯀以九疇？九疇是治國大法，可能是因爲鯀陳五行是一種僭越行爲，五行是最高統治者所掌，所以帝要震怒。九疇是最高統治者給繼任者所傳的秘笈，所以大禹治水成功因而得到九疇。下文要說到五行是遠古部落聯盟的根本構成機制，所以說五帝有五德，輪流循環，也即五德終始說。五帝五德說經過古史辨派的批判，似乎不再可信，筆者本書將要論證五帝五德說基本可信。

五行是由四分體系發展而來的，所以我們有必要先列出四分體系，四分體系源自自然界的四方、四季和季風，見於甲骨文及《山海經》記載，後來被儒家改造爲四民，見於《尚書・堯典》，四分體系如下表所示：

四方	東	南	西	北
四季	春	夏	秋	冬
卜辭四方	析	粦？依？尸	契	宛？伏？
《山海經》四方	折	因	夷	〔鳥宛〕
卜辭四方風	協	微	彝	役
《山海經》四方風	俊	民	韋	〔犬炎〕
《堯典》四民	析	因	夷	隩
四象	青龍	朱雀	白虎	玄武

四分體系發展出晚期五行體系，也即後世常見的五行體系，見於《管子・玄宮》、《禮記・月令》、《呂氏春秋》十二紀、《淮南子・天文》記載，晚期五行體系如下表所示。古人講述五行最重要的實用目的是更換四時政令，但是四季和五行無法完全對應，所以古人又闢出一個季夏對應五行之土。

五位	東	南	中	西	北
五行	木	火	土	金	水
四季	春	夏	季夏	秋	冬
五色	青	赤	黃	白	黑
五獸	蒼龍	朱鳥	黃龍	白虎	玄武
五蟲	鱗	羽	倮	毛	介
五音	角	徵	宮	商	羽
五律	太蔟	仲呂	黃鐘	夷則	應鍾
五數	八	七	五	九	六
十干	甲、乙	丙、丁	戊、己	庚、辛	壬、癸
五星	歲星	熒惑	鎮星	太白	辰星
歲干	閼蒙、旃蒙	柔兆、強圉	著雍、屠維	上章、重光	玄默、昭明

五帝	太皞	炎帝	黃帝	少皞	顓頊
五神	句芒	祝融	后土	蓐收	玄冥
天子居	青陽	明堂	太室	總章	玄堂
五祀	戶	竈	中霤	門	行
五木	榆柳	棗杏	桑柘	柞楢	槐檀
五味	酸	苦	甘	辛	鹹
五臭	羶	焦	香	腥	朽
五祀	戶	竈	中	門	行
五祭	脾	肺	心	肝	腎
五食	麥	菽	稷	麻	黍
五畜	羊	雞	牛	犬	彘

筆者用黑框把上表分爲三個部分，第一部分是自然界中的五行，第二部分是人文社會的五行，第三部分是日常生活的五行。其中第二部分不僅有天子所居，還有服飾車馬，只是顏色不同，所以上表省略。

第一部分出現最早，源自四分體系。自然界的五行出現時，有對應的社會機制，但不是第二部分，因爲第二部分是戰國人的記載，此時距古已久，所以多有不合之處，這只是戰國人構造的一個系統。下文要說到遠古時期的每個部落都按照五行體系構造，少皞、太皞、黃帝、炎帝部落之中都有各自的五行構造。後來這些部落融合爲一個更大的部落聯盟，也按照五行構造，五大部落首領輪流任職，就是五帝，五帝各用五行的一行，所以稱爲五德終始，即五德循環。但是此時的五帝已經不是少皞、太皞、黃帝、炎帝，本書最大的任務就是復原眞正的五德終始的循環過程，詳見本書第五章到第八章。第三部分的日常五行是後世的俗化，出現最晚。

其實五行體系在本質上是一種世界通行文化，不是中國獨有。這種文化被法國人類學家愛彌爾・涂爾幹與馬塞爾・莫斯總結爲「原始分類」，即把宇宙萬物分門別類，歸屬到一個部落的每一個氏族所有。這兩位法國學者所著的《原始分類》一書的正文共有四章，即澳洲分類類型、其他澳洲體系、祖尼人與蘇人、中國，他們指出這種原始分類文化見於澳洲、美洲與中國等地。〔註 12〕可惜由於他們在當時依靠的中國史料還不夠充足與深入，所以他們的

〔註 12〕〔法〕愛彌爾・涂爾幹、馬塞爾・莫斯：《原始分類》，上海人民出版社，2000 年。

中國一章不夠豐富，講述的其實是後世的五行體系，也即東周以後的思想，而非中國的遠古事情。但是他們的名著給我們研究中國的五行體系提供了最寶貴的材料，使我們知道原來五行體系是一種早期的社會通則。

此處先從四象的形成入手，再逐層分析五行體系中的四季、四方、五色、五行如此不斷附著起來，最後分析五官的由來。五官是在五行思想指導下的社會組織原則，需要結合世界其他原始民族的文化才能破解。

一、四象的由來

五行體系中最通俗的形象就是四象：東方蒼龍、西方白虎、南方朱雀、北方玄武，我們先從四象說起。

四象的起源很早，1987 年到 1988 年，河南省濮陽市西水坡遺址第 45 號墓發現了一座仰韶文化墓葬，墓主居中，身高 1.83 米，大概是一位氏族首領。他的身邊各有蚌殼擺塑的龍、虎圖案，龍在東，虎在西，其北還有蚌殼擺塑的北斗星座圖案。經檢測，此墓時間距今 6460±135 年。因爲有北斗七星，所以我們可以知道早在約 6500 年前，東宮蒼龍、西宮白虎就已經出現了。

在 45 號墓以南 20 米處，另有兩組蚌殼擺塑的動物圖案，第二組比較緊密，前人認爲這一組動物爲龍、虎、鹿、蜘蛛，左邊的虎、鹿非常清楚，右下角的龍比較模糊。筆者以爲右上角的蜘蛛其實應是朱雀，蜘蛛在中國文化中沒有地位，所以不會在如此重要的地方出現蜘蛛，所謂的蜘蛛伸展出的足其實是朱雀的翅膀和尾部。第三組圖案也是龍虎相對，有人騎在虎上，另有兩個動物看不清楚。所以四象在當時都已經出現，四象是如何起源的呢？

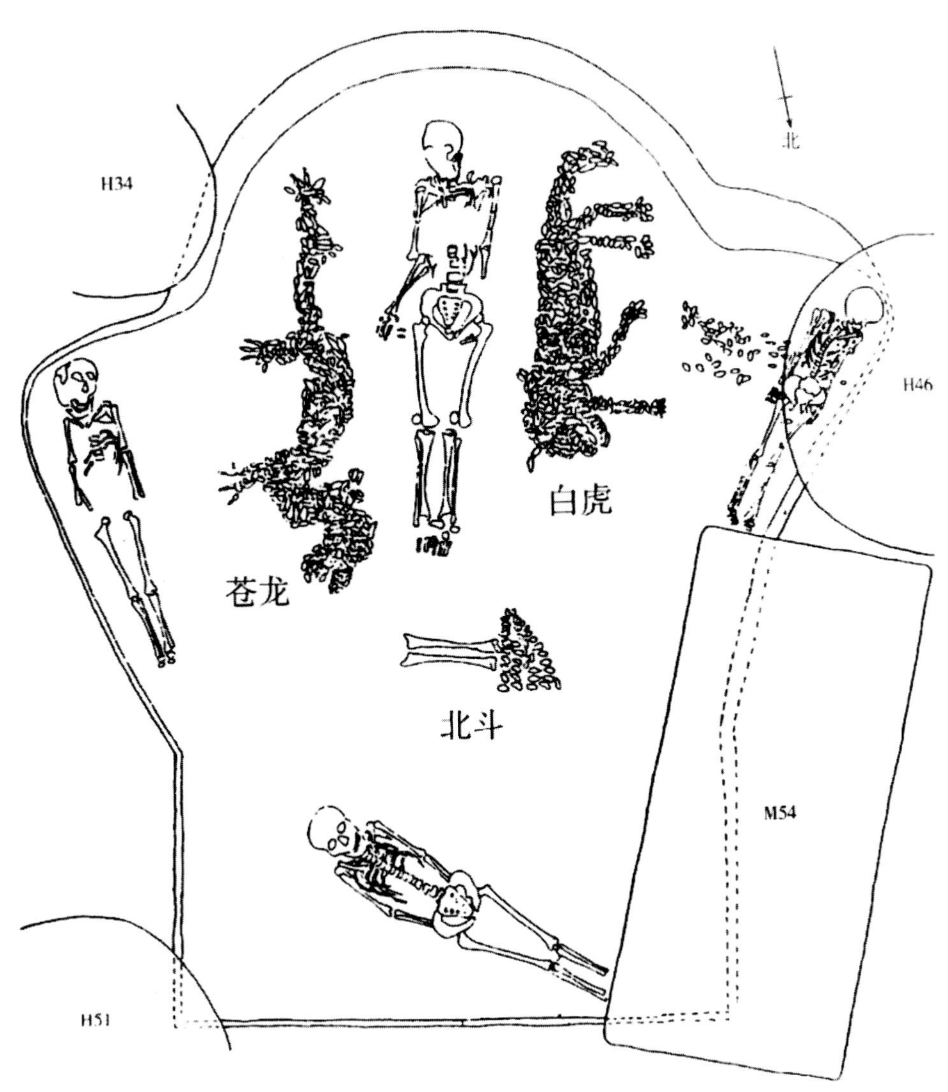

河南濮陽西水坡 45 號墓平面圖

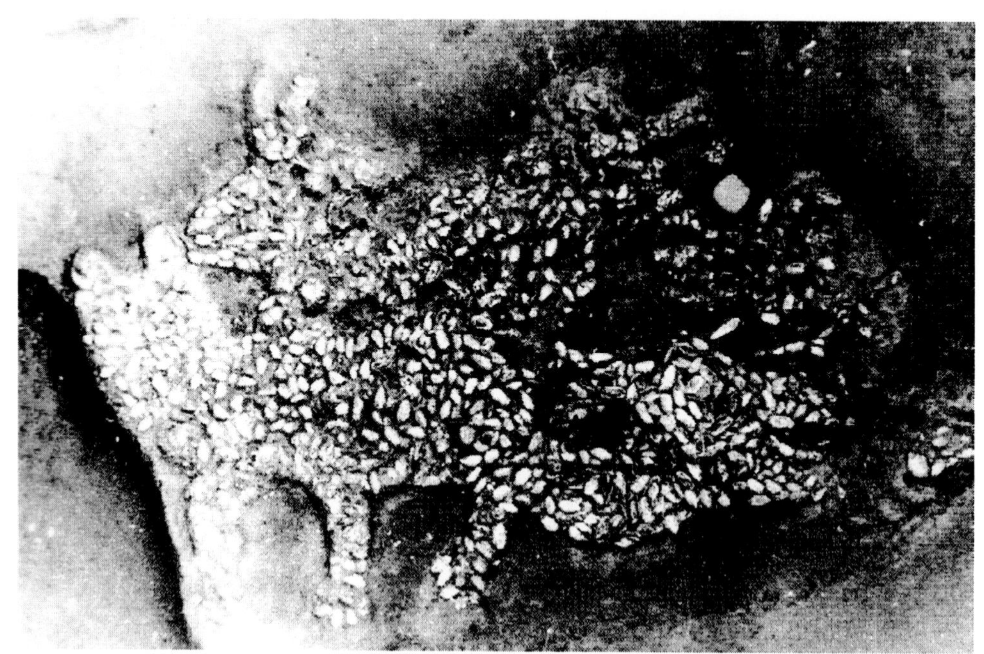

河南濮陽西水坡仰韶文化第二組蚌塑

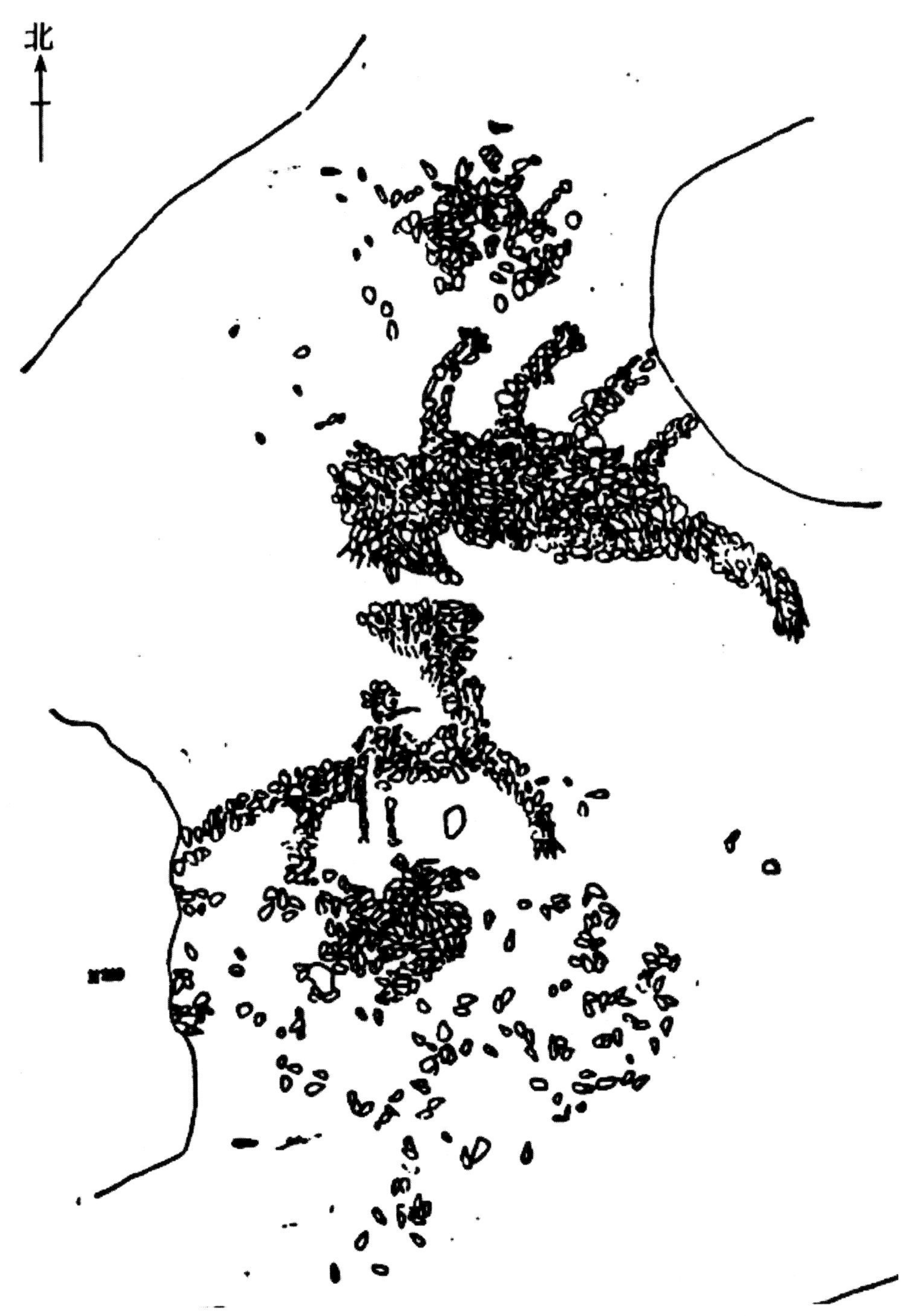

河南濮陽西水坡仰韶文化第三組蚌塑

關於四象的起源，前人有兩種看法：

第一種看法認爲黃道二十八宿可以分爲四組，每一組的形象就是四象。具體來說，東宮和蒼龍最像。西宮其實不像老虎，有學者解釋爲虎皮，顯然相差很遠。又把危宿和附近的墳墓諸星組合爲鹿，其實也很不像。〔註 13〕

筆者認爲此說不能成立，因爲每個人的想像不可能一致，同樣的宇宙星辰在不同的民族中會被命名爲不同的星座。與四象近似的動物很多，東宮可以解釋爲龍，也能解釋爲蛇。西宮能解釋爲虎，也能解釋爲豹。北宮可以解釋爲鹿，也能解釋爲羊。凡是通過形象解釋，都不能獲得唯一答案。所以此說顚倒因果，不能成立。

第二種看法認爲四象起源於部族圖騰，中原東部部落的圖騰是龍，西部是虎，南部是鳥，北部是鹿。〔註 14〕持此說者找不到中原民族的虎圖騰，把西羌、西王母和彝族的虎崇拜作爲證據。其實西王母不是虎圖騰的部落，《山海經・大荒西經》說西王母：「虎齒，豹尾。」虎齒可能是用虎齒裝飾，也有可能是對西王母兇殘的修辭，這和虎圖騰無關。西羌、彝族的虎崇拜也不是虎成爲西方之象的原因，西羌、彝族和中原距離很遠。南方也找不到鳥圖騰的證據，《山海經》中南方的鳥不足爲據，《山海經》南方記載了各種鳥獸。少皞氏子孫南遷到江淮也不是證據，少皞氏原居地在今山東，所以這也不能成立。

此說和歷史記載也完全不能對應，因爲《左傳》昭公十七年郯子說：「昔者黃帝氏以雲紀，故爲雲師而雲名。炎帝氏以火紀，故爲火師而火名。共工氏以水紀，故爲水師而水名。大皞氏以龍紀，故爲龍師而龍名。我高祖少皞摯之立也，鳳鳥適至，故紀於鳥，爲鳥師而鳥名。」可見上古東方最大的兩個部落太皞、少皞的圖騰是龍和鳳，而中原西部的炎帝、黃帝、共工的圖騰分別是火、雲和水。少皞氏在最東部，但是鳥卻在五行體系中的南方。

筆者認爲四象的眞正起源是古人的生產勞動，中國絕大地區四季分明，且四季不分明的地區全在邊疆。〔註 15〕四季分明，農作有時，這是陰陽五行

〔註 13〕馮時：《中國天文考古學》，中國社會科學出版社，2010 年，第 422、431 頁。

〔註 14〕陳久金：《華夏族群的圖騰崇拜與四象概念的形成》，《自然科學史研究》1992 年第 1 期。陳久金：《華夏族群的圖騰崇拜與四象概念的形成》、《從北方神鹿到北方龜蛇觀念的演變——關於圖騰崇拜與四象觀念形成的補充研究》，《帛書及古典天文史料注析與研究》，萬卷樓圖書股份有限公司，2001 年，第 458～486 頁。

〔註 15〕劉明光主編《中國自然地理圖集》，中國地圖出版社，1998 年，第 39 頁。

論起源的基礎。四象應該是四季之中最重要的四種動物，其起源的奧秘就在中國上古曆法經典《夏小正》之中，此書傳說是夏代曆法。原文分爲經傳兩部分，今本未能區分，但是文意上能夠看出二者有別。

筆者認爲，四象都在《夏小正》中出現了：

（1）《夏小正》二月的一件要事是「剝鱓」，《傳》：以爲鼓也。就是把鱷魚皮剝下，做成鼓。李學勤指出殷墟發現木身鼉鼓，商代有仿鼉鼓的青銅器，陶寺龍山文化墓葬發現鼉鼓。〔註 16〕《大雅・靈臺》：「鼉鼓蓬蓬。」其實應是彭彭，彭的意思是鼓聲，右邊三筆表示聲音，左邊是鼓的象形。上古音的彭是並母陽部〔beang〕，即擊鼓之聲。《史記・李斯傳》：「樹靈鼉之鼓。」鼉即鱷魚，和鱓是同源字。《呂氏春秋》卷五《古樂》說：「（顓頊）乃令鱓先爲樂倡，鱓乃偃寢，以其尾鼓其腹，其音英英。」其實傳說的原型是剝鱷魚皮作鼓。鱷魚就是龍的原型，鱷魚很難捕捉，是春季要應對的最大的野獸。二月時，鱷魚剛剛從冬眠中醒來，因此最容易捕捉。

（2）《夏小正》五月說：「鳩爲鷹。」所謂五月鳩化爲鷹，是指鷹開始出現或增多。古人不理解，以爲是鳩所化。

（3）《夏小正》七月說：「狸子肇肆。」肇肆是開始肆虐，前人或釋狸子爲野貓，但是野貓不會成災。所以筆者認爲此處的狸應釋爲虎，因爲中原的古代方言稱虎爲狸，西漢揚雄《方言》卷八說：

> 虎，陳魏宋楚之間，或謂之李父，江淮南楚之間，謂之李耳，或謂之虎兔。自關東西，或謂之伯都。〔註 17〕

陳在今河南省東南部、宋與魏在今河南省東部，楚和江淮還在其東南，都是夏朝的核心區，虎稱爲李父或李耳，其實都是狸。而豫西向西，稱爲伯都。上古音耳是日母之部，子是精母之部，耳音近子，所以《夏小正》的狸子是李耳，就是老虎，老虎會傷人，所以說肇肆。

（4）《夏小正》十一月、十二月都說：「隕麋角。」這是冬季所記的最大動物，麋鹿是中原地區最大的鹿，也是最常見的鹿。古代中原湖沼很多，所以麋鹿比後世更多。雄麋每年 12 月脫角，應是農曆十一月，所以十二月一條

〔註 16〕李學勤：《夏小正新證》，《古文獻叢論》，上海遠東出版社，1996 年，第 217～218 頁。

〔註 17〕〔漢〕揚雄著、周祖謨校箋：《方言校箋》，中華書局（北京），1993 年，第 51 頁。

是衍文。麋鹿角和鹿角一樣是滋補佳品，所以古人特別記載。

冬季也是狩獵的季節，《夏小正》說：「十有一月，王狩，陳筋革。」狩獵時最大的收穫應該就是鹿，《逸周書》卷四《世俘解》說：

> 武王狩，禽虎二十有二，貓二，麋五千二百三十五，犀十有二，氂七百二十有一熊百五十有一，羆百一十有八，豕三百五十有二，貉十有八，麈十有六，麝五十，麋三十，鹿三千五百有八。

麋即麋鹿，出現了兩次，前人懷疑前一個麋是麇，但也可能是後一個麋為麇之形訛。無論如何，狩獵中收穫最多的是鹿科動物。因為冬季狩獵，捕鹿最多，所以鹿成為冬季的象徵。

以上四種動物，分別是四個季節最重要的猛獸，因此成為四季的象徵，也就是四象的由來：春季對應龍，夏季對應鳥，秋季是虎，冬季是鹿。需要說明的是，原先的玄武是鹿。前人已經指出北方最早是鹿有兩大鐵證：第一是公元前 8 世紀虢國墓地出土的一面銅鏡上畫出四象，北方是鹿。第二是曾侯乙墓漆箱星圖的北方畫出兩隻鹿，這說明在戰國時期的北宮仍然是鹿。〔註 18〕

長沙楚帛書季冬之神是兩隻野獸，共用一頭，其實這個神像就是兩隻鹿的象形，對比曾侯乙墓漆箱的北宮雙鹿，就會發現其完全一致。二者的一致之處還有楚帛書孟秋神像是蛙形，也與曾侯乙墓漆箱的西宮圖像完全一致。

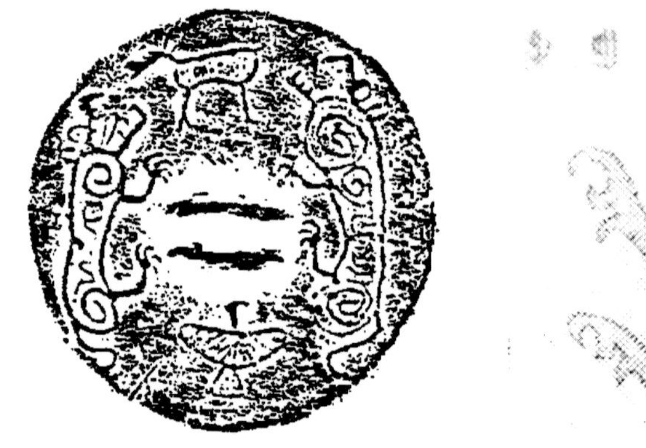

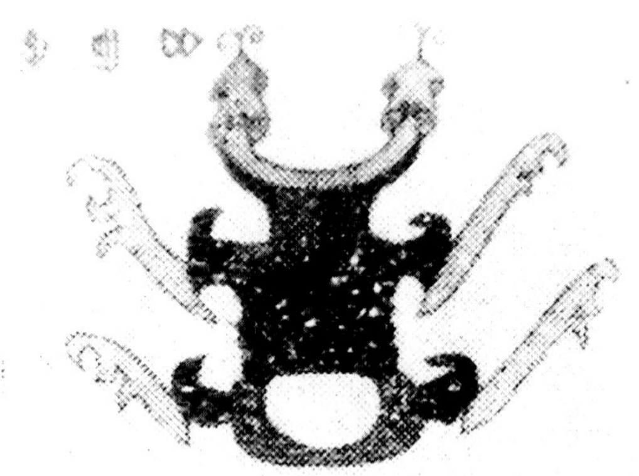

西周虢國墓出土四象銅鏡、楚帛書的玄月神像

〔註 18〕馮時：《中國天文考古學》，第 427 頁。

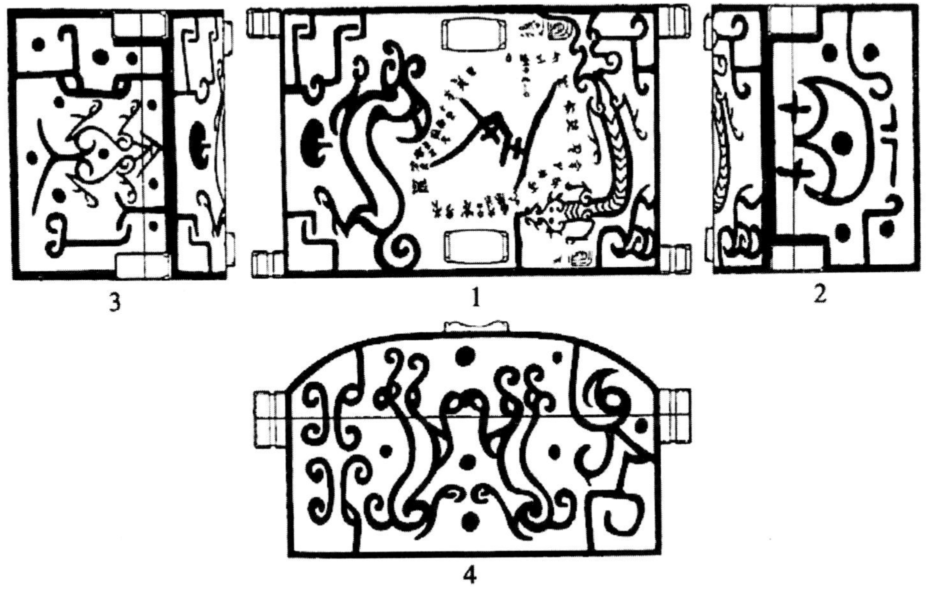

曾侯乙墓漆箱星宿圖（1 蓋面，2 東立面，3 西立面，4 北立面）

二、四季與四方

五行體系還包括四季、四象與方向、顏色、金木水火土、五臟、五音等諸多事物的對應，其實也就是宇宙萬物在五種範疇之內的分配。這些分配也有實際根據，直接源自古人生活。

濮陽西水坡墓地的龍在東，虎在西，說明四季、四象和方向很早就已對應。四方和四季的對應，其實也是來自天象，古人仰望蒼穹，在天頂看到最明顯的北斗七星，這也出現了西水坡的墓地中。

北斗七星，四季指向不同，《鶡冠子》說：「斗柄指東，天下皆春。斗柄指南，天下皆夏。斗柄指西，天下皆秋。斗柄指北，天下皆冬。」由於北斗七星非常突出，居於正中，四季運轉非常守時，所以古人通過觀察北斗七星的運轉，就知道四季變化。

另外，東亞盛行季風氣候，春夏季是東南風，秋冬季爲西北風，這也是古人把四季和四方對應的重要原因。東南風帶來豐沛的降水，決定農業的收成，所以對古人來說很重要。

三、五方和五色

五行體系中四象各有顏色，顯然是人爲添加，因爲我們在自然界中找不到青色的鱷魚，五色與五方對應之後才被和四象結合。

古人認為四方土地的顏色不同，《逸周書》卷五《作雒》說：「諸侯受命於周，乃建大社與國中，其壝，東青土，南赤土，西白土，北驪土，中央以黃土，將建諸侯，鑿取其方，一面之土，燾以黃土，苴以白茅，以為社之封。」四方土地顏色不同的看法，可能來自古人對中國各地土壤顏色的觀察，中原的黃土高原為黃土，南方多紅土，中國的紅層地貌基本就在秦嶺淮河一線以南。北方塞外草原土壤為黑土、黑鈣土、栗鈣土、棕鈣土、灰鈣土，都是黑色土壤。所謂白土其實是鹽漬化土地，中國的鹽漬化土地和鹽湖多在西北部的內流區。〔註 19〕但是古人不太可能瞭解如此大範圍的土壤特點，也沒有必要關注超出其部落以外的廣闊地區。而且東部的青色，也不能和山東的土壤顏色對應，所以土色說看似成立，其實不太符合當時的事實。

五行體系的東方是木，與東方的青色有關。南方是火，與南方的紅色有關。山東北部是渤海，上古的河北平原比現在小。遠古時期的黃河下游是分散為多條河道，中間布有沼澤。中國古人把海寫成晦，長沙楚帛書把山川四海寫成晦，秦封泥東海郡為東晦郡，《釋名・釋水》：「海，晦也。主承穢濁水，黑如晦也。」這可能是北方為黑色的由來。

四、金木水火土與五方

五行對應金、木、水、火、土起源很晚，因為新石器時代最重要的工具石頭不在五行之中。金、木、水、火、土是古人生活中最重要的資源。上古時期，太皞之都在今河南淮陽縣，少皞之都在今山東曲阜市，顓頊之都在今河南濮陽市，堯舜的活動地區都在今山東西部和河南東部。〔註 20〕因為最早的中國核心地區是魯西豫東，五行與五方的對應關係或許源自中原及周邊的出產。中原東部的山東丘陵是最大的木材來源地，所以東方對應木。最早大規模使用的金屬是銅，而中原最大的銅礦在山西南部和洛河上游，在中原西部。〔註 21〕冶銅技術也是從中國的西部向東部傳播，所以金對應西方。最大的河流黃河在中原北部，所以北方對應水。水火相對，南方較熱，所以南方對應火。

〔註 19〕劉明光主編《中國自然地理圖集》，第 63～64、213 頁。

〔註 20〕《左傳》昭公十七年說陳，大皞之虛也，衛，顓頊之虛也，故為帝丘。定公四年說魯國封於少皞之虛。

〔註 21〕劉莉：《中國新時期時代：邁向早期國家之路》，第 214～215 頁。

五方和五行配位也可能源自四季農業活動：

春季爲播種季節，草木生長，所以對應木。

夏季最熱，對應火，東亞季風氣候，雨熱同期，對農作物最爲關鍵。所以夏季雖熱，但是從農業的角度考慮，還是需要火氣。

秋季收穫植物，割取果實，象徵刑殺，所以對應金。

冬季不從事耕作，但是要整修水利，中國人一直保持冬季治河的習慣，因爲此時水位最低，農事停止，可以開挖河道，加固堤防，所以冬季對應水。

五行體系在春秋時代已經成形，《墨子・貴義》說：

> 子墨子北之齊，遇日者。日者曰：「帝以今日殺黑龍於北方，而先生之色黑，不可以北。」子墨子不聽，遂北，至淄水，不遂而反焉。日者曰：「我謂先生不可以北。」子墨子曰：「南之人不得北，北之人不得南，其色有黑者，有白者，何故皆不遂也？且帝以甲乙殺青龍於東方，以丙丁殺赤龍於南方，以庚辛殺白龍於西方，以壬癸殺黑龍於北方，若用子之言，則是禁天下之行者也。是圍心而虛天下也，子之言不可用也。」

五方已經和顏色、天干對應，墨子是戰國初期人，所以此說最遲也可追溯到戰國之前。

王引之指出春秋人的名與字暗含五行體系的對應關係：

1.《左傳》僖公三十二年，秦國白丙，字乙。丙，火，乙，木，取火生於木。

2.鄭國石癸，字甲父，癸，水，甲，木，取木生於水。

3.襄公五年，楚國公子壬夫，字子辛，壬，水，辛，金，取水生於金。

4.哀公十一年，衛國夏戊，字丁。戊，土，丁，火，取土生於火。

5.昭公十六年，鄭國印癸，字子柳。癸，水。柳通酉，金，取水生於金。

6.僖公廿六年，楚國斗宜申，字子西。哀公六年，公子申，字子西。《經典釋文敘錄》魯國曾申，字子西。《淮南子・時則》：孟秋之月，招搖指申，其位西方。

7.《史記・仲尼弟子傳》魯國顏幸，字子柳，幸爲辛之形訛。

8.《孟子・告子》子柳子思爲臣，趙注：子柳，泄柳也。《說苑・雜言》子柳作子庚。《淮南子・時則》：仲秋之月，招搖指酉，其日庚辛。

丁山認爲據此，春秋初期人已有十二辰分配五行方位。〔註 22〕筆者認爲

〔註 22〕丁山：《中國古代宗教與神話考》，上海書店出版社，2011 年，第 124～126 頁。

五行體系在春秋時期流行各國，最遲在西周時期已經形成。

第三節　甲骨文與《山海經》的四方、四方風

《山海經・大荒經》中有四條記載四方、四方風的名稱：

有人名曰折丹，東方曰折，來風曰俊，處東極以出入風。(《大荒東經》)

有神名曰因因乎，南方曰因乎，誇風曰乎民，處南極以出入風。(《大荒南經》)

有人名曰石夷，來風曰韋，處西北隅，以司日月之長短。(《大荒西經》)

有人名曰宛，北方曰宛，來之（之爲衍字）風曰〔犬炎〕，是處東極隅，以止日月，使無間出沒，司其短長。(《大荒東經》)

古人對這四條不太注意，直到胡厚宣在商代的甲骨文居然發現了完全一致的記載，一塊牛胛骨上記有：

東方曰析，鳳曰協。

南方曰夾，鳳曰微。

西方曰□，鳳曰彝。

〔北方曰〕□，鳳曰役。

他又在中央研究院第十三次發掘殷墟所得武丁時期龜甲文中，發現一片刻有卜辭，這塊卜辭經過綴合之後的全文是：

辛亥，内貞：今一月帝令雨？四月甲寅夕……一二三四

辛亥卜，内貞：今一月〔帝〕不其令雨？一二三四

辛亥卜，内貞：禘於北方曰宛，鳳曰役，祓〔年〕？一二三四

辛亥卜，内貞：禘於南方曰微，鳳曰尸，祓年？一月。一二三四

貞：禘於東方曰析，鳳曰協。祓年？一二三〔四〕

貞：禘於西方曰彝，鳳曰□。祓年？一二三四

鳳即風之通假，其中東方之名、西方之風、北方之名與《山海經》完全對應，只有南方之名不能對應。東方風曰協，《說文》卷一四上：「協，同力也，從三力。」《堯典》:「克明俊德。」鄭注：「俊德，才兼人也。」胡厚宣認爲協、

俊義可通。胡厚宣釋南方曰夾，有夾輔之義，因此和《山海經》的因字相通。他認爲《山海經》西風曰韋，可能是卜辭西風的形訛。北風曰役，即役，《說文》卷三下：「役，戍邊也。」他又懷疑〔犬炎〕是北方邊地之獸。

胡厚宣還揭示了《堯典》四方之民的由來，《堯典》講述堯名羲和氏四子分遷四方，說到四句：

（東方）厥民析

（南方）厥民因

（西方）厥民夷

（北方）厥民隩

此處四方之民，其實是儒家對傳說的改造。其中三處和《山海經》完全相同，唯有北方不同，但是北方的隩實即宛的通假，《說文》卷七下：「奧，宛也。」〔註23〕

楊樹達釋東方曰析，《說文》釋析爲破木，《易・解》：「天地解而雷雨作，雷雨作而百果草木皆甲坼，解之時，大矣哉！」又釋南方名夾爲莢，南方對應夏季，夏季是草木著莢之時。又釋協風爲和風，《詩經・邶風・谷風》：「習習谷風。」《毛傳》：「習習，和舒貌。東風謂之谷風，陰陽和而谷風至。」又釋南風爲凱風，《詩經・邶風・凱風》：「凱風自南。」《爾雅・釋天》：「南風謂之凱風。」西風曰彝，又釋彝爲大，彝風爲大風，《爾雅・釋天》：「西風謂之泰風。」《詩經・大雅・桑柔》：「大風有隧。」鄭《箋》：「西風謂之大風。」〔註24〕

〔註23〕胡厚宣：《甲骨文四方風名考證》，《甲骨文商史論叢初集》，第265～276頁。

〔註24〕楊樹達：《甲骨文中之四方風名與神名》，《積微居甲文說》，上海古籍出版社，1986年，第80～83頁。

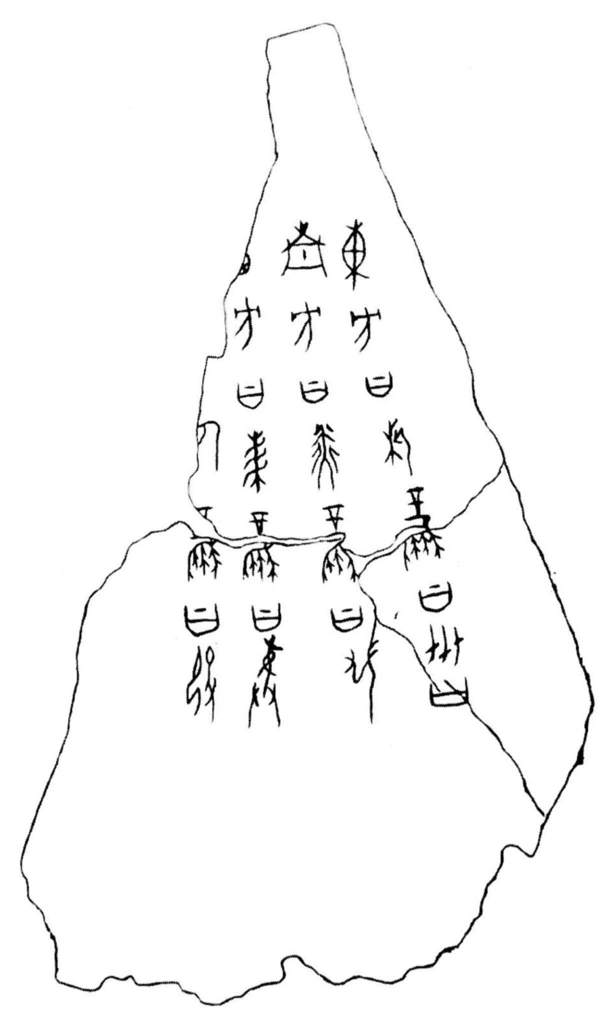

甲骨文四方與四方風名刻辭

李學勤認爲南風名爲𡰥，是因字的音訛。西風名即《合集》14294 的□、30393 的□，從韋之聲，《山海經》爲韋。〔註25〕

馮時對四方和四方風名又有新釋，他說東方曰析，指春分之時晝夜平分。協的意思是合和，指陰陽交合，乃春分之侯。南方曰因，訓爲長，指夏至之日晝長久。卜辭南風曰𡰥，甲骨文通夷字，讀爲遲，也是同樣意思，指夏日

〔註25〕李學勤：《申論四方風名卜甲》，《中國古代文明研究》，華東師範大學出版社，2005年，第30頁。

遲遲。《山海經》的南風曰民，即商代刻辭南風曰微的微，聲近而訛，微風之微爲細小，爲夏至之侯。西方曰彝，也訓爲夷，指秋分晝夜平分。西風之名，讀爲𢀶，《說文》卷七上：「草木𢀶盛也。」《說文》卷一〇下燊：「一曰役。」所以役可通燊，意爲熾盛，爲冬至之侯。〔註 26〕筆者認爲此說牽強，尸字讀爲夷，彝字也讀爲夷，則無區分。而且前一個夷又讀爲遲，後一個夷又讀爲平。析的意思是分，但不是平分。如果春分可以用析，秋分也可以，古人不可能不加區別。平分的平和夷平的平不同，秋天草木凋零，不會取草木茂盛之意。冬天氣候寒冷，不會取熾熱之意。夏天草木繁盛，有狂風暴雨，所以微風的微不可能解釋爲細小。

筆者認爲必須從五行體系來解釋四方神和四方風神名，東方曰析，指春天草木發芽，劈開樹木，故名析。木正曰句芒，芒即草木萌芽，實即萌的同源字。《說文》卷一下：「萌，草芽也。」《說文》卷一下：「芒，草耑也。」芒爲草之端，芒、萌都是明母陽部，雙聲疊韻。

春天是農作季節，所以《爾雅》三月爲寎月，楚帛書爲秉月，秉字即手持禾苗之象，指早稻插秧。《周禮》農作官員全在地官，其實這些地官原來都是春官，第五章第三節將對五官的由來有詳細考證。《周禮》春官全是宗教禮樂官員，包括樂官，因爲籍田之前需要瞽聽協風，所以農作原由樂官主持，詳見第八章。《周禮》地官的農業官員有稍人、委人、土均、草人、稻人，稍、委、稻皆從禾。

《書傳》解釋析：「春事既起，丁壯就功……言其民老壯分析。」此說不能成立，析來自草木萌芽。但是析分確實和人有關，古人婚姻定在春天，春天不僅是草木生長之季，也是人口增長之時。《爾雅》四月爲余，長沙楚帛書二月：「余，取女……取女，爲邦芖。」二月最重要的事情是娶妻，不少學者讀芖爲笑，但是娶妻不是可笑之事，所以不確。李零讀爲疑，筆者認爲是㜇，也即妖，《說文》卷一二下：「㜇，巧也，一曰女子笑皃。《詩》曰桃之㜇㜇。從女，芖聲。」《詩經・周南・桃夭》：「桃之夭夭，灼灼其華。」

楚帛書余月的神像是雙蛇纏繞，詳見本章第六節，其實這就是最早的伏羲、女媧像，蛇的交尾象徵男女交合生人。《周禮》地官由兩類官員組成，一是農業官員，一是民事官員，其中包括婚姻官員，其中的媒氏說：「中春之月，令會男女，於是時也，奔者不禁。」仲春二月，下令男女相會，此時允許私

〔註 26〕馮時：《中國天文考古學》，第 240～253 頁。

奔。說明《周禮》雖然成書較晚，但保留很多古俗。《夏小正》:「二月，綏多士女。」

春天開始耕作，所以春風稱爲協風，協字的本義是協力耕田，《國語・周語上》記載天子開春行籍田禮，象徵天下開始耕作，說:「先時五日，瞽告有協風至。」瞽提前五天聽到協風，預報日期，可見協風和耕作有關。

卜辭南方曰微，風曰尸，而刻辭南風曰夾，風曰微，其實應該是南風曰微，因爲古人把南風稱爲凱風，《山海經・南山經》:「至于旄山之尾，其南有谷，曰育遺，多怪鳥，凱風自是出。」豈、微可通，凱風實即微風。《山海經》的民字是微的音訛。民爲明母眞部（mien），微爲明母微部（miəi）。但是微風不是小風，應釋爲焚風，焚爲並母文部（biən），讀音相近。

刻辭南方曰夾，丁山認爲應讀爲粦，此字上方還有兩點，所以不是夾字。《說文》卷十上:「粦，鬼火也。」粦是鬼火，和炎帝之炎對應。〔註27〕裘錫圭認爲此字不是夾，應讀爲依，甲骨文有[illegible]，和因的取象相似，都是人被包裹或包圍之形。依、因音近，尸也是依的音訛，讀音相近。〔註28〕

刻辭西方曰[illegible]，西風曰彝，卜辭西方曰彝，西方曰[illegible]，也是正好顛倒。如果對照《山海經》、《堯典》，則應是西方曰彝，西風曰[illegible]。彝字原形是祭祀時殺雞，淋血於器皿，此即彝器由來。彝的本義是刑殺，對應五行中的蓐收。

西風帶來肅殺的秋季，所以西風也應從這一思路解釋。丁山認爲卜辭的西方一字即《說文》卷七上朿部的朿字，《說文》:「朿，木垂華實。」又說:「韡，朿也。從朿，韋聲。」《山海經》說西風曰韋，即此字的壞字。筆者認爲甲骨文此字的主體是木，上面的三筆不像是果實或花朵垂下的樣子，更像是刻在木上的刻痕，或者是樹木剝落之形，所以此字即契，《說文》在卷四下的丰刀部，聲從丰，讀若介，上古音是溪母月部〔khyat〕。于省吾雖然如此解釋，但是他又解釋爲介，引用《爾雅・釋詁》:「介，大也。」因而解釋爲大風，〔註29〕秋風固然是大風，但是大風沒有特性，春、夏、冬季都有大風。

筆者認爲[illegible]字是用刀在木上刻痕之象，即契，這和蓐收之意相通，《周禮》秋官大司寇源自秋天的刑殺。《爾雅》十一月爲辜，長沙楚帛書的姑月爲季秋

〔註27〕丁山:《中國古代宗教與神話考》，第87～89頁。

〔註28〕裘錫圭:《釋南方名》,《古文字論集》，中華書局（北京），1992年，第50～52頁。

〔註29〕于省吾:《釋四方和四方風的兩個問題》,《甲骨文字釋林》，中華書局（北京），2009年，第126頁。

（詳下第六節），這個月：「刑首事，戮不義。」辜、姑相通，《說文》卷十四下：「辜，罪也。」辜是見母魚部〔ka〕，辜從辛，辛字原形是金屬器具劈開物體。《說文》卷十四下：「辛，秋時萬物成而孰。金剛，味辛，辛痛即泣出。從一從辛。辛，辠也。辛承庚，象人股。」今按：既然從辛，就不會源自人股的象形。因爲《說文》卷三上說：「䇂，辠也。從干、二。二，古文上字。凡䇂之屬皆從䇂。讀若愆。」䇂是金屬器具，因爲用以刊刻，所以讀爲刊。愆是溪母元部〔khian〕，刊也是溪母元部。𢎘字讀爲胡先切，丁山認爲即寒風。筆者認爲〔han〕與害、契、辜字讀音近似，上古音害爲匣母月部〔hat〕，此字的同源字還有虢、虔、犍、戈、革、格、刻、聝、國、剮、刮等字，《說文》卷四下：「割，剝也。」割是見母月部〔kat〕，《左傳》記載該爲蓐收，該爲見母之部〔kə〕，其實就是刻，刻字是溪母職部〔khək〕，也即契、割，本章第六節說到該也對應十二支中的十月爲亥。

北方曰□，□字殘，曹錦炎讀爲伏。李學勤認爲伏還見於《尚書大傳》：「北方者，何也？伏方也。伏方也者，萬物伏藏之方。」〔註 30〕也有學者讀爲宛，宛和玄冥的玄相同，玄、宛、奧都是同源字，都有深奧之義，象徵冬天的收藏。

北方曰役，役的左邊是人，右邊是殳，殳的本義是手持武器殳，《說文》卷三下：「殳，以杖殊人也。」所以役的本義是以殳擊人。役的左邊是彳，即道路，因爲服役需要遠行。但是右邊相同，因爲服役是用武器強行驅趕百姓。揚雄《方言》卷十說：「伴，棄也。楚，凡揮棄物，謂之伴，或謂之敲。淮汝之間，謂之役。」〔註 31〕役的本義是用揮起殳來敲擊人，所以通敲。此字其實也通搠，殳爲禪母侯部〔ʑio〕，搠爲山母鐸部〔ʃeak〕，搠是後起字，本字即殳。漢字中的毆、擊、毀、殺、敲都和殳有關，說明這是古代重要的字。

前引于省吾之文認爲應讀爲冽，即寒風。筆者認爲北風又稱朔風，朔風源自殳，朔是山母鐸部，北風名爲役，因爲冬天是勞役的季節，《爾雅·釋訓》：「朔，北方。」冬天是農閒時節，勞作又可以取暖，所以一切工程都在冬天，這就是《周禮》冬官爲司空的由來。

以上通過五行體系來解釋四方神名和四方風名，這樣才能解釋通暢，也

〔註 30〕李學勤：《商代的四方與四時》，《李學勤集》，黑龍江教育出版社，1998 年，第 104～109 頁。

〔註 31〕〔漢〕揚雄著、周祖謨校箋：《方言校箋》，第 63 頁。

符合古人的眞實生活。

第四節　五行部落聯盟與五帝五德

先有人類的眞實生活，後有陰陽五行論。有了陰陽五行論，才有部落之中不同氏族的分工。每個氏族對應五行體系的一方，世代相傳，稱爲五官。再有五個部落組成部落聯盟，對應五行。

一、五官與印第安人的部落結構

中國文獻記載的最早五行制社會結構是少皞氏部落，可能當時還有不少部落採取此制，但是文獻失傳。即便是少皞氏的部落結構，也是借助儒家典籍流傳，如果不是因爲孔子詢問郯子，也很有可能失傳。《國語·楚語下》記載觀射父對楚昭王說：「於是乎有天地神民類物之官，是謂五官，各司其序，不相亂也。民是以能有忠信，神是以能有明德。民神異業，敬而不瀆，故神降之嘉生，民以物享，禍災不至，求用不匱。及少皞之衰也，九黎亂德。」下文記載少皞衰落之時原有秩序被打破的情況，所以春秋時人能追溯到的最早五行之制的社會就是少皞氏部落。

詳細記載少皞氏部落結構的是《左傳》昭公十七年（前 525 年）郯國（在今山東郯城縣）君主郯子所說：

> 我高祖少皞摯之立也，鳳鳥適至，故紀於鳥，爲鳥師而鳥名。鳳鳥氏，曆正也。玄鳥氏，司分者也。伯趙氏，司至者也。青鳥氏，司啓者也。丹鳥氏，司閉者也。祝鳩氏，司徒也。鴡鳩氏，司馬也。鳲鳩氏，司空也。爽鳩氏，司寇也。鶻鳩氏，司事也。五鳩，鳩民者也。五雉，爲五工正，利器用、正度量，夷民者也。九扈爲九農正。

少皞氏的最高統治者是管理曆法的鳳鳥氏，下屬有四種顏色的鳥，管理四時八節，其下是管理人間事務的五鳩氏，再次是工正五雉氏，最下是管理農業的九扈氏。少皞氏的社會結構主要是五分體系，五種曆法氏族的鳳鳥氏超出另外四種鳥氏，成爲最高首領。

之所以有九扈，無疑是因爲在八種扈氏之上還有一支農正，八種扈氏又各分爲二，因爲古代的氏族內部各分爲兩個相互通婚的胞族。農業氏族地位最低，但是人數最多，所以分爲九支。後世學者對五雉、九扈之名都有列舉，但是因爲時間較晚，所以未必可信，所以下表以數字表示。

<table>
<tr><td>曆正</td><td>鳳鳥氏</td><td colspan="2"></td><td colspan="2"></td><td colspan="2"></td><td colspan="2"></td></tr>
<tr><td>屬官</td><td></td><td colspan="2">玄鳥（司分）</td><td colspan="2">白鳥（司至）</td><td colspan="2">青鳥（司啓）</td><td colspan="2">丹鳥（司閉）</td></tr>
<tr><td>民正</td><td>祝鳩（司徒）</td><td colspan="2">鴡鳩（司馬）</td><td colspan="2">鳲鳩（司空）</td><td colspan="2">爽鳩（司寇）</td><td colspan="2">鶻鳩（司事）</td></tr>
<tr><td>工正</td><td>雉 1</td><td colspan="2">雉 2</td><td colspan="2">雉 3</td><td colspan="2">雉 4</td><td colspan="2">雉 5</td></tr>
<tr><td>農正</td><td>扈 1</td><td colspan="2"></td><td colspan="2"></td><td colspan="2"></td><td colspan="2"></td></tr>
<tr><td>屬官</td><td></td><td>扈 2</td><td>扈 3</td><td>扈 4</td><td>扈 5</td><td>扈 6</td><td>扈 7</td><td>扈 8</td><td>扈 9</td></tr>
</table>

這種四分、八分再變爲五分、九分的部落結構也見於很多原始部族，比如《遼史》卷三二《營衛志・部族上》記載契丹人在北魏時有古八部，唐代大賀氏又組建了新八部。開元、天寶時，遙輦氏興，又組建了一個新八部，始終是八分。但是立遙輦氏爲可汗的涅里所統迭剌部，自爲別部，不在八部之列，涅里的七世孫阿保機建立遼朝。從涅里開始，契丹人的部落已變爲九部，多出的一部終於成爲皇室。努爾哈赤分部眾爲黃、白、紅、藍四旗，又變成八旗。努爾哈赤除自領兩旗，還有親衛軍，他的地位高於八旗，終於成爲皇室，所以其實也是從四分、八分制到五分、九分制。

少皞部落的氏族等級結構也見於歷史上的很多民族，比如契丹人有皇族內四部，又分爲帳族、橫帳族，下有契丹八部，次下有俘虜異族所建各部，最下有遼朝疆域內各族，也是多層。滿清有皇室，有滿洲八旗，分爲上三下五兩級，又有較早俘虜的蒙古八旗與漢八旗，還有最終征服的各族，也是多層。

《左傳》昭公二十九年（前 513 年）蔡墨說：

> 故有五行之官，是謂五官。實列受氏姓，封爲上公，祀爲貴神。社稷五祀，是尊是奉。木正曰句芒，火正曰祝融，金正曰蓐收，水正曰玄冥，土正曰后土。……少皞氏有四叔，曰重、曰該、曰修、曰熙，實能金、木及水。使重爲句芒，該爲蓐收，修及熙爲玄冥，世不失職，遂濟窮桑，此其三祀也。顓頊氏有子曰犁，爲祝融。共工氏有子曰句龍，爲后土，此其二祀也。后土爲社。稷，田正也。有烈山氏之子曰柱，爲稷，自夏以上祀之。周棄亦爲稷，自商以來祀之。

此處說五行之官可以追溯到顓頊之時，木正、金正、水正來自少皞氏部落，火正來自顓頊氏部落，土正來自共工氏部落，說明這是一個由不同來源的部落組成的一個部落聯盟。

馬王堆帛書《十大經》說黃帝欲布施五正，問閹冉，閹冉說：「五正既布，以司五明。」整理者讀爲五政，並引《鶡冠子・度萬》：「天地陰陽，取稽於身，故布五正以試五明，十變九道，稽從身始，五音六律，稽從身出。」〔註 32〕其實五政即五官之政。馬王堆帛書《十大經》說：「昔者黃帝質始好信，作自爲象（像），方四面，傅一心。四達自中，前參後參，左參右參，踐立（位）履參，是以能爲天下宗。」〔註 33〕此說又見於《太平御覽》卷七九引《尸子》記載子貢問孔子：「古者黃帝四面，信乎？」孔子曰：「黃帝取合己者四人，使治四方，不計而耦，不約而成，此之謂四面。」傳說黃帝有四張臉，但是孔子解釋說這是指黃帝治理四方。其實所謂黃帝四面，中傅一心，也是五官制度的訛傳。上文說過，部落聯盟的居住按照五行方位，所以中央的黃帝四面象徵擁有四方部落。

帝嚳到堯、舜時代都是五行聯盟，《國語・周語上》內史過對周惠王曰：「昔堯臨民以五。」韋昭認爲是指五年一巡守，丁山認爲這一句應該解釋爲《管子・輕重甲》的五官，《管子》說管子對齊桓公說：「昔堯之五吏五官，無所食，君請立五厲之祭，祭堯之五吏。」《論語・泰伯》說：「舜有臣五人而天下治。」丁山還指出這些就是甲骨文所說的帝五臣、帝五豐臣。〔註 34〕筆者認爲丁山說正確，臨民以五即用五官統治人民。但是東周人已經不明白是五個部落組成部落聯盟，只想到三代之後的君臣，所以解釋爲五臣。丁山雖然發現五官、五臣的聯繫，可惜仍然把這些當成神話，不知這是眞實的部落聯盟。丁山只看到《左傳》昭公十七年郯子說少皞氏有五工正，沒有看到少皞氏的高層都是以五來組織，最高階層也是管理曆法的五個氏族。

《淮南子・道應》：「昔堯之佐九人，舜之佐七人，武王之佐五人。」堯、舜的臣子都是奇數，其實七、九與五的說法不矛盾，都是由五行體系發展而來。七人是東、西、南、北、上、中、下的七分體系，九人則類似九扈之分，四分體系，各有正副，再加上一個天官。

顓頊的部落聯盟分爲五個部落，每一個部落對應五行體系中的一支，東方的是木正句芒所統領的部落，西方的是金正蓐收所統領的部落，南方的是火正祝融所統領的部落，北方的是水正玄冥所統領的部落。

〔註 32〕馬王堆帛書整理小組編《經法》，第 54～55 頁。

〔註 33〕馬王堆帛書整理小組編《經法》，第 45～46 頁。

〔註 34〕丁山：《中國古代宗教與神話考》，第 262～263 頁。

我們之所以這麼說，是因爲在美洲印第安人之中可以眞實地看到這種景象。根據《原始分類》的研究，美洲的社會比澳洲的社會要複雜得多，是由澳洲的形式發展而來的。因此我們可以比較美洲的社會與中國遠古的記載，據《原始分類》介紹：

1.北美的祖尼人把宇宙萬物分配到東、西、南、北、中、上、下這七個區域之中，連社會功能也被分配，北方是武力與破壞的區域，和平與狩獵屬於西方，南方是溫熱、農耕、醫療的區域，東方是太陽、巫術和宗教的區域。每個區域還有一種專門的顏色，南方是紅色，因爲那是夏天和火的區域。上方是彩色，如同雲間透出的光芒。下方是黑色，好比大地的深處。北方是黃色，因爲日出日落的日光是黃色。西方是藍色，因爲日落可以看到藍光。

2.北美的普韋布洛人也有這樣的劃分，他們的每一個區域對應一些氏族，除了中部歸屬一個氏族，其他六個區域各對應三個氏族。據推測每一個區域原來對應的是一個氏族，所以代表六個氏族群的六大祭司在一個稱爲刀的宗教兄弟會中的名單是：北方的主祭名爲熊族之首，西方的主祭稱爲狼族之首，南方的主祭名爲貛族之首，東方的主祭名爲火雞族之首，上方的主祭名爲鷹族之首，下方的主祭名爲蛇族之首。這是六個氏族的圖騰，而六個區域另外的兩個氏族是從這六個氏族中分化出的。

不同的事務由不同的氏族負責，比如戰鬥兄弟會基本由北方的氏族組成，祭祀的任務多數由東方的氏族操作，狩獵由西方氏族負責，農業、醫療會社主要由南方氏族組成。

顯然，美洲印第安人的社會組織與中國遠古的部落聯盟極其類似，本質上都是五行體系的組織。只是五方氏族負責的任務對應稍有不同，但是也有幾點吻合，比如東方都對應祭祀，西方都對應狩獵。但是中國的戰爭屬於南方的祝融，和平、農耕、醫療屬於東方的句芒。

正如中國的五方圖騰有來源根據一樣，美洲的各方圖騰也有根據。上方的圖騰是鷹，下方的圖騰是蛇，北方對應戰爭，所以圖騰是熊，熊是北美最大的陸地動物。南方對應農業與醫療，所以對應的圖騰貛是一種弱小的野獸。西方對應狩獵，所以對應的是兇殘的狼。

五種顏色也有吻合之處，南方都是紅色，對應夏天和火，顯然因爲地球上的低緯度地區都比較熱。雖然我們對美洲的資料掌握不多，但是我們不難想到，美洲的五行體系對宇宙萬物的劃分都有依據，源自美洲印第安人的生活。美洲原住民的這種部落組織還沒有發展到中國五帝時代的階段，還沒有出現由部落首領輪流任職的帝，但是已經很接近了，可能最後也會發展到中國五帝時代的階段，只是被歐洲人的殖民進程打斷了。

美洲的愛斯基摩人和印第安人是從亞洲北部遷去的，所以不僅體質上類似東亞人，文化上也很類似，朝克曾經比較東北亞的通古斯語與愛斯基摩語，發現 41 個傳統詞語同源，還發現通古斯語與印第安語的 7 個同源宗教詞彙，〔註 35〕說明在美洲土著東遷之前就有原始宗教。下文還要說到長沙出土楚帛書的四種顏色的天柱在印第安文化中也能找到類似的實例，說明在印第安人東遷之前很可能已經產生五行思想。

五官的名稱比較奇怪，但是基本可以解釋。東方木正，名爲句芒，實即《周禮》春官的屬官瞽矇，這是古代最高的樂官，瞽在開春的首次春耕之前籍田禮之前要預報東風來到的時間，因此是春官的起源，詳見第八章。上古音瞽爲見母魚部〔kua〕，矇爲明母東部〔mong〕，句爲見母侯部〔ko〕，芒爲明母陽部〔mang〕，讀音相近。

夏官祝融，來自西北傳說中的怪獸燭龍，燭龍即山西煤火自燃，詳見第三章第三節。因爲顓頊氏來自西北的炎黃集團，所以把祝融一名傳入中原。

秋官蓐收，源自農業收割有關，蓐是耨的通假，耨指除草，在筆者家鄉江蘇省濱海縣的方言中，除草一說爲〔loʔ〕，即蓐或耨。《周禮》秋官中還有管理除草的官員，柞氏掌攻草木及林麓，薙氏掌殺草。薙的本義就是除草，其實是剔的同源字。

冬官玄冥，玄、冥都是晦暗之義。商代武丁卜辭常有三字，郭沫若釋爲不玄冥，認爲是不昏暗的意思，聞一多釋爲不兆。楊向奎說玄冥二字，直到戰國秦漢時期還是習語，《莊子・秋水》:「無東無西，始於玄冥，反於大通。」《淮南子・俶眞》:「處玄冥而不闇。」《孟子・滕文公上》引《尙書》:「若藥不瞑眩，厥疾不瘳。」揚雄《方言》卷三 :「凡飲藥、傅藥而毒，南楚之外謂之瘌，北燕、朝鮮之間謂之癆，東齊、海岱之間謂之瞑，或謂之眩。」楊向奎說玄冥本是龜卜內容，轉爲龜的別名，因此成爲玄武的來

〔註 35〕朝克 :《關於通古斯諸語與愛斯基摩語共有名詞》,《滿語研究》2001 年第 1 期。朝克 :《論印第安諸語與滿——通古斯諸語共有的宗教稱謂》,《民族研究》1998 年第 6 期。

源。〔註 36〕筆者認爲玄冥不可能從卜辭中的一個詞轉變爲龜的別名，楊說有誤。玄武即元龜（鷹嘴龜），又作玄黿，見本書第二章第二節。《莊子》、《淮南子》的玄冥指幽深之處，瞑眩指頭暈，是同源詞。因爲玄冥是晦暗，所以指水，上面說過海通晦，海的別稱溟就來自冥。上古音武是明母魚部〔mia〕，讀音近冥，所以玄武是玄冥〔myeng〕之音訛。黽字是蛙的象形，至今筆者家鄉的方言還稱蛙爲黽。龜、黽形近易誤，戰國時把龜寫作黽。所以玄冥或是源自玄黽，實爲玄黿。不過蛙本是水生物，蛙在很多文化中是水神，所以二者也有關係。

觀射父對楚昭王說：「於是乎有天地神民類物之官，是謂五官，各司其序，不相亂也。」所謂類物，就是把萬事萬物分類，這就是西方人類學家總結出的原始分類一詞。所謂順序不亂，其實是指四時循環有序，這也就是五德終始說的由來。法國人類學家列維～斯特勞斯認爲圖騰制度的實質是借助於自然界的不同事物來區別人類的團體，〔註 37〕筆者認爲這就是觀射父所說的類物，類有類似、分類兩個意思，圖騰就是一種取類萬物但又分類的制度。

二、五帝五德說的由來

五行在夏朝也很重要，《尚書》的《甘誓》講夏禹或啓攻滅有扈氏，在甘地大戰，說到：

> 大戰於甘，乃召六卿，王曰：「嗟，六事之人，予誓告汝：有扈氏威侮五行，怠棄三正，天用剿絕其命，今予以惟恭行天之命。」

有扈氏威侮五行，怠棄三正，疑古派學者劉起釪認爲五行說孕育於戰國末年，完成於漢代，所以五行不是金、木、水、火、土，而是九大行星的水星、金星、火星、木星、土星。〔註 38〕此說遭到趙光賢的反駁，他認爲五行說在春秋時代形成，五行相勝說的創始者是鄒衍，不會晚到漢代。〔註 39〕其實五行不

〔註 36〕楊向奎：《釋「不玄冥」》，《繹史齋學術文集》，上海人民出版社，1983 年，第 518～522 頁。

〔註 37〕〔法〕列維～斯特勞斯著、李幼蒸譯：《野性的思維》，中國人民大學出版社，2006 年，第 143 頁。

〔註 38〕劉起釪：《釋〈尚書·甘誓〉的「五行」與「三正」》，《文史》第七輯，中華書局（北京），1979 年，收入劉起釪：《古史續辨》，中國社會科學出版社，1991 年。

〔註 39〕趙光賢：《新五行說商榷》，《文史》第十四輯，中華書局（北京），1982 年。

可能源自五大行星，恰好相反，五大行星之名來自五行說。但是五行說也不是春秋時期才有，上文證明五行說本質上是一種流行於世界很多地區的原始組織機制。疑古派認爲鄒衍等人一手炮製出五行相勝說，其實鄒衍作爲當時最著名的學者，不可能突然造出一個理論，他的說法並非無稽之談，而有歷史根據。

《史記·孟子荀卿列傳》云：

> 齊有三騶子。其前騶忌，以鼓琴干威王，因及國政，封爲成侯而受相印，先孟子。其次騶衍，後孟子。騶衍睹有國者益淫侈，不能尚德，若《大雅》整之於身，施及黎庶矣。乃深觀陰陽消息而作怪迂之變，《終始》、《大聖》之篇十餘萬言。其語閎大不經，必先驗小物，推而大之，至於無垠。先序今以上至黃帝，學者所共術，大並世盛衰，因載其禨祥度制，推而遠之，至天地未生，窈冥不可考而原也。先列中國名山大川、通谷禽獸，水土所殖，物類所珍，因而推之，及海外人之所不能睹。稱引天地剖判以來，五德轉移，治各有宜，而符應若茲。以爲儒者所謂中國者，於天下乃八十一分居其一分耳。中國名曰赤縣神州。赤縣神州内自有九州，禹之序九州是也，不得爲州數。中國外如赤縣神州者九，乃所謂九州也。於是有裨海環之，人民禽獸莫能相通者，如一區中者，乃爲一州。如此者九，乃有大瀛海環其外，天地之際焉。其術皆此類也。然要其歸，必止乎仁義節儉，君臣上下六親之施，始也濫耳。王公大人初見其術，懼然顧化，其後不能行之。是以騶子重於齊。適梁，惠王郊迎，執賓主之禮。適趙，平原君側行撇席。如燕，昭王擁彗先驅，請列弟子之座而受業，築碣石宮，身親往師之。作《主運》。其游諸侯見尊禮如此，豈與仲尼菜色陳、蔡，孟軻困於齊、梁同乎哉！

這一段說，鄒衍先講述到黃帝的歷史，這是當時學者常說的話，鄒衍的神奇之處在於他把禨祥度制，推而遠之，至天地未生之時。可見鄒衍造的不是五帝時代的僞，也不可能造五帝時代的僞，因爲五帝時代是當時學者熟悉的歷史。

鄒衍稱引天地剖判以來，五德轉移，治各有宜，而符應若茲。司馬遷看過鄒衍的書，他在《史記·三代世表》說：「余讀諜記，黃帝以來皆有年數，稽其曆譜諜、終始五德之傳，古文咸不同乖異，夫子之弗論次。」司馬遷總結鄒衍的方法是：必先驗小物，推而大之，至於無垠。鄒衍之所以能把五德轉移，從黃帝之時推演到天地開辟之時，就是因爲五帝時代的五德轉移是時人的共識，所以他才能繼續往前推演。如果當時人連五帝時代的五德轉移都不知道，鄒衍如何推演？所以鄒衍不僅不是五德轉移說的創始者，五德轉移說也肯定不是戰國人的創造，否則不可能成爲戰國人的共識。前人說五德始終說是鄒衍的創造，實在是沒有仔細研讀司馬遷的原文。

所謂禨祥與符應，《淮南子・齊俗》高誘注：「鄒子云：五德之次，從所不勝，故虞土、夏木、殷金、周火。」《文選》卷五九《齊故安陸昭王碑》李善注：「鄒子曰：五德從所不勝，虞土、夏木、殷金、周火。」雖然鄒衍的著作沒有流傳，但是《呂氏春秋》卷十三《應同》有一篇詳細的解釋：

> 凡帝王之將興也，天必先見祥乎人民。黃帝之時，天先見大螾大螻，黃帝曰：土氣勝。土氣勝，故其色尚黃，其事則土。
>
> 及禹之時，天先見草木，秋冬不殺。禹曰：木氣勝。木氣勝，故其色尚青，其事則木。
>
> 及湯之時，天先見金刃生於水，湯曰：金氣勝。金氣勝，故其色尚白，其事則金。
>
> 及文王之時，天先見火，赤烏銜丹書，集於周社。文王曰：火氣勝。火氣勝，故其色尚赤，其事則火。代火者必將水，天且先見水氣勝。水氣勝，故其色尚黑，其事則水。

此處說黃帝是土德，因爲五行無法對應四季，所以把後世最尊貴的黃帝委屈地塞在季夏。這個五帝系統對應五行的五帝，是戰國陰陽家重新構建的系統。太皞、少皞、黃帝、炎帝雖然同時，但不是一族，顓頊更晚，所以這是後人把五帝與五行強加牽合，不合史實。

《漢書・律曆志下》所載《世經》記載的帝王系統是：太昊炮犧氏、共工、炎帝神農氏、黃帝軒轅氏、少昊金天氏、顓頊高陽氏、帝嚳高辛氏、帝摯、帝堯陶唐氏、帝舜有虞氏、伯禹夏后氏、商湯、周文王、秦伯、漢高祖。漢代人按照五德始終說，編排出古代帝王系統，梁啓超和崔適認爲是漢末劉歆等人爲了論證王莽代漢而僞造出這一系統，顧頡剛在梁、崔之說的啓發下完善了這一說法。〔註 40〕依照顧頡剛編排的系統，王莽和黃帝、

〔註 40〕顧頡剛：《五德終始說下的政治和歷史》，《古史辨》第五冊，上海古籍出版社，1982 年，第 583 頁。

虞舜都是土德，理應取代漢朝的火德，參見下表。顧頡剛認爲編造這個系統的目的是爲了論證新莽代漢的合理性，這個系統和《史記・五帝本紀》的記載不合，可能是爲了現實需要的改編。但是我們不能因爲後人改編五德始終說就說五德始終說原本不存在，不能因爲後人改造五帝史就說五帝史全不可信。後人編造越多，越能說明五德始終說原來很流行，否則後人的編造不能產生效果。

德運	第一次始終	第二次始終	第三次始終
木德	1.太昊炮犧氏	6.帝嚳高辛氏	11.周
閏水（不計）	共工	帝摯	秦
火德	2.炎帝神農氏	7.帝堯陶唐氏	12.漢
土德	3.黃帝軒轅氏	8.帝舜有虞氏	13.新
金德	4.少昊金天氏	9.伯禹夏后氏	
水德	5.顓頊高陽氏	10.商湯	

有學者認爲東周以後儒家所傳的五帝系統出自對唐、虞、夏、商、周、太皞、少皞等氏族的帝系的大串聯。〔註 41〕筆者認爲儒家確實有這種大串聯的行爲，但是五帝系統是眞實存在的歷史，不是出自儒家的僞造。因爲太皞、少皞、共工等人並不在五帝之中，華夏集團的很多人物也不在其中。如果古人不顧歷史眞相，全部網羅，會有很多帝，不必非要限制爲五帝。如果說五帝說源自五行論，可是古史的五帝和陰陽家的五帝又不同，所以古史的五帝不是來自陰陽家。

本書第五章到第八章將要論證五帝五德的眞相是：黃帝（土德）、顓頊（火德）、帝嚳（水德）、堯（金德）、舜（木德），五德始終是部落酋長輪流擔任部落聯盟的首領帝職。本來還要繼續轉向土德，但是大洪水終結了五帝時代。此後的五德轉移確實一種假託，因爲五行部落聯盟早已滅亡。

五大部落首領輪流任帝，即所謂禪讓。《五代會要》卷二九：「契丹其族本姓大賀氏，後分爲八部。八部之長，皆號曰大人。內推一人爲王，建旗鼓以尊之。每三年，第其名以代之。」八部落大人輪流任王，即所謂禪讓。

唐代蘇鶚《蘇氏演義》卷上說：「今濮州有偃朱城，一云丹朱城，學者又

〔註 41〕李零：《考古發現與神話傳說》，《李零自選集》，第 70 頁。

云舜偃塞丹朱之所，遂謂之偃朱城，誤也……劉子玄又引《竹書》云：舜篡堯位，立丹朱城，俄而奪之。皆非也。丹朱之有城，如周封祿父、微子之義，蓋爲二王之後也。」《韓非子・說疑》:「舜偪堯，禹偪舜，湯放桀，武王伐紂，此四王者，人臣弑其君者也，而天下譽之。」此處的逼字既然不是流放或征討，則還是和平施壓，很可能是早已規定的制度，只不過被法家誇大。可是古史辨派看到這個逼字，就說與禪讓不合，其實有誤。

先秦史書中有兩種不合禪讓制的說法，一種來自法家，一種來自戰國時期的儒家。法家除了上引韓非之言，另《韓非子・忠孝》說:「堯爲人君而君其臣，舜爲人臣而臣其君，湯、武爲人臣而弑其主、刑其屍，而天下譽之，此天下所以至今不治者也……瞽瞍爲舜父，而舜放之。象爲舜弟，而殺之。放父殺弟，不可謂仁。妻帝二女而取天下，不可謂義。」後人多以爲是法家出於政治主張而僞造歷史，其實不然，韓非子區分了堯、舜、禹、湯、武，從來沒說堯、舜有戰爭或刑殺關係。《韓非子・五蠹》說:「堯之王天下也……禹之王天下也……以是言之，夫古之讓天子者，是去監門之養而離臣虜之勞也，古傳天下而不足多也。」說明法家也有禪讓之說，而舜流放其父、弟其實很有可能，因爲《左傳》說高辛氏二子因爲干戈而分遷兩地，王國維早已指出大洪水使得東方的堯、舜等族西遷，上文已經羅列數例，下一章還要說到同時期的祝融八姓的分遷，可見當時有大規模的部族外遷，那麼舜驅趕親族其實是在情理之中，未必全部出自部族爭鬥。

孟子、荀子也否認禪讓，說見孟、荀，《孟子・萬章上》:「萬章曰:「堯以天下與舜，有諸？」孟子曰:「否，天子不能以天下與人。」（萬章曰：）「然則舜有天下也，孰與之？」（孟子）曰:「天與之。」《荀子・正論》:「世俗之爲說者曰:「堯舜擅讓。」是不然。天子者，執位至尊，無敵於天下，夫有誰與讓矣？」孟、荀二人爲了維護統治者的權威，提出君主之位不能讓人，所以上古不可能有禪讓。這顯然是戰國晚出之說，不能證明遠古不存在禪讓制。

顧頡剛 1936 年發表的《禪讓傳說起於墨家考》提出禪讓制不合史實，是因爲墨家尚賢才提出的主張，是春秋時期階級社會瓦解的產物。可是戰國時期的楚簡《容成氏》、《子羔》、《唐虞之道》都說古帝禪讓，而且《子羔》、《唐虞之道》是儒家著作。戰國楚簡《容成氏》說:「尊盧氏、赫胥氏、喬結氏、倉頡氏、軒轅氏、神農氏、混沌氏、□畢氏之有天下也，皆不授其子而授賢。」

《子羔》說子羔問孔子舜如何稱帝，孔子說：「昔者而弗世也，善於善相授也，故能治天下。」《唐虞之道》說：「孝，仁之冕也。禪，義之至也。六帝興於古，皆由此也。」可見禪讓原來是儒家承認的歷史，《莊子・秋水》說：「帝王殊禪，三代殊繼。」可見禪讓說是儒、墨、道、法等諸多學派認可的說法。〔註 42〕

第五節　明堂、彭祖、扶桑、羲和

一、五方形的墓葬、聚落、房屋與明堂

《國語》說顓頊命重、黎各司天地，後世還聯宗爲重黎氏，詳見本書第五章第二節。《史記・秦本紀》太史公曰說到嬴姓子孫有終黎氏，即重黎氏。五帝時代居於中樞的重黎氏，周代居然淪落爲淮河岸邊的一個小國鍾離國。鍾離國在史書中默默無聞，可是 2008 年蚌埠市雙墩發現的鍾離國君墓給世人極大震撼。此墓出土重麗君柏的青銅器，重麗就是鍾離。鍾離國都在今鳳陽縣東的臨淮關，漢代到元代名爲鍾離縣。此墓外圓內方，墓室中間有五個方形，而且墓上封土使用五色土。

馮時把鍾離國君墓葬的形制追溯到《禮記・月令》的政治觀和《淮南子》等書的天地觀，又說這種設計具有濃鬱的淮水古代文化的地域特色。〔註 43〕其實這種設計的源頭不在淮河流域，而在河濟之間的濮陽，鍾離源自顓頊時期的重黎氏，詳見本書第五章第二節。《禮記》等書的五行體系已是晚出，上文已經梳理了五行體系的由來。因爲重黎氏是古代五行聯盟的統治者，所以直到春秋時期，重黎氏已經被趕出中原，淪落到如此境地，仍然保持五行文化的傳統。重黎氏爲嬴姓，說明重黎氏其實是重在黎上。當中原已經禮崩樂壞，但四夷仍然保留傳統。《左傳》昭公十七年說郯子給孔子講述古史，孔子引用了一句話說：「天子失官，學在四夷。」我們在重黎氏的墓中看到了這一點，春秋時期的鍾離國墓制保留的就是他們 2000 多年前的傳統。

〔註 42〕裘錫圭：《中國出土古文獻十講》，復旦大學出版社，2004 年，第 31～37 頁。

〔註 43〕馮時：《上古宇宙觀的考古學研究》，《中研院歷史語言研究所集刊》第八十二本第三分，2011 年，第 399～491 頁。

鍾離國五方形墓葬〔註 44〕

這種五方形的墓葬其實也見於殷墟，殷墟的 12 座大墓中有 5 座有五方形的木室，其中 2 座有五方形墓坑。高去尋認爲這種形制是明堂之形，引王國維復原的明堂之形爲證。〔註 45〕艾蘭認爲這是由五個方形拼合而成，源自殷人認爲宇宙爲龜形。〔註 46〕張光直認爲是亞形出現在前，亞字殷代青銅器銘文用來標示族徽的外框。〔註 47〕筆者認爲艾蘭之說爲確，亞形是五方形的訛變，可能受到龜的外形影響。因爲龜能承重，又特別長壽，所以被古人崇爲神獸。龜殼穹隆，龜腹近似五方形，令人想到天圓地方。筆者在本書第二章第二節還會指出，古人最崇拜的一種元龜其實就是現在中國南方還有的鷹嘴龜，即玄武形象由來。由五行造出明堂，明堂就是部落聯盟的議會，五個部落領袖在此議事，因此是五方形，五方形的墓葬和族

〔註 44〕安徽博物院編：《安徽文明史陳列》，文物出版社，2012 年，第 74 頁。

〔註 45〕高去尋：《殷代大墓的木室及其涵義的推測》，《中研院歷史語言研究所集刊》第三十九本，1969 年，第 182 頁。

〔註 46〕〔美〕艾蘭：《龜之謎——商代神話、祭祀、藝術和宇宙觀研究》，商務印書館（北京），2010 年，第 112～138 頁。

〔註 47〕張光直：《説殷代的「亞形」》，《中國青銅時代二集》，三聯書店（北京），1990 年，第 82～94 頁。

徽的亞框都是明堂的抽象表達。

按照古人所說的明堂制度，天子十二個月要居住在明堂的十二個房間，依照五行實施合乎自然的政令，這就是月令。這個說法現在看似荒誕不經，其實有合理依據，因爲《說文》卷一上王部：「閏，餘分之月，五歲再閏也，告朔之禮，天子居宗廟，閏月居門中，從王在門中，《周禮》閏月王居門中，終月也。」閏字是王在門中，因爲明堂有十二間，但是閏月則王無所居，所以只能住在門旁，這個字說明遠古確有王在十二月居明堂十二間的制度，雖然可能僅是每月一次的象徵儀式。

後世學者對明堂的復原各有不同，王國維復原的明堂是五方形，考古發現的西漢長安城南的大土門遺址，一般認爲是明堂遺址，漢代的明堂也是五方形，〔註48〕說明王國維復原的形制合理。

《禮記‧明堂位》說：「昔者周公朝諸侯於明堂之位……明堂也者，明諸侯之尊卑也。」又說：「太廟，天子明堂。」所謂明尊卑是後世儒家的附會，但是在明堂召集諸侯說明其原來是議政之地。國家產生之後，原來部落公有的集會公所被天子竊取，成爲一姓的家廟。衛惠林認爲明堂源自原始社會的會所（assembly house），淩純聲指出臺灣原住民的會所都有祖先雕像，可見會所和祖廟原來合一，而且史書說明堂有圖畫和塑像，在原住民社會頁能找到實例，〔註49〕汪寧生也有相同看法。〔註50〕明堂源自部落公所殆無疑義，現在有學者反對此說，認爲明堂不能代表所有禮制建築，明堂是後世合成的新建築，〔註51〕但是既沒有論證這個合成的過程，也忘記了明堂是古代最高禮制建築這個最重要的特點。

〔註48〕劉瑞：《漢長安城的朝向、軸線與南郊禮制建築》，中國社會科學出版社，2011年，第70～121頁。

〔註49〕淩純聲：《中國祖廟的起源》，《中國邊疆民族與環太平洋文化》，聯經出版事業公司，1979年，第1195頁。

〔註50〕汪寧生：《釋明堂》，《文物》1989年第9期。

〔註51〕張一兵：《明堂制度研究》，中華書局（北京），2005年，第332～333頁。

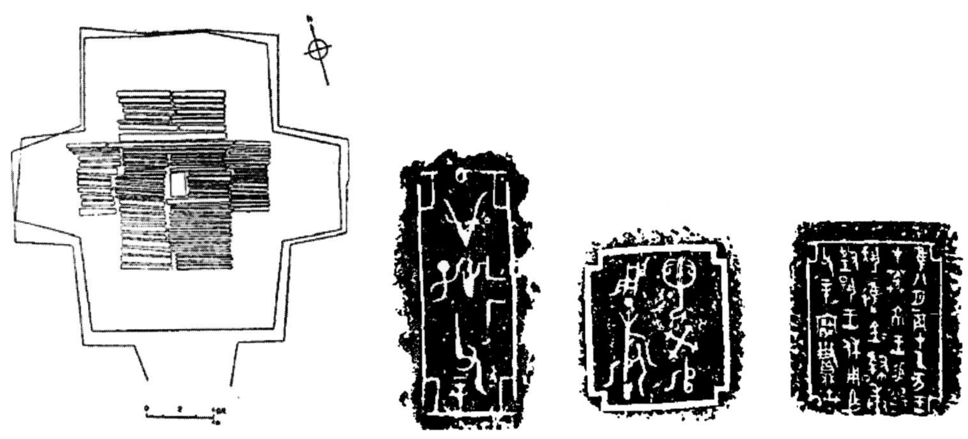

安陽殷墟西北岡 1001 號大墓的墓坑和木室、殷代青銅器銘文的亞形

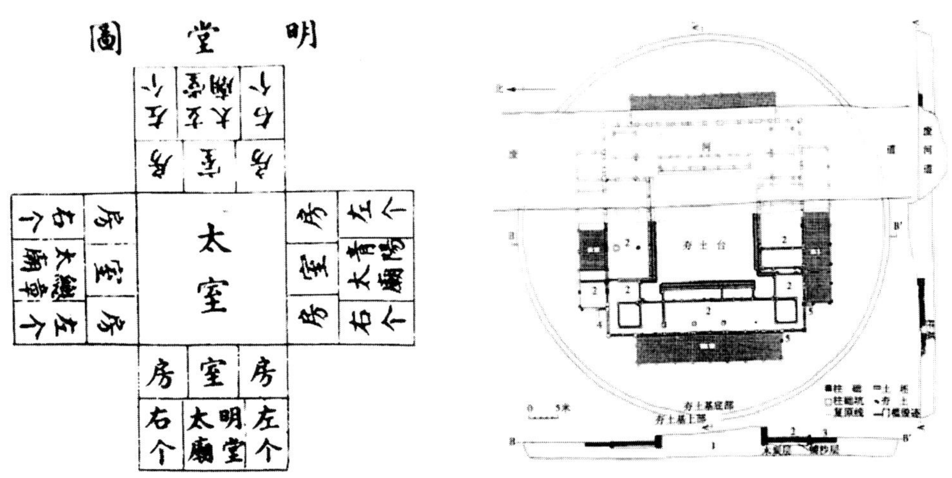

王國維復原的明堂圖、〔註 52〕西漢長安明堂遺址平面圖〔註 53〕

殷墟卜辭提到王在天邑商的皿宮，有時也寫成公宮，董作賓認爲都是宮名，公宮不是先公之宮。黃彰健認爲都是宗廟，皿宮即明堂，《春秋》昭公十五年（前 527 年）：「有事於武宮。」《左傳》：「將禘於武公。」卜辭又說到盟室，說到東室、南室、西室、大室、中室，未見北室，但是有北宗、西宗、

〔註 52〕王國維：《明堂廟寢通考》，《觀堂集林》，第 143 頁。

〔註 53〕中國社會科學院考古研究所：《西漢禮制建築遺址》，文物出版社，2003 年，第 199 頁。

右宗，大室是明堂中間，所以殷有明堂。〔註 54〕筆者認爲此說甚確，皿宮、盟室之爲明堂，正如筆者下文所說孟諸之爲文祖，文祖即明堂。《逸周書・嘗麥》最後說刑書九篇：「箴太史，藏之於盟府，以爲歲典。」盟府是太史藏書之處，也即明堂。

明堂之制不始於三代，而是從五帝時期傳下。但是後世僅知三代明堂之制，見於《考工記》：

> 夏后氏世室，堂修二七，廣四修一。五室，三四步，四三尺。九階。四旁兩夾窗，白盛。門堂三之二，室三之一。殷人重屋，堂修七尋，堂崇三尺，四阿重屋。周人明堂，度九尺之筵，東西九筵，南北七筵，堂崇一筵。五室，凡室二筵。室中度以幾，堂上度以筵，宮中度以尋，野度以步，塗度以軌。

黃彰健認爲夏代的世室接近殷代的皿宮，也接近 1976 年陝西省岐山縣鳳雛村發掘的西周宗廟遺址，但是和王國維復原的明堂形制不合。筆者認爲周人繼承夏文化，所以周制近夏，但是不能否定殷代的明堂可能是王國維復原的五方形，殷人是東方文化，我們所知的甲骨文材料只有幾個名詞，沒有詳細描述，並不足以復原殷代的明堂。

《淮南子・泰族》：「五帝三王之蒞政施教，必用參五。何謂參五？仰取象於天，俯取度於地，中取法於人，乃立明堂之朝，行明堂之令，以調陰陽之氣，以和四時之節，以辟疾病之菑。俯視地理，以制度量，察陵陸水澤肥墽高下之宜，立事生財，以除飢寒之患。中考乎人德，以制禮樂，行仁義之道，以治人倫而除暴亂之禍。乃澄列金木水火土之性，故立父子之親而成家；別清濁五音六律相生之數，以立君臣之義而成國。察四時季孟之序，以立長幼之禮而成官。此之謂參。制君臣之義，父子之親，夫婦之辨，長幼之序，朋友之際，此之謂五。」所謂古帝必用三五，本指陰陽五行。

趙林指出，甲骨文中的亞字多爲五方形，金文中多亞形，這種形制就是明堂之形，商代有在亞中祭祀的甲骨文，明堂之形來自商人亞形的世界觀，後世的五方、五嶽、五色、五味、五音、五行、五帝、五德終始說都是以此爲基礎。〔註 55〕筆者認爲亞形是五行說的形象化，但是這種世界觀不是源自

〔註 54〕黃彰健：《說殷墟卜辭的皿宮即明堂》，《中國遠古史研究》，中研院歷史語言研究所專刊之七十九，1996 年。

〔註 55〕趙林：《殷契釋親》，上海古籍出版社，2011 年，第 373～376 頁。

商代，而是來自非常久遠的遠古年代。

《管子・幼官》和《幼官圖》講述四時政令，類似《禮記・月令》與《呂氏春秋》十二紀，幼官是玄宮的形訛，《墨子・非攻下》說高陽氏在玄宮授命禹出征三苗，詳見第十章第一節。原圖已經散佚，今存文字，每一段文字下說到：此居圖方中、此居於圖東方方外、此居於圖南方方外、此居於圖西方方外、此居於圖北方方外等，說明原圖是五方形。

楊寬指出明堂也是貴族學習之地，《大戴禮記・盛德》明堂：「上圓下方……外水曰辟廱。」明堂之外有水名辟廱，《史記・封禪書》說漢武帝時公王帶所獻明堂圖：「中有一殿，四周無壁，以茅蓋，通水，圜宮垣，爲複道，上有樓。」《呂氏春秋》卷十五《愼大》：「周明堂外戶不閉。」後世學宮的泮池即辟廱，《禮記・王制》說大學在郊，又說諸侯曰頖宮。《明堂位》：「頖宮，周學也。」《說文》：「泮，諸侯鄉射之宮，西南爲水，東北爲牆。」《魯頌・泮水》鄭箋：「泮之言半也，半水者，蓋東西門，以南通水，北無也。」《藝文類聚》卷三八引劉向《五經通義》：「諸侯不得觀四方，故缺東以南，半天子之學，故曰頖宮。」其實這是後人附會，聞一多認爲頖宮即辟廱，辟、頖、泮音近。泮水後世只有南面有水，這是後人的簡化，原來也是四面環水。辟即璧，《大雅・靈臺》：「於樂辟廱。」《毛傳》：「水旋丘如璧曰辟廱。」廱通邕，《說文》：「邕，邑四方有水，自邕成池者。」〔註 56〕筆者認爲明堂原來是部落議事之地，所以非常開放，不設門戶，《呂氏春秋》卷二十《召類》：「明堂茅茨蒿柱，土階三等。」明堂原來簡陋，部落發展爲國家之後，明堂被貴族壟斷，所以環繞水池。楊寬認爲是防衛需要，筆者認爲是貴族爲了壟斷學術而阻隔平民。

甲骨卜辭記載有祭祀方帝，也有巫帝（禘），有時帝（禘）東、西、南、北四個方向的巫，合稱四巫，陳夢家認爲巫字象四方之形，美國學者艾蘭把巫直接解釋爲方，兩個字近似，李零指出巫的上古音是明母魚部，方是幫母陽部，讀音接近。〔註 57〕筆者認爲二字音、形有別，但是巫字可能是對四方的象形。《國語・楚語下》觀射父說：「古者民神不雜，民之精爽不攜貳者，而又能齊肅衷正，其智能上下比義，其聖能光遠宣朗，其明能光照之，其聰能聽徹之，如是則明神降之，在男曰覡，在女曰巫。是使制神之處位次主，而爲之牲器時服，而後使先聖之後之有光烈，而能知山川之號、高祖之主、

〔註 56〕楊寬：《西周史》，第 668～669 頁。

〔註 57〕李零：《先秦兩漢文字史料中的「巫」（上）》，《中國方術續考》，第 39 頁。

宗廟之事、昭穆之世、齊敬之勤、禮節之宜、威儀之則、容貌之崇、忠信之質、禋絜之服，而敬恭明神者，以爲之祝。使名姓之後，能知四時之生、犧牲之物、玉帛之類、采服之儀、彝器之量、次主之度、屏攝之位、壇場之所、上下之神、氏姓之出，而心率舊典者爲之宗。」巫的首要特點是能知山川之號，其次才是宗廟之事，所以巫字象通達四方。周策縱認爲巫字是玉字的變體，〔註 58〕筆者認爲此說不確。巫、玉讀音差別較大，字形也有差別，所以不能等同。今有考古學者提出巫要具備農業、天文、地理、數理、醫藥、工程等技術，〔註 59〕其實古人早已說明，而且區分了巫和宗、祝。

現在考古學發現的明堂雖然不能追溯到新石器時代，但是筆者認爲五方結構反映在新石器時代的聚落形態上，陝西省西安市臨潼區姜寨遺址的中心是一個約 1400 平米的廣場，廣場四周的中小房屋圍繞五個大屋修建，五個大屋距離大致相等，僅有西南方因爲是通往河流的出口，所以西南的兩個大屋距離稍遠。如此精心的規劃一定是刻意安排，不是自然形成。

〔註 58〕周策縱：《古巫醫與「六詩」考——中國浪漫文學探源》，上海古籍出版社，2009 年，第 47 頁。

〔註 59〕吳汝祚：《中華古代文明與巫》，《古代文明研究》第一輯，第 4～29 頁。

姜寨聚落的復原圖（周運中攝於陝西省歷史博物館）

姜寨聚落之所以分爲五個群體，發掘報告認爲是因爲這個文化村落有五個氏族，〔註 60〕筆者認爲很可能就是因爲這個部落按照五行結構分爲五個氏族。其中東部的大屋又比另四個大屋稍大，說明是最高領袖所居。說明不但東部的少皞部落是五分制，西部的部落也有五分制，五分制流行於黃河流域。

姜寨遺址的中心不是明堂，說明此時明堂很可能還沒有誕生。姜寨一期遺址的時間是約 6000～5600 年前，還處在新石器時代中期。明堂應該產生於新石器時代晚期，隨著部落權力的集中，才有聚落中心的明堂產生。

考古發現仰韶文化中期（廟底溝文化）的五方形大屋四座，陝西華縣泉護村遺址一座最早，面積 225 平米，河南靈寶的西坡遺址一座最大，面積 296 平米，陝西彬縣水北遺址有兩座，一座面積 190 平米，這些五方形大屋的門道多爲斜坡，牆內多塗朱色，地面經過特殊處理，考古學者認爲這些大屋不

〔註 60〕半坡博物館、陝西省考古研究所、臨潼縣博物館：《姜寨——新石器時代遺址發掘報告》，文物出版社，1988 年，第 355 頁。

是住房，而是公共集會房屋。五方大屋的地域分佈北過涇河，東到豫西，但是起源於關中。〔註 61〕

筆者認爲此說非常合理，這種大屋就是明堂，五方形源自五行。這些大屋晚於姜寨一期，說明從仰韶文化到廟底溝文化的發展進程中，原先五個氏族各自的大屋已經合併爲一個共用大屋。這些大屋還有一個共同特徵，就是大門朝向南方、東方和東北，東方和南方代表光明，這就是明堂得名的由來。新石器時代末期或夏商時期，五角形再發展爲五方形，就是我們熟悉的晚近明堂之形。

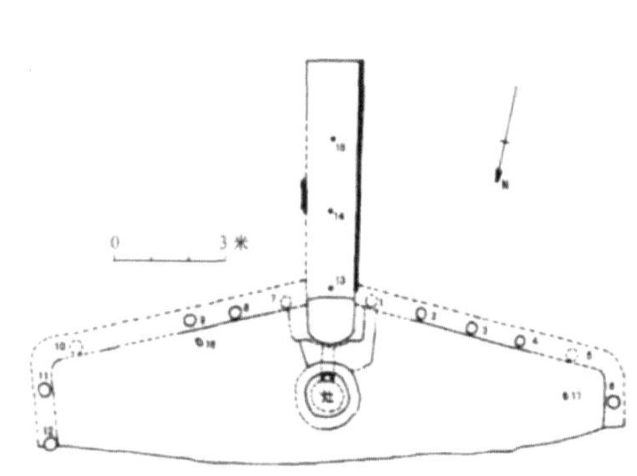
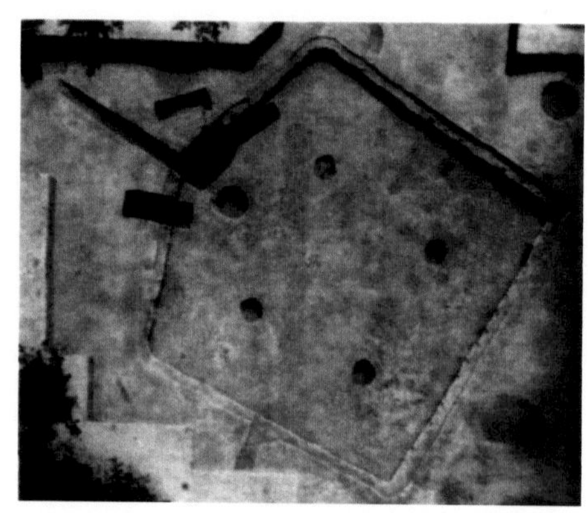

華縣泉護村、靈寶西坡遺址的五方形大屋

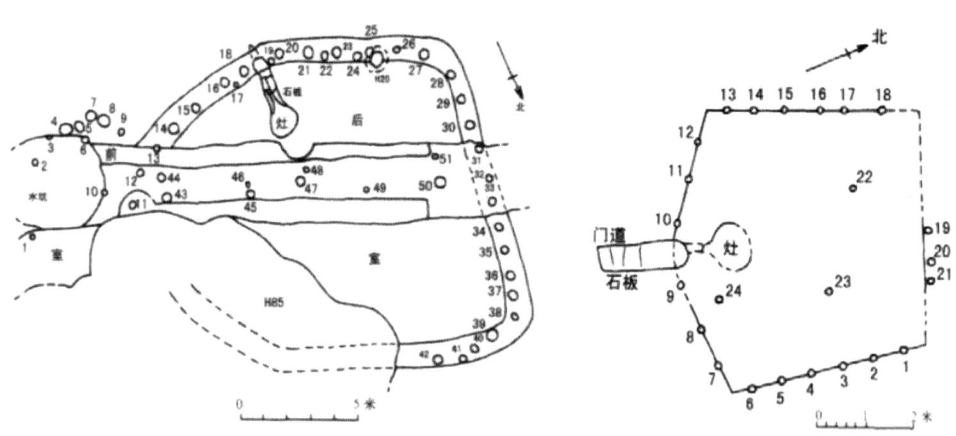

彬縣水北遺址的兩座五方形大屋

〔註 61〕翟霖林：《試析仰韶文化中期的五邊形房址》，《華夏考古》2013 年第 1 期。

二、羲和、扶桑、明堂、彭祖

長沙楚帛書的四時篇開頭說到遠古一片混沌，伏羲娶女媧之後：

> 是生子四□，是襄天是格。參化廢逃，爲禹爲萬，以司堵襄，咎天步□，乃上下□□，山陵不疏。乃命山川四海，□寮氣害氣，以爲其疏，以涉山陵。瀧汨幽漫，未有日月，四神相代，乃步以爲歲，是惟四時。長曰青榦，二曰朱四單，三曰□黃難，四曰□墨榦。千又百歲，日月允生，九州不平，山陵備側，四神□□，□至於復。天旁動攼，畀之青木、赤木、黃木、白木、墨木之精。炎帝乃命祝融，以四神降，奠三天，□□思孚，奠四極，曰：「非九天則大側，則毋敢睿天靈。」帝允，乃爲日月之行。

女媧生子四人，可能是下文的四神，測量天文，丈量大地。咎即日晷的晷，和規字同源，指測量天文。前人多把步與前一字聯繫，其實應該分爲咎天、步地兩件事，《山海經・海外東經》：「帝命豎亥步，自東極至於西極，五億十選九千八百步。豎亥右手把算，左手指青丘北。一曰禹令豎亥。一曰五億十萬九千八百步。」四神即四季之神，所以說出現四季。

因爲發生災害，於是上天賜予了青木、赤木、黃木、白木、墨木之精，顯然就是五行說。可是五行表現爲樹木，又在楚帛書的四角畫出四棵樹，其實就是天干的干的由來。所以下文說到奠定四極，《說文》卷六上：「極，棟也。」四極也就是天地的棟梁，所以稱爲幹，後世俗稱爲天柱。馬王堆帛書《行守》說：「天又恒榦，地有恒常。」〔註62〕

〔註62〕馬王堆帛書整理小組編《經法》，文物出版社，1976年，第83頁。

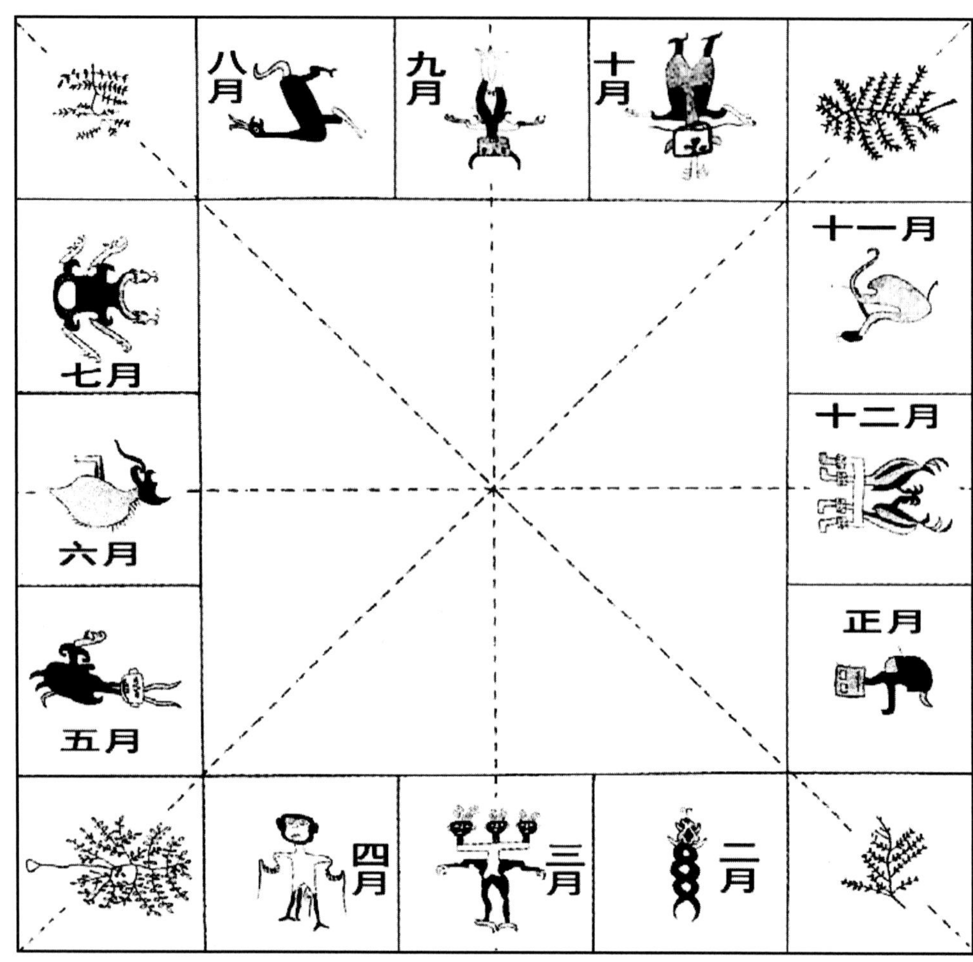

長沙出土戰國楚帛書邊框四干與十二月神像示意圖〔註 63〕

楚帛書的四種顏色的天柱並非中國文化的特色，北美的泡尼印第安人舉行祭典的棚屋有四個柱子，塗有四種顏色，象徵一年四季和四方，〔註 64〕和楚帛書驚人類似，如表所示：

白楊樹	白色	西南	南	夏
美洲楓樹	紅色	東南		
榆樹	黑色	東北	北	冬
柳樹	黃色	西北		

〔註 63〕此圖出自李零：《李零自選集》，第 249 頁。

〔註 64〕〔法〕列維～斯特勞斯著、李幼蒸譯：《野性的思維》，第 152 頁。

如果從四方擴展爲八方，四柱就變成了八柱，《楚辭・天問》說：「斡維焉繫，天極焉加？八柱何當，東南何虧？九天之際，安放安屬？」《山海經》郭璞注引《啓筮》：「空桑之蒼蒼，八極之既張，乃有夫羲和，是主日月，職出入以爲晦明。」空桑是大地中心的支柱，周圍的八極就是八柱，八方各有一柱。維繫八柱的繩子就是八紘，《左傳》昭公十二年說楚國的左史倚相能讀《三墳》、《五典》、《八索》、《九丘》，三墳指三皇之典，五典或是五帝之典，八索即八紘，也即天文書，九丘類似九州，指地志。紘、索都是大繩子，《淮南子・原道》說：「橫四維而含陰陽，紘宇宙而含三光。」

因爲都城往往有象徵大地支柱的社木，所以空桑又引申爲帝都所在，《呂氏春秋》卷五《古樂》：「帝顓頊生自若水，實處空桑，乃登爲帝。」《淮南子・本經訓》：「舜之時，共工振滔洪水，以薄空桑。」

空桑又作窮桑、窮石，《左傳》昭公二十九年說五行之官：「世不失職，遂濟窮桑。」窮桑即空桑，又作窮石，《左傳》襄公四年魏絳（前 569 年）：「昔有夏之方衰也，后羿自鉏遷於窮石，因夏民以代夏政。」窮石即夏朝都城，上古音的石是禪母鐸部〔ʑyak〕，桑是心母陽部〔sang〕，讀音相近。

空桑的本字是窮桑，也即極桑，窮、極二字可通，極桑就是撐起天地的巨木。《史記・五帝本紀》和戰國楚簡《容成氏》說到的遠古喬結氏即喬極氏，也即崇拜喬山（橋山）的有喬氏，喬即高，喬山即高山，詳見本書第三章第四節。

《史記・五帝本紀》說顓頊的兒子是窮蟬，窮蟬的玄孫是舜，這個世系有誤，舜出自東方少皞氏，詳見本書第八章。窮蟬就是窮桑，上古音的蟬是禪母元部〔ʑian〕，音近桑。

《山海經》：「東次二經之首，曰空桑之山，北臨食水，東望沮吳，南望沙陵，西望涿澤。」筆者另文論證，這個空桑山就在今曲阜市北部，曲阜是少皞之都，所以空桑之名應是源出少皞。前秦王嘉《拾遺記》卷一說：

> 帝子與皇娥泛於海上，以桂枝爲表，結薰茅爲旌，刻玉爲鳩，置於表端，言鳩知四時之候，故《春秋傳》曰司至是也。今之相風，此之遺像也。帝子與皇娥並坐，撫桐峰梓瑟。皇娥倚瑟而清歌曰：「天清地曠浩茫茫，萬象回薄化無方。涵天蕩蕩望滄滄，乘桴輕漾著日傍。當其何所至窮桑，心知和樂悅未央。」俗謂遊樂之處爲桑中也，《詩》中《衛風》云：「期我乎桑中。」蓋類此也。白帝子答歌：「四

> 維八埏眇難極，驅光逐影窮水域。璿宮夜靜當軒織。桐峰文梓千尋直，伐梓作器成琴瑟。清歌流暢樂難極，滄湄海浦來棲息。」及皇娥生少昊，號曰窮桑氏，亦曰桑丘氏。至六國時，桑丘子著《陰陽書》，即其餘裔也。〔註 65〕

這段話最重要的一句就是相風的鳩表，現在我們看到良渚文化的玉器上就有這種木柱，上面有鳩，這種圖案也傳到了大汶口文化，參見本書第五章第四節。此處說少昊即窮桑氏，與空桑山的位置吻合。桑丘即乘丘，漢成帝鴻嘉元年（前 20 年）封東平思王指頃爲桑丘侯，即此，〔註 66〕在今兗州市西北堰頭村，鄰近曲阜之北的窮桑。

這段話另一個奇妙之處在於所記少皞之歌能和《山海經》呼應，《大荒東經》首句說：「東海之外大壑，少昊之國，少昊孺帝顓頊於此，棄其琴瑟。」我們不明白《山海經》此句所說爲何事，再看《拾遺記》少皞唱到遙遠的水域，又說到琴瑟，才明白原來是少皞到東海遊玩，棄其琴瑟。這說明《拾遺記》所引桑丘子之書非常寶貴，可惜此書失傳。

這段話的第三個奇妙之處是娥皇是少皞之妻，我們熟悉娥皇是舜之妻，其實《尸子》說舜妻嫚、娥，《五帝德》說倪皇，應即娥皇，《帝系》稱女匽，《列女傳》才稱爲娥皇、女英。〔註 67〕

其實英〔iang〕、匽〔ian〕音近，即和〔ɣuai〕、皇〔ɣuang〕、姮〔ɣuan〕之音訛，倪〔ȵie〕即羲〔ɣiai〕之音訛，相關史料有：

1.《淮南子・覽冥》說：「羿請不死之藥於西王母，姮娥竊以奔月，悵然有喪，無以續之。」《文選》謝莊《月賦》注引《歸藏》說：「常娥以不死之藥奔月。」姮娥即嫦娥。

2.《山海經・大荒南經》說：「東南海之外，甘水之間，有羲和之國。有女子名曰羲和，方浴日於甘淵。羲和者，帝俊之妻，生十日。」羲和是日母，《大荒西經》說：「有女子方浴月。帝俊妻常羲，生月十有二，此始浴之。」常羲就是嫦娥，傳說是月的母親，羲、我二字同源。

3.常羲（嫦娥）又作尚儀，《呂氏春秋》卷十七《勿躬》：「羲和作占日，

〔註 65〕〔前秦〕王嘉撰、〔蕭梁〕蕭綺錄、王根林校點：《拾遺記》，《漢魏六朝筆記小說大觀》，上海古籍出版社，1999 年，第 496 頁。

〔註 66〕周振鶴：《漢書地理志彙釋》，安徽教育出版社，2006 年，第 221 頁。

〔註 67〕顧頡剛、劉起釪：《尚書校釋譯論》，中華書局（北京），2005 年，第 9 頁。第 95 頁。

尙儀作占月。」

日母的名字可以分爲皇、尙二系，滿語把太陽稱爲 sun，〔註 68〕這與印歐語系的太陽一詞相通，其實對應的是漢語的昭、朝、早、照等同源字，也即日母名字中尙系的由來。皇、光之形雖遠，但音近義通，也與尙之義通。皇的原形是孔雀尾羽，極爲亮麗，見本書第二章第一節。尙即堂的本字，高大之屋爲堂，高堂必然光亮。至今還有堂皇一詞，其實是同義連綿詞。所以羲和也即常羲，原本同義，不過是顚倒次序，這是因爲羲和部落由兩個胞族組成，一是羲氏，一是和氏（常氏），《堯典》說堯命羲和氏四子羲仲、羲叔、和仲、和叔到四方管理曆法，說明羲氏、和氏是兩個氏族。相似的例子還有運奄氏由鄆城的鄆氏與曲阜的奄氏組成，見本書第二章第四節，娵訾氏由鄒婁的鄒氏與訾婁的訾氏組成，見本書第六章第一節。

所以娥皇、女英即羲和，本書第六章第三節將要考證帝俊即出自少皞部落的帝嚳，第八章第二節將要考證舜也出自少皞部落，羲和氏掌管曆法，《胤征》說因爲日食而懲罰掌管曆法的羲和氏，而少皞部落的最高氏族即掌管曆法的鳳鳥氏，所以娥皇爲少皞之妻很正常。

羲氏	羲	娥	娥	倪			娥	羲	儀
和氏	和	姮	媓	皇	英	匽	嫦	常	尙
	皇系字						尙系字		
羲和氏	羲和	姮娥	娥媓	倪皇	女英	女匽	嫦娥	常羲	尙儀

《堯典》說羲仲在東，羲叔在南，和仲在西，和叔在北，則羲氏在東南，和氏在西北，東南爲陽光初照之地，所以羲之名可能來自晨曦，《說文》無曦字，但是此字應即晞，《詩經・齊風・東方未明》：「東方未晞，顚倒衣裳。」齊人稱天明爲晞，晞是曉母微部，曦是匣母歌部，音近。齊人重視迎日，《史記・封禪書》說齊地八神：「七曰日主，祠成山。成山斗入海，最居齊東北隅，以迎日出云。」

羲和的和，本字可能是皇，即太陽升起時的煌煌景象。羲氏負責迎日，即《堯典》寅賓出日，而和氏負責導日運行。姜亮夫說羲和緩讀，則爲羲，羲和是古代狀日出之頌語。〔註 69〕其實羲、和二字有別。

〔註 68〕趙振才：《從民族名稱看赫哲族的起源》，《求是學刊》1981 年第 1 期。

〔註 69〕姜亮夫：《〈堯典〉新議》，杭州大學古籍研究所編：《文史新探》，上海社會科學院出版社，1988 年，第 19 頁。

傳說太陽住在扶桑，又作榑木、扶木，《說文》卷六上：「榑，榑桑，神木，日所出也。」《山海經・東次三經》無皋山「南望幼海，東望榑木，無草木，多風。」此山在連雲港錦屏山，〔註70〕榑木即扶桑，《山海經・大荒東經》：「上有扶木，柱三百里，其葉如芥，有谷曰溫源谷，湯谷上有扶木，一日方至，一日方出，皆載於烏。」上古音扶是並母魚部〔pia〕，榑並母魚部〔bia〕，旁紐，疊韻。博爲幫母鐸部〔pak〕，幫、并旁紐，魚、鐸對轉，榑（扶）實即博木，博是大的意思，榑（扶）木因爲是樹幹有三百里的大樹，故名博木，通假爲榑（扶）木。

《堯典》暘谷，顧頡剛指出來自《山海經》，〔註71〕《海外東經》說湯谷：「上有扶桑，十日所浴，在黑齒北。居水中，有大木，九日居下枝，一日居上枝。」《大荒東經》說：「上有扶木，柱三百里。其葉如芥。有谷名溫源谷，湯谷上有扶木，一日方至，一日方出，皆載於烏。」溫源就是溫泉，中、日、韓都把溫泉稱爲湯，即熱水。古書中也有稱溫泉爲溫源者，《水經注・鮑丘水》：「（庚水）又東南流與溫泉水合，水出北山溫溪，即溫源也……《魏土地記》曰：徐無城東有溫湯，即此也。」因爲湯谷的溫泉很熱，所以有了太陽在裏面洗澡的傳說。

《周禮》春官宗伯的屬官有馮相氏、保章氏，馮相氏：「掌十有二歲、十有二月、十有二辰、十日、二十有八星之位，辨其敘事，以會天位。冬夏致日，春秋致月，以辨四時之敘。」保章氏：「掌天星，以志星辰日月之變動，以觀天下之遷，辨其吉凶。以星土辨九州之地，所封封域，皆有分星，以觀妖祥。以十有二歲之相，觀天下之妖祥。以五雲之物，辨吉凶水旱降豐荒之祲象。以十有二風，察天地之和命，乖別之妖祥。凡此五物者，以詔救政，訪序事。」這是兩個天文官員，馮相、保章字面無解，其實就是扶桑的音訛。上古音的保是幫母幽部〔pu〕，章是章母陽部〔tɕiang〕，馮是並母蒸部〔biəng〕，相是心母陽部〔siang〕，扶是並母魚部〔pia〕，桑是心母陽部〔sang〕，讀音接近。

馮相氏、保章氏就是扶桑氏，也即羲和氏，《堯典》：「乃命羲和，欽若昊天，曆象日月星辰，敬授民時。分命羲仲，宅嵎夷，曰暘谷。寅賓出日，平秩東作。日中，星鳥，以殷仲春。」《史記・五帝本紀》譯爲今文，嵎夷改爲

〔註70〕周運中：《〈山海經・東山經〉地理新釋》，《古代文明》2011年第3期。
〔註71〕顧頡剛：《顧頡剛讀書筆記》卷三，中華書局（北京），2010年，第367頁。

郁夷，郁可通倭，《詩經．小雅．四牡》:「四牡騑騑，周道委遲。」《韓詩》作周道郁夷。倭可通和，倭人自稱大和。羲和氏或許與倭人有關，後世傳說扶桑在倭地。漢代膠東國有郁秩縣（在今山東平度），東萊郡有育犁縣（在今煙臺西北），這兩個縣的名字可能源自郁夷。現在中國的郁姓分佈最密之地在山東、江蘇、遼寧等地，〔註 72〕很可能就是出自郁夷。

《史記．五帝本紀》:「舜受終於文祖，文祖者，堯大祖也。」《集解》引鄭玄曰:「文祖者，五府大名也，猶周之明堂。」其實文祖音近扶桑，堯時的明堂——文祖之名其實就是扶桑，明堂也即馮相氏、保章氏的官司。因爲曆法要觀測太陽，所以崇拜扶桑，明即光亮。

孟諸澤可能源自文祖，孟諸澤在曹縣、虞城縣交界，因爲堯、舜、高辛氏等族從聊城南遷到定陶、曹縣、虞城附近，留下孟諸地名，見本書第八章第四節。再往南，還有芒碭山，讀音也接近孟諸。芒碭山又名孟霜，《水經注》卷二四《睢水》引《闞子》:「宋景公使工人爲弓，九年乃成。公曰：何其遲也？對曰：臣不復見君矣，臣之精盡於弓矣。獻弓而歸，三日而死。景公登虎圈之臺，援弓東面而射之，失逾於孟霜之山，集於彭城之東，餘勢逸勁，猶飲羽於石梁。」宋國都城商丘向東是芒碭山，孟、芒雙聲疊韻，則孟霜山即芒碭山，相、桑雙聲疊韻，則芒碭可通孟諸、扶桑。

其東南的彭城傳說是彭祖氏所居，彭祖的讀音也接近孟諸。說明彭祖氏很可能也出自羲和氏，孟諸澤、芒碭山都是彭祖氏之地。上古音的孟是明母陽部〔meang〕，文是明母文部〔miən〕，彭是並母陽部〔beang〕，芒是明母陽部〔mang〕，都是唇音，多爲陽部。祖是精母魚部〔tsa〕，諸是章母魚部〔tɕa〕，碭是定母陽部〔dang〕，都是舌音，魚陽對轉。

傳說彭祖長壽其實有根據，因爲碭山之西是夏邑縣，夏邑縣是著名的長壽之鄉，據檢測，夏邑縣土壤中的微量元素造就了長壽之鄉。夏邑縣鄰近彭祖氏之地，所以彭祖長壽可能得益於此地環境。

《說苑．尊賢》:「並二十五人之力，力於彭祖。以治天下，其固免矣。」章太炎解爲權力，〔註 73〕但是彭祖爲何有權，前人未釋，筆者認爲彭祖解釋

〔註 72〕袁義達主編：《中國姓氏．三百大姓》下冊，華東師範大學出版社，2007 年，第 105 頁、彩圖 220。

〔註 73〕章太炎：《膏蘭室札記》，《章太炎全集》第一冊，上海人民出版社，1982 年，第 278 頁。

爲明堂，則能解釋彭祖之力的由來。

《淮南子・地形》:「何謂八風？距日冬至四十五日，條風至。條風至四十五日，明庶風至四十五日，清明風至。」明庶風即初來的春風，即東風。《史記・律書》:「明庶風居東方，明庶者，明象物盡出也。」這是附會之說，實因明庶音近文祖、彭祖、芒碭、孟諸，即扶桑。

《山海經・海內北經》最末十條應在下一卷《海內東經》，說到:「明組邑居海中，蓬萊山在海中。」明組也即扶桑，蓬萊、扶桑傳說都在東海之中。《史記・封禪書》:「自（齊）威、宣、燕昭使人入海求蓬萊、方丈、瀛洲。」〔註 74〕

《史記・樂毅列傳》:「趙封樂毅於觀津，號曰望諸君。」《索隱》:「望諸，澤名，在齊。蓋趙有之，故號焉。」望諸、孟諸一音，但是此處的望諸不在孟諸澤，而在今武邑縣。〔註 75〕

音近	扶	保	馮	文	彭	孟	芒	孟	明	明	望
音近	桑	章	相	祖	祖	諸	碭	霜	組	庶	諸
同源	扶桑	保章	馮相	文祖	彭祖	孟諸	芒碭	孟霜	明組	明庶	望諸

第六節　干支與十二月神的由來

古人用天干、地支紀年，干支原指樹乾和樹枝，源自古人用樹木測量天文地理，古人認爲大地由樹木支撐，太陽在扶桑樹上。

一、土圭、社樹與建業

山東寧陽縣大汶口的新石器時代墓地第 75 號墓出土了一件陶壺，上面有一個紅色的徽章。似乎是一個高杆，上面可能是一個太陽，周圍可能表示太陽的光芒。頂部可能是鳥頭，這種日、鳥結合的圖案很多。有些學者認爲這個徽章就是皞字，大汶口之南就是曲阜，曲阜是少皞氏之都。

〔註 74〕今山東蓬萊縣始於唐貞觀八年（634 年）的蓬萊鎮，神龍三年（707 年）升爲蓬萊縣，不過是唐人用典，並非原初的蓬萊。

〔註 75〕《太平寰宇記》卷六十三冀州武邑縣：「觀津城，在縣東南二十五里，古堤尚存，即六國趙邑也，趙孝成王封樂毅於觀津，號望諸君。」

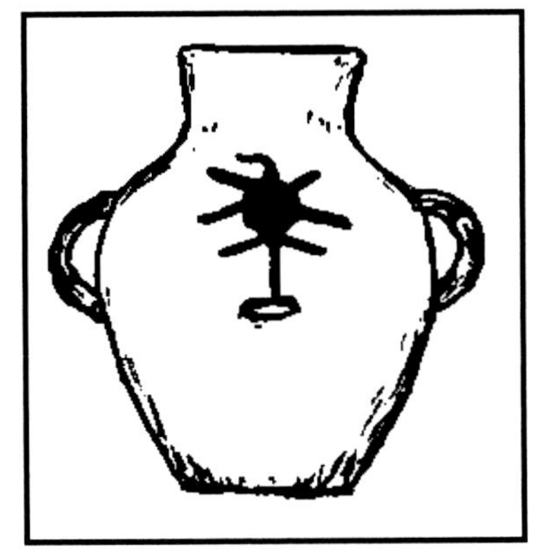

大汶口陶器上的圭木、金文的建字

筆者認爲這個柱子應該就是古人建國的土圭，《周禮》六官開頭都說：「惟王建國，辨方正位，體國經野，設官分職，以爲民極。」地官大司徒：「以土圭之法，測土深，正日景，以求地中。日南則景短，多暑。日北則景長，多寒。日東則景夕，多風。日西則景朝，多陰。日至之景，尺有五寸，謂之地中。天地之所合也，四時之所交也，風雨之所會也，陰陽之所和也。然則百物阜安，乃建王國焉，制其畿，方千里而封樹之。凡建邦國，以土圭土其地而制其域。」建字的原形就是豎立木杆，而且下有土堆。〔註 76〕接近封字，但封指在疆界植樹，表示封疆。建是在國都營建，也即先建土圭。

《墨子・明鬼》：「且惟昔者虞、夏、商、周三代之聖王，其始建國營都日，必擇國之正壇，置以爲宗廟。必擇木之修茂者，立以爲菆位。」丁山認爲菆是叢之形訛，《呂覽・懷寵》講討伐別國：「問其叢社大祠，民之所不欲廢者而復興之，曲加其祀禮。」《墨子・耕柱》說：「季孫紹與孟伯常治魯國之政，不能相信，而祝於叢社。」《論語・八佾》：「哀公問社於宰我，宰我對曰：夏后氏以松，殷人以柏，周人以栗，曰使民戰慄。子聞之曰：成事不說，遂事不諫，既往不咎。」《莊子・人間世》：「匠石之齊，至於曲轅，見櫟社樹。其大蔽數千牛，絜之百圍，其高臨山十仞而後有枝，其可以爲舟者旁十數。」《史記・封禪書》：「高祖初起，禱豐枌榆社。」《孟子・梁惠王》：「孟子見齊宣王曰：所謂故國者，非謂有喬木之謂也，有世臣之謂也。」喬木即叢木。《晏子春秋・問篇》：「夫社，束木而塗之，鼠因往託焉，薰之則恐燒其木，灌之

〔註 76〕裘錫圭：《古文字論集》，第 354 頁。

則恐敗其塗，此鼠所以不可得殺者，以社故也。」

所謂殷人以柏樹爲社樹，其實應該是榑，也即扶桑。柏樹是一種普通的樹，並不高大，所以不太可能成爲殷人的神樹。這個榑樹的形象其實就是漢字的亳字，上古音的亳是並母鐸部〔bak〕，和榑字讀音〔bia〕很近。甲骨文亳字的原形是高臺建築前面有一棵樹，這當然是殷人的社樹榑，所以此字讀成亳。

史書記載殷人始祖湯居住在亳的有：

《墨子・非命上》：古者，湯封於亳。

《孟子・滕文公下》：湯居亳，與葛爲鄰。

《荀子・正論》：湯居亳，武王居鄗。

《戰國策・楚策四》：湯居亳，武王以鄗。

《淮南子・泰族》：湯處亳七十里，文王處豐百里。

又有說湯住在薄的記載：

《逸周書・殷祝》：湯放桀而復亳，三千諸侯大會。

《墨子・非攻下》：湯奉桀眾以克有夏，屬諸侯於薄。

《荀子・議兵》：古者湯以薄，武王以滈，皆百里之地也。

《管子・輕重甲》：夫湯以七十里之薄，兼桀之天下。

亳通薄，也可通榑，所以殷人的社樹原來可能是榑木，而非柏。《呂氏春秋》卷九《順民》：「昔者湯克夏而正天下，天大旱，五年不收，湯乃以身禱於桑林。」卷十五《慎大》說周武王克商之後：「立成湯之後於宋，以奉桑林。」說明桑林是商朝的聖地，可能因爲古代的東方大平原適合種桑，《禹貢》兗州：「桑土既蠶，是降丘宅土。」《禮記・樂記》：「桑間濮上之音，亡國之音。」所以東方人的社樹多是桑樹，因而把太陽所住的樹想像爲桑樹，所以稱爲扶桑、空桑。現在中國姓桑的人五分之一居住在河南，分佈區以河南爲中心，〔註 77〕就是因爲桑姓源自豫東、魯西一帶。也可能因爲桑樹喜光，所以稱桑，上文說 sun 是諸多語系日字的同源字。〔註 78〕

二、十干的由來

因爲天地由樹幹撐起，古人用樹幹的影子觀測太陽，所以十干稱爲幹。

〔註 77〕袁義達主編：《中國姓氏・三百大姓》下冊，第 199 頁、彩圖 259。

〔註 78〕周策縱認爲扶桑的原型可能是榕樹，見周策縱：《扶桑爲榕樹考》，《學術集林》第 11 卷，1997 年。

十干是：甲、乙、丙、丁、戊、己、庚、辛、壬、癸，之所以是十個，正是因爲分配五行，兩個一組。

《說文》把干支列在全書最末卷一四下，許愼解釋十干有兩套說法，一是用五行解釋，二是把十干全部解釋爲人體，人體說顯然不確。《爾雅・釋魚》：「魚枕謂之丁，魚腸謂之乙，魚尾謂之丙。」此說不能解釋爲何都與魚有關，十干不可能都來自魚。郭沫若認爲十干來自天有十日之說，創自殷人，不過他認爲十干之名原來是數次，後來轉用於十干。〔註 79〕此說不確，十干之名是專用於計時而非一般計數。

《史記・律書》、《漢書・律曆志》用萬物生長來解釋十干，前一句來自《史記》，後一句來自《漢書》，如下：

1.甲：甲者，言萬物剖符而出也＼出甲於甲

2.乙：乙者，言萬物生軋軋也＼奮軋於乙

3.丙：丙者，言陽道著明＼明炳於丙

4.丁：丁者，言萬物之丁壯也＼大盛於丁

5.戊：(《史記》原文缺）＼豐茂於戊

6.己：(《史記》原文缺）＼理紀於己

7.庚：庚者，言陰氣庚萬物＼斂更於庚

8・辛：辛者，言萬物之辛生＼悉新於辛

9.壬：壬之爲言任也，言陽氣任養萬物於下也＼懷任於壬

10.癸：癸之爲言揆也，言萬物可揆度＼陳揆於癸

鄭張尙芳又用這種思路重新解釋如下：

1.甲：孚甲，坼裂種皮

2.乙：抽軋，奮軋抽芽

3.丙：明炳，子葉分明

4.丁：壯盛，莖杆強壯

5.戊：豐茂，花葉繁茂

6.己：結穗，穎穗成實

7.庚：去糠，脫穀得米

8.辛：嘗新，收嘗新米

9.壬：烹飪，煮熟供食

〔註 79〕郭沫若：《釋支干》，《郭沫若全集》考古編第一卷，科學出版社，1982 年。

10.癸：終，穀事完畢〔註80〕

此說把古人之說生活化，雖然強調了農業的重要性，但是古人的生活顯然不會如此單一。《左傳》成公十三年：「國之大事，在祀與戎。」此說缺少祭祀與打仗這兩件大事。

筆者認爲十干由來必須要用五行說解釋，《說文》把十干對應五行，這是正確的思路。甲、乙對應東方與春天，丙、丁對應南方與夏天，戊、己對應中間，庚、辛對應西方和秋季，壬、癸對應北方和冬天。筆者在第五章第二節梳理五官的由來，五官原本是木官、土官、火官、金官、水官，木官發展爲天官和司徒，土官即司事，火官即司馬，金官是司寇，水官是司空。我們如果用五官來解釋十干，就非常合理。

甲、乙對應春官，甲是天官，乙是司徒。楊樹達釋甲爲匣，〔註81〕其實不似。甲的原形是鱗片的象形，甲是龜甲，龜甲是占卜工具，多見於大汶口文化墓葬，木正重兼任天官，而且來自東方的少皞氏，即東方的大汶口文化，《周禮》春官包括占卜官員。

乙是玄鳥，即燕，《說文》卷十二上：「乚，玄鳥也。齊、魯謂之乚，取其鳴自呼，象形……鳦，乙或從鳥。」春天燕子來，正是婚姻之時，所以《禮記·月令》說：「仲春，玄鳥至。至之日，以太牢祠於高禖。」高禖即婚姻之神，所以有玄鳥生人傳說，《商頌·玄鳥》：「天命玄鳥，降而生商。」商人是東方人，上古的商與齊、魯都是東方文化區，見本書第六章第一節。屈原《楚辭·天問》：「簡狄在臺，嚳何宜？玄鳥指貽，女何嘉？」《史記·殷本紀》：「殷契，母曰簡狄，有娀氏之女，爲帝嚳次妃。三人行浴，見玄鳥墮其卵，簡狄取呑之，因孕生契。」《詩經·邶風·燕燕》：「燕燕於飛，差池其羽。之子于歸，遠送於野。」邶爲殷商故地，此詩講女子成婚。《呂氏春秋》卷六《音初》：「有娀氏有二佚女，爲之九成之臺，飲食必以鼓。帝令燕往視之，鳴若謚隘。二女愛而爭搏之，覆以玉筐，少選，發而視之，燕遺二卵，北飛，遂不反，二女作歌一終，曰燕燕往飛，實始作爲北音。」

丙、丁對應土官司事，《爾雅》的寎月對應楚帛書的秉月，丙應是秉，上文說過此名源自秉禾農耕。丙字原指糧倉，也與農業有關，見第六章第三節。

〔註80〕鄭張尚芳：《夏語探索》，《語言研究》2009年第4期。

〔註81〕楊樹達：《積微居小學述林全編》，上海古籍出版社，2007年，第493頁。

丁字原來是一塊物體之形，或圓或方，《說文》：「夏時萬物皆丁實，象形。」許慎又附會爲人心之形，方濬益、唐蘭、吳其昌、馬敘倫釋爲釘，其實丁字甲骨文原形不是尖頭，金文才有釘形，所以不確。郭沫若釋爲眼睛，但眼睛爲目字，此說有誤。葉玉森、高田忠周認爲是頭頂之形，即顛、頂的本字。筆者認爲丁爲頭頂之說合理，頂爲人頭，引申爲開端。春天萬物發芽，初露其芒，所以稱爲句芒，故稱爲丁。

戊、己對應夏官司馬，戊、戉同源，指征戰，對應夏官司馬。五行由四分體系發展而來，最初對應四季。楊樹達釋己爲彎曲人形，〔註 82〕其實不似。羅振玉釋叔字爲惟射之繳纏繞矢上，郭沫若因而釋己爲惟射之繳，則己也是兵器。

庚、辛對應秋官司寇，庚是建鼓，唐字從庚，唐堯就是秋官伊耆氏（伊祁氏），詳見本書第七章第一節。上文說過，辛也指刊刻、刑殺。

壬、癸對應冬官司空，壬通任，指任務，指冬季施工。《說文》：「癸，冬時水土平，可揆度也。象水從四方流入地中置形。」許慎從揆來解釋癸有理，但是癸是揆的本字，所以不能倒因爲果。癸字不是四方之水流入地中之形，許慎沒有看到甲骨文的癸字是兩個工相交，這顯然和工程有關，其實就是規矩的矩，矩的原形是一個人，手持工，手中的工也即矩的象形。規、矩、工、癸，讀音相近。所以癸就是司空，也即司工之意。巫字也是兩個工字的相交，但是方向和癸不同。癸字是工字斜交，象徵測量不同的方向。揆字的原意即把握，暌字的原意是監督工程。

甲骨文、金文的壬（父壬爵）、癸（前 7.9.2）、矩（伯矩尊）、巫（巫臣鼎）

原來十干表示古人一年中最重要的活動：甲爲龜甲祭祀，規劃一年，乙是燕來春回，娶妻成婚，丙是秉禾插秧，開始農耕，丁是草木發芽，人體生長，戊是準備斧鉞，己是發射弓箭，出征戰鬥，庚是敲打建鼓，司法審判，辛是用刑，壬是分配任務，癸是測量施工。

〔註 82〕楊樹達：《積微居小學述林全編》，第 492 頁。

十干也與五行有關，從最初的的四官發展到五官、六官及其與天干、時令活動的對應關係如下圖所示：

四官	五官	六官	天干	原意	活動
春官	木正句芒	天官	甲	龜甲	祭祀
		司徒	乙	燕子	婚姻
	土正后土	司事	丙	秉禾	農耕
			丁	頭頂	
夏官	火正祝融	司馬	戊	斧鉞	戰爭
			己	隿射	
秋官	金正蓐收	司寇	庚	建鼓	審判
			辛	金器	用刑
冬官	水正玄冥	司空	壬	任務	施工
			癸	揆度	

三、地支的由來

十二地支是：子、丑、寅、卯、辰、巳、午、未、申、酉、戌、亥。日本學者新城新藏認爲十二辰（地支）最早指十二月，〔註 83〕但是郭沫若《釋支干》認爲十二辰最早不是指十二月，而是指黃道十二宮，來自巴比倫的天文學。他認爲卯字原形即獅子座的符號，巳的古文是子，即雙子宮。申的古文即雙魚，即雙魚宮。酉的原形是水瓶，即水瓶宮。他還提出十二歲名來自阿卡德文，《左傳》襄公三十年（前 541 年）史趙說：「亥有二首六身，下二如身，是其日數也。」人馬座的一個神像有人、犬二首，下面有鳥翼、犬陰、牛尾、蠍尾，加上人、馬之身，即六身。

江曉原認爲中國的十二辰的順序和黃道十二宮相反，他通過數理天文學的證據認爲中國的天文學和巴比倫的天文學不是同源，而是各自起源。〔註 84〕

筆者認爲江曉原的觀點是正確的，郭沫若的比附不能成立，因爲：

1.卯字的原形是花苞和萌芽，不可能是獅子座的符號。

2.申字的原形是閃電，不是雙魚，如果是雙魚，很難解釋申字衍生爲神。

〔註 83〕徐鳳先：《十九世紀以來關於中國天文學起源的研究》，江林昌、朱漢民、楊朝明、宮長爲、趙平安、黃懷信主編：《中國古代文明研究與學術史：李學勤教授伉儷七十壽慶紀念文集》，第 307 頁。

〔註 84〕江曉原：《天學眞原》，譯林出版社，2011 年，第 257～263 頁。

3.酉不是一般的水瓶，而是專指酒瓶，酉加水即酒。

4.所謂亥有二首六身，指的是亥這個字上面是亥，下面是六，這是古人對亥字構形的一種穿鑿附會，不是說十二辰的亥是二首六身，因爲亥是十二辰最後一個，所以是總括十二，十二等於二六相乘，所以有此附會。亥是十月，十月是一年之終。正月是十一月，《史記・曆書》說：「夏正以正月，殷正以十二月，周正以十一月。」

不管從體系還是內容來看，郭沫若的比附都不能成立。而且曆法起源於農作，中國的自然環境完全不同於兩河流域，所以自然會發展出不同的曆法。〔註 85〕

《史記・律書》、《漢書・律曆志》、《淮南子・天文訓》用十二個月的萬物興衰來解釋其名，下文的前一句來自《史記》，中間一句皆爲四字，來自《漢書》，最後一句最短，來自《淮南子》：

1.子：子者，滋也，滋者，言萬物滋於下也＼孳萌於子＼茲也

2.丑：丑者，紐也，言陽氣在上未降，萬物厄紐未敢出也＼紐牙於丑＼紐也

3.寅：寅言萬物始生螾然也＼引達於寅＼萬物螾螾也

4.卯：卯之爲言茂也，言萬物茂也＼冒茆於卯＼茂茂然

5.辰：辰者，言萬物之蝘\振美於辰＼振之也

6.巳：巳者，言陽氣之已盡也＼已盛於巳＼生已定也

7.午：午者，陰陽交＼咢布於午＼忤也

8.未：未者，言萬物皆成，有滋味也＼昧曖於未＼昧也

9.申：申者，言陰用事，申賊萬物＼申堅於申＼呻之也

10.酉：酉者，萬物之老也＼留孰於酉＼飽也

11.戌：戌者，言萬物盡滅＼畢入於戌＼滅也

12.亥：亥者，該也，言陽氣藏於下＼該閡於亥＼閡也

鄭張尚芳對此解釋不滿意，但是他仍然用訓詁學解釋，他解釋爲一天的

〔註 85〕李方桂認爲貴州的仲家人、雲南的怒族和印度阿薩姆地區已經滅絕的的阿浩姆語中用地支紀年，三種語言的地支字與漢語的地支字在語音上同源，不過他還指出地支字借入臺語的時間在中古漢語時期。筆者認爲地支紀年時間較晚，不能說明地支的原始作用是紀年。見李方桂著、馮蒸譯：《臺語中的一些古漢語藉詞》，潘悟雲編：《境外漢語音韻學論文選》，上海教育出版社，2010年，第 1～10 頁。

十二個時辰：

1.子，緇，黑色，夜半無光一片黑

2.丑，紐，太陽紐結未出

3.寅，引，賓寅出日，迎接太陽

4.卯，冒，打開天門，陽光冒出

5.辰，振，太陽振起或金烏振羽升空

6.巳，已，太陽已經普照大地

7.午，牾，日中上下晝、陰陽交午

8.未，昧，太陽向西偏昃，漸暗昧

9.申，伸，再引入日，餞別太陽

10.酉，留，太陽逗留昧谷口，天門外

11.戌，滅，太陽入地，陽光滅盡

12.亥，閡，天門關閉，太陽閡藏

鄭說顯然不能成立，因爲十二地支原來不是指一天十二時辰，而是指十二個月，十二時辰是由十二個月的觀念產生。古人觀察到一年 365 天，又觀察到月相周期 30 天，於是自然把一年分爲 12 個月，古埃及人就是如此，剩餘 5 天爲節日。而彝族的太陽曆把一年 365 天中的 360 天分爲 10 月，一月 36 天。剩下的 5 天過年，分爲 2 次過年：夏至日是大年，過 3 天，冬至日是小年，過 2 天。漢族的農曆是陰陽合曆，所以設置閏年。

筆者認爲十二個月是基礎概念，而十二辰顯然是後來衍生出的概念。許愼《說文》卷一四下認爲寅爲正月，子是十一月，《史記・曆書》:「夏正以正月，殷正以十二月，周正以十一月。」許愼所說爲周曆，其說可信，下面在許愼的基礎上，重新解釋十二月名：

1.寅，《說文》:「髕也，正月陽氣動，去黃泉欲上出，陰尚強，象宀不達，髕寅於下也。」《堯典》:「寅賓出日。」《爾雅・釋估》:「寅，敬也。」《舜典》:「夙夜惟寅。」《無逸》:「嚴恭寅畏。」但敬不能解釋正月名寅。楊樹達說寅是夤的本字，原義是脊肉，〔註 86〕不過即使寅是人形，那塊肉也是畫在腰部，而非脊部，所以此說不確。前人多看出寅的原形和箭有關，但是說法不同。明義士說後期卜辭的寅字象矢引弦上待發之形，郭沫若說雙手奉矢之形僅一見，多爲矢形，朱芳圃說尾部加口是爲了區別干支的寅和兵器的矢。王讚源

〔註 86〕楊樹達：《積微居小學述林全編》，第 495 頁。

說寅是引的本字，《說文》:「引，開弓也。」

其實寅字的原形是帶有尾羽的箭，尾部的羽毛引導方向，所以稱寅。寅通演，演有引導流水之意，《國語・周語上》:「夫水土演而民用也，水土無所演，民乏財用。」從流水引申出推演、傳佈之意，演和衍、引、延等字同源。上文說過，因爲冬季水位最低，所以古人在冬季疏濬河道，所以冬季對應水。因爲冬季疏引河道，所以稱演，即寅。

2.卯，《說文》:「卯，冒也，二月萬物破地而出。象開門之形，故二月爲天門。」許愼有誤，卯的原形絕非開門之形。林義光釋爲兜鍪，胡光煒釋爲斷物之形，卯即劉的本字，《爾雅・釋詁》釋劉爲殺。葉玉森釋爲門環，明義士釋爲犧牲解體之形，但是都不像。

其實卯的原形是一段樹幹，兩邊各鼓出一個包，這就是花苞，所以卯通包、苞，和萌是同源字。二月草木萌芽，所以稱爲卯。柳樹在二月萌芽，所以稱柳。有學者認爲卵字原指人的陰囊，〔註 87〕其實此說有誤，卵字的中間沒有閉合，不是陽具，則兩邊也非睾丸。卵字的原意是蟲卵，蟲卵附著在樹干上，所以在卯字中加兩點即卵，雖然意思不同，但是構形接近。

3.辰，《說文》:「震也，三月陽氣動，雷電振，民農時也，物皆生。從乙匕，象芒達。厂，聲也。辰，房星，天時也。從二，二古文上字。」又《說文》卷十四下:「辱，恥也，從寸在辰下，失耕時，於封疆上戮之也。辰者，農之時也，故房星爲辰，田侯也。」其實許釋二字皆誤，辰的原形是前有蜃殼的農具。郭沫若釋爲耕器，徐中舒釋爲蚌殼做的鐮，楊樹達認爲辰是蜃蛤之形。《淮南子・氾論》:「古者剡耜而耕，摩蜃而耨。」高誘注:「蜃，大蛤，摩令利，用之耨。耨，除草穢也。」因此用辰（蜃）除草木，就是農字。蓐字也指除草，原形就是手（寸）持辰除草。辱字又加木、耒爲槈、耨，即裝上木柄的蜃器，《說文》卷六上:「槈，薅器也。」《易・繫辭下》:「耒耨之利，以教天下。」《周禮・天官・甸師》:「掌帥其屬而耕耨王籍。」《孟子・梁惠王上》:「深耕易耨。」辱、農、槈、耨音近，〔註 88〕現在筆者家鄉江蘇省濱海縣的方言還把除草稱爲蓐草或薅草。

因爲蜃器類似北斗，北斗指示農時，所以又稱北斗爲辰。北斗四季轉動，

〔註 87〕陳家寧:《說簡狄所呑的玄鳥之「卵」》，《古文字研究》第二十八輯，中華書局（北京），2010 年，第 428 頁。

〔註 88〕楊樹達:《積微居小學述林全編》，第 78 頁。楊樹達:《釋農》，《積微居甲文說》，第 44 頁。

古人認爲是天上雷電震動的原因。北斗是最重要的星辰，所以擴展爲星辰的辰。三月開始出現雷聲，萬物震動，婦女婚後開始妊娠，娠即震的引申字，《說文》:「娠，女妊，身動也。」王力認爲是身的同源字，〔註89〕誤。

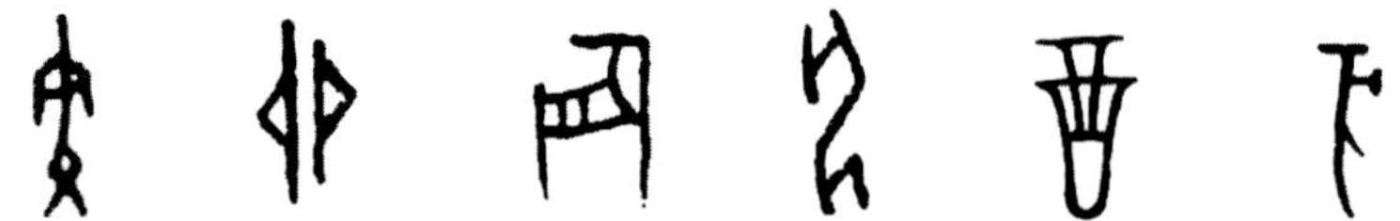

甲骨文、金文的寅（花東170）、卯（粹1418）、
辰（屯3599）、申（粹174）、酉（酉爵）、亥（粹1043）

4.巳，《說文》:「巳，四月陽氣巳出，陰氣巳藏，萬物見，成文章，故巳爲蛇象形。」甲骨文的巳不是蛇的象形，學者多以爲即子字，也是嬰兒的象形，下文說到子對應十一月是因爲十一月生子，次年四月則嬰兒有五個月，可以坐直，所以稱巳。

5.午，《說文》:「啎也，五月陰氣午逆，陽冒地而出，此予矢同意。」午即五，所以五月稱爲午。五月初五爲端午節，此時氣候變熱，接近夏至日，陽氣最盛，所以五爲陽數，而六是陰數。

6.未，《說文》:「味也。六月滋味也，五行木，老於未，象木重枝葉也。」許慎解釋牽強附會，其實未的本義是樹梢，所以是木字最上多一筆。六月草木繁盛，所以稱未。

7.申，《說文》:「神也，七月陰氣成，體自申束，從臼，自持也。」其實許慎不知申的原形是閃電的象形，古人認爲閃電是天神的發怒，所以加示爲神。七月閃電增多，所以稱申。上古音的閃是書母談部〔ɕiam〕，申是書母真部〔ɕien〕，音近，閃即申。

8.酉，《說文》:「酉，就也，八月黍成，可爲酎酒，象古文酉之形。」酉是酒器之形，古代氣候炎熱，八月早稻已經收穫，並釀成酒，所以稱爲酉。《詩經・豳風・七月》:「八月剝棗，十月獲稻，爲此春酒，以介眉壽。」許慎是汝南人，干支是上古東方人發明，上古的東南地區氣候炎熱，所以獲稻較早，而豳（在今陝西彬縣）在西北，而且西周時氣溫降低，所以豳地到十月才釀酒。因爲酒是祭祀用品，所以祭奠的奠字就是安放好的酒器。祭奠之地是鄭，

〔註89〕王力：《同源字典》，商務印書館（北京），1982年，第538頁。

所以有國名鄭，原來可能是祭祀之地。

9.戌，《說文》:「戌，滅也，九月陽氣微，萬物畢成，陽下入地也。」九月草木凋零，氣氛肅殺，社會也舉行刑殺，所以稱戌。

10.亥，《說文》:「荄也，十月微陽起，接盛陰。從二，二古文上字，一人男，一人女也，從乙，象裹子咳咳之形，《春秋傳》曰亥有二首六身。」亥的原形似豕，其實和豬無關，因爲甲骨文的豕字突出了豬的肥壯和長吻，但是亥字不是如此。林義光等人認爲源自根荄之形，明義士認爲是耒的象形，不應是耒。《說文》卷一下：「荄，草根也。」亥可能指植物的根部，表示秋季收割糧食，於是剩下根部。收割糧食之後，稭稈也被丟棄，所以稭字疑即荄的同源字。荄爲見母之部，稭爲見母脂部，音近。

11.子，《說文》:「十一月陽氣動，萬物滋人，以爲偁。」其實許慎忘記了古人仲春結婚，女子很快懷孕，再過九個月生子，所以生子都是在十一月，所以十一月稱子。

12.丑，《說文》:「紐也，十二月萬物動，用事，象手之形，加丑亦舉手時也。」上文說過十二月是工程之時，丑是彎曲手指以便持物之形。

其實《左傳》五行之神也隱含在其中：

（1）二月爲卯，即萌芽，出現鋒芒，所以就是管理春天的木正句芒。

（2）十月是亥，管理秋天的金正蓐收，名爲該。

（3）十二月爲丑，通修，管理冬天的水正玄冥名爲修。

《史記·曆書》的《曆術甲子篇》還記載了十個天干、十二個地支的別名，如下表所示：

天　干	別　名	地　支	別　名
甲	焉逢	子	困敦
乙	端逢	丑	赤奮若
丙	游兆	寅	攝提格
丁	彊梧	卯	單閼
戊	徒維	辰	執徐
己	祝犁	巳	大荒落
庚	商橫	午	敦牂
辛	昭陽	未	協洽
壬	橫艾	申	涒灘

癸	尙章	酉	作噩
		戌	閹茂
		亥	大淵獻

這些別名太怪，不少人以爲這些名字傳自異域，郭沫若就曾經到西亞古籍中尋找十二辰別名的源頭，可惜讀音不能完全對應。其實《史記》這一段之前說得非常清楚：「至今上即位，招致方士唐都，分其天部。而巴落下閎運算轉曆，然後日辰之度與夏正同。」所以這些名字很可能來自巴人，所以應是楚語，巴地的天學應該來自楚人。所以其中的昭陽就是楚國的人名，楚懷王時有柱國名爲昭陽。又如困敦無疑就是渾敦，祝犁無疑是祝融，顓頊氏之子黎爲祝融，所以對應己，上文說過戊、己對應夏，祝融正是夏官。徒維疑即大騩，大騩山之名源自祝融八姓之母鬼方氏，祝融南遷的故墟在大騩山，詳見本書第九章第二節，所以對應戊。焉逢、端蒙疑即句芒、析木，端、蒙即發端、萌芽，對應春官，所以對應甲、乙。彊梧似乎指空桑，彊、空音近，梧、桑都是樹木，梧桐還是傳說中鳳凰棲息之樹，鳳凰是少皞氏之象，也即日神。昭陽音近少陽，即秋季。

五、十二神像的由來

長沙楚帛書的十二神像，對應《爾雅・釋天》的十二月名。但是楚帛書的秉是孟春，也即正月，所以筆者認爲《爾雅》的正月其實是十一月，《史記・曆書》說：「夏正以正月，殷正以十二月，周正以十一月。」所以《爾雅》其實是用周正，因爲魯人用周制，《爾雅》是魯地儒生所寫。楚國用的是夏正，所以正月是歲首。楚帛書的孟春秉，應該在其東南方，這樣中間的天象篇就是正讀，天象篇應該是首篇，而非四時。孟春置於東南，因爲東南是四時之首，《史記・封禪書》齊地八神將：「八曰四時主，祠琅邪。琅邪在齊東方，蓋歲之所始。」琅邪在齊地東南，而非正東，因爲地軸的偏角，所以新年的第一縷陽光是在東南，而非正東。

月份	正	二	三	四	五	六	七	八	九	十	十一	十二
爾雅	陬	如	寎	餘	皋	且	相	壯	玄	陽	辜	塗
月份	十一	十二	正	二	三	四	五	六	七	八	九	十
帛書	取	女	秉	餘	㕦	虘	倉	臧	玄	昜	姑	荼

長沙楚帛書初春的神像是方頭，即句芒，《墨子・明鬼》：

> 昔者鄭穆公當晝日中處乎廟，有神入門而左，鳥身，素服三絕，面狀正方……鄭穆公再拜稽首，曰：「敢問神名？」曰：「予為句芒。」

大汶口文化居民有改造頭型的風俗，經過人工改造的枕骨扁平，或是出於某種宗教目的。在中華文明起源的過程中，禮樂制度主要來自東方的大汶口文化。在顓頊的五行聯盟中，木正重即出自少皞氏，即句芒。

《山海經》末篇《海內經》說：「炎帝之妻，赤水之子聽訞生炎居，炎居生節並，節並生戲器，戲器生祝融。祝融降處於江水，生共工。共工生術器，術器首方顛，是復土壤，以處江水。共工生后土，后土生噎鳴，噎鳴生歲十有二。」這一段記載和楚帛書很像，重新奠定大地的術器就是方顛，也即方頭。

三月皋月的神像是一個三頭的人，《山海經・海外南經》說在羿與鑿齒所戰的壽華之野的東面有三首國：「其為人一身三首。」《淮南子・本經》說：「堯乃使羿誅鑿齒於疇華之野，殺九嬰於凶水之上，繳大風於青丘之澤。」鑿齒風俗最早出現在東方大汶口文化，6000～4000 年前出現在太湖平原，4850 年前出現在湖北西部，〔註 90〕所以羿殺的鑿齒民最有可能在東方。大風即風姓太皞氏，青丘見於《山海經》的《南山經》首篇，青丘山：「有獸焉，其狀如狐而九尾，其音如嬰兒，能食人。」據筆者另文考證，青丘山在今江蘇金湖、寶應、淮安一帶。《山海經》郭璞注引《汲郡竹書》：「伯杼子徵於東海，及三壽，得一狐九尾。」〔註 91〕三壽在青丘和東海附近，《山海經》說青丘山之東的箕尾山：「其尾踆於東海，多沙石。」三壽疑即三首，本名三壽，訛為三首。三壽是東方夷人，所以對應東方與春天。

四月且月，司夏，神像是猿猴，夏字正是猿猴形象，關於夏與猿猴的對應，詳見本書第三章第四節。

楚帛書仲夏倉月說：「於邦有梟，內於上下。」倉月的神像是一個鳥，頭上有角，無疑是梟，梟的頭上有毛角。《說文》卷六上：「梟，不孝鳥也。

〔註 90〕韓康信、中橋孝博：《中國和日本古代儀式拔牙的比較研究》，《考古學報》1998 年第 3 期。

〔註 91〕或作王壽，見清朱右曾輯、王國維校補《古本竹書紀年》、王國維撰《今本竹書紀年疏證》，遼寧教育出版社，1997 年，第 4 頁、第 54 頁。

日至捕梟磔之，從梟頭在木上。」他說夏至日這天，要捕殺貓頭鷹，分解其身體，而且掛在木杆上。所以梟字的上面是鳥的頭，下面是一個木。後世把這一方法用於殺人，把人首掛在高處示眾，所以稱爲梟首。其實梟首最早是一種夏至日的習俗，後來反而忘記其由來了。許愼解釋這種習俗的原因說，這是因爲梟不孝順。這當然是漢代儒生的穿鑿附會，鳥獸有何孝道可言。再說，即使是不孝的人，也不至於要碎屍萬段，梟首示眾，那麼更不必如此對待鳥。

《漢書・郊祀志》:「用一梟破鏡。」注:「孟康曰：梟鳥食母，破鏡獸食父，黃帝欲絕其類，使百吏祠皆用之。如淳曰：漢五月五日，作梟羹以賜百官。」《史記・武帝本紀》注引如淳言:「漢使東郡送梟，五月五日爲梟羹以賜百官。以惡鳥，故食之。」端午節象徵夏天到來，五是陽數，所以又名端陽節。端午接近夏至日，白晝最長，也即陽氣最盛。此日殺梟，象徵黑暗和陰間的死亡。因爲夏至殺梟，所以梟是夏季象徵，仲夏的神像就是梟。倉月的倉大概也是來自梟，梟善於捕鼠，喜歡在糧倉，又名倉梟。《爾雅》稱爲相月，相字是樹木上有眼睛，無疑也是指貓頭鷹。

孟冬荼月的神像是一個有角的人，嘴裏有蛇，筆者認爲這個神像其實就是太一，1960 年湖北荊門市漳河車橋戰國墓出土的戈上有四個字，學者釋爲兵避太歲，或大武避兵，並指出太歲即太一。〔註 92〕太歲的形象是頭上有四角，左手持蜥蜴，右手持魚，耳上穿蛇，腳下有日月，胯下還有蜥蜴。1973 年馬王堆 3 號漢墓出土的一幅帛畫，中間有神名爲太一，左右有雷〔公〕、雨師，所以太一的形象和荼月神像最近。1993 年湖北荊門市郭店出土了楚簡《太一生水》，說明太一與水有關，則對應冬季之神。荼的讀音也與太一有關，很可能就是源自太一。

〔註 92〕俞偉超、李家浩:《論兵避太歲戈》,《出土文獻研究》，文物出版社，1985 年，第 138～145 頁。李零:《湖北荊門兵避太歲戈》,《文物天地》1992 年第 3 期。李學勤:《古越閣所藏青銅兵器選粹》,《文物》1993 年第 4 期。

兵避太歲戈、馬王堆出土《避兵圖》

第二章　伏羲、太皞、少皞

古人認爲炎帝、黃帝之前，還有伏羲、神農等始祖，這些更早的領袖構成傳說的三皇。徐旭生說，伏羲不見於《論語》、《墨子》、《孟子》等書，首見於《莊子》。他又說伏羲是因爲《周易》才著名，女媧在古書中更少見，僅見於《楚辭・天問》、《山海經・大荒西經》、《禮記・明堂位》。但是《淮南子》則多次提到伏羲、女媧，有時還並列，《要略》:「八卦可以識吉凶、知禍福矣，然而伏羲爲之六十四變，周室增以六爻。」《主術》:「故不言之令，不視之見，此伏犧、神農之所以爲師也。」《泛論》:「夫神農、伏羲不施賞罰而民不爲非。」《覽冥》:「伏戲、女媧不設法度，而以至德遺於後世。」《淮南子》的史料有先秦依據，上古伏羲、女媧已很著名。

由伏羲氏發展出太皞氏和少皞氏，又作太昊氏和少昊氏，是遠古中國山東、淮北地區最重要的兩個部族，徐旭生在《中國古史的傳說時代》中，把以這二者爲主體的民族集團稱爲東夷集團，即蒙文通所說的海岱集團。由於後世晚出的五行體系把少皞稱爲西方之神，所以有人誤以爲少皞是西方人。〔註 1〕這個集團的存在得到考古學的確證，海岱地區的新石器時代文化自成一體，從大汶口文化延續到龍山文化，和中原地區不同。〔註 2〕近年來學者

〔註 1〕因爲嬴姓秦人自稱少皞之後，秦國在西，所以戰國時陰陽家的五帝說把少皞定在西方。《山海經・西次三經》說崑崙山之西的長留山有少昊之神，這是戰國人僞造之說，因爲長留山在極西部，此時少皞已經成爲五行體系的西方之神，所以有好事者把少皞強加到崑崙山之西去。同篇的蓐收，也因是西方之神被僞添到崑崙之西。戰國時期晚出的五行體系把太皞列爲東方之神，把少皞列爲西方之神，原來是兄弟之族的太皞、少皞居然隔若參商，這和《左傳》、《史記》等書所記完全不合。

〔註 2〕徐旭生：《中國古史的傳說時代》，第 55～64 頁。蒙文通：《古史甄微》，巴蜀書社，1999 年，第 55～62 頁。欒豐實：《論「夷」和「東夷」》，《中原文物》

對兩皞集團的研究很多，但是仍然沒有解決二者關係的基本問題。

第一節　伏羲氏創造裴李崗文化

戰國時三皇五帝說已很流行，《莊子・天運》：「三皇五帝之法度。」《呂氏春秋》四次提到三皇五帝，《周禮・春官・外史》：「掌三皇五帝之書。」鄭玄釋：「三墳五典。」不過戰國的這些書中都沒有列出三皇名號。秦人說是天皇、地皇、泰皇，《五帝本紀》說李斯上奏嬴政：「臣等謹與博士議曰：古有天皇，有地皇，有泰皇，泰皇最貴。臣等昧死上尊號，王為泰皇。」嬴政說：「去泰，著皇，採上古帝位號，號曰皇帝。」

一、三皇與皇字的由來

《韓非子・五蠹》說到上古之世的有巢氏、燧人氏，《易傳・繫辭下》：

> 古者包羲氏之王天下也，仰則觀象於天，俯則觀法於地，觀鳥獸之文，與地之宜，近取諸身，遠取諸物，於是始作八卦，以通神明之德，以類萬物之情。作結繩而爲網罟，以佃以漁，蓋取諸離。包羲氏沒，神農氏作，斲木爲耜，揉木爲耒，耒耨之利，以教天下，蓋取諸益。日中爲市，致天下之貨，交易而退，各得其所，蓋取諸噬嗑。神農氏沒，黃帝、堯、舜氏作，通其變，使民不倦，神而化之，使民宜之。

兩書提到的有巢、燧人、伏羲、神農，遂成為後世人設定三皇的候選人，漢代人就從古書中選三個來填空，《風俗通》卷一《皇霸》：「《春秋運斗樞》說伏羲、女媧、神農是三皇也……《禮號謚記》說伏羲、祝融、神農……《含文嘉紀》伏戲、燧人、神農……《尚書大傳》說遂人為遂皇，伏羲為戲皇，神農為農皇也。」東漢王符《潛夫論》：「世傳三皇五帝，多以伏羲、神農為二皇，其一者或曰燧人，或曰祝融，或曰女媧。其是與非，未可知也。」《後漢書・張衡傳》李賢注引《張衡集》說漢順帝時張衡上奏請將三皇五帝予以實定，三皇為伏羲、神農、黃帝，五帝為少昊、顓頊、帝嚳、堯、舜，《尚書》偽孔安國序和西晉皇甫謐《帝王世紀》即從此說。鄭玄依《春秋運斗樞》的三皇，但是五帝說取黃帝、少昊、顓頊、帝嚳、堯、舜六人。〔註 3〕筆者認為，雖然後人對三皇的指實有爭議，但是三皇的總名出現可能很早。可能三皇僅

2002 年第 1 期。

〔註 3〕黃彰健：《論中國的古史系統》，《中國遠古史研究》，第 17～20 頁。

是指代文明初現的時代，三皇眞名永遠無法考定，但是我們不能因此否定在五帝之前存在一個三皇時期。

關於皇字的由來，前人有爭議，《說文》卷一上：「皇，大也。從自，自，始也。始皇者，三皇，大君也。自，讀若鼻，今俗以始生子爲鼻子。」吳大澂《說文古籀補》：「皇，大也。日出土則光大，日爲君象，故三皇稱黃。」朱芳圃《殷周文字釋叢》：「其字下作□，即燈之初文，焚膏照夜之器也。上作川，若州，象燈光參差上出之形。」劉心源、于省吾認爲皇字從往字而來，與王字有關。汪榮寶《釋皇》認爲皇字的原意是冠冕，《王制》：「有虞氏皇而祭。」鄭玄注：「皇，冕屬，畫羽飾焉。」他認爲皇與歐洲的花環類似，徐中舒認爲皇字上面的三豎象徵王冠，郭沫若認爲《周禮・春官・樂師》有皇舞，鄭司農云：「皇舞者，以羽冒覆頭上，衣飾翡翠之羽。」鄭玄：「皇，雜五彩羽，如鳳凰色，持以舞。」單周堯認爲皇字上面是羽毛飾物或冠冕，下半的王字可能是聲符。〔註 4〕

前人諸說有誤，〔註 5〕其實皇字的原形是鳳凰（孔雀）的尾羽，對照圖片，可以發現，一模一樣。皇字上方的圓形是孔雀尾羽尖端的圓紋，最上方的三筆是尾羽末尾的羽毛，下面是尾羽的主幹及其橫生的附枝。所以皇是凰的本字，鳳凰本名爲鳳，不名凰。甲骨文的鳳字本來也突出其尾羽的形象，金文才把尾羽末端的圓形去掉。鳳字是孔雀的象形，所以頭上有羽冠。〔註 6〕

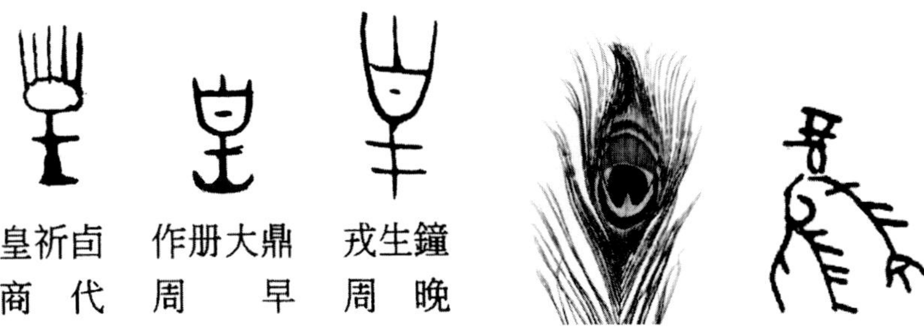

金文的皇、孔雀的尾羽、甲骨文的鳳（合 13339）

〔註 4〕單周堯：《說皇》，《勉齋小學論叢》，上海古籍出版社，2009 年，第 227～235 頁。

〔註 5〕所謂皇爲大，是後人附會。鳳凰即孔雀，孔即大，鳳凰是一種大鳥，所以皇引申出大之意。日出地上則爲旦，在木上爲杲，不會寫成在土上。夜晚的燈不是很亮，所以不是皇的本義。

〔註 6〕秦建明：《釋皇》，《考古》1995 年第 5 期。曾憲通：《說「鳳」「凰」及其相關諸字》，《古文字與出土文獻叢考》，中山大學出版社，2005 年，第 16～32 頁。

皇也指鳳凰尾羽製成的冠冕，良渚文化玉器上有頭戴羽冠的人面，所以有學者認爲五千年前的中國東部產生了皇。〔註 7〕羽冠也見於世界上很多民族，特別是環太平洋地區。鳳凰尾羽五彩繽紛，所以皇有輝煌之意。少皞氏的圖騰就是鳳，有虞氏也出自少皞氏部落，詳見本書第八章，而少皞出自太皞伏羲氏，所以伏羲確實屬於三皇，也即文明初曙時的領袖。

二、裴李崗文化是華夏文明正源

河南新石器時代最早的文化是裴李崗文化，趙世綱提出裴李崗文化是中華文明之源，因爲此文化幅員最廣，年代比周圍文化早，可追溯到 9000 年前，僅有湖南澧縣的彭頭山文化年代相近，裴李崗文化的人口比周圍的文化多，有 140 多處遺址，等於周圍五個文化的遺址總和，對周圍五個文化影響很大：

1.河北省的磁山文化，始於河北南部，向燕山以南擴展，年代在近 8000 年前，晚於裴李崗文化

2.渭河、漢水上游的老官臺文化，年代爲近 8000 年前，晚於裴李崗文化，是裴李崗文化的分支

3.山東北部的後李文化，年間稍晚幾百年，受到裴李崗文化的強烈影響才發展出來

4.淮河北部的雙墩文化，在 8000 年前，早期接近後李文化，晚於裴李崗文化，受到其影響

裴李崗文化不僅有早期農業，還出現了最早的樂器和甲骨文，8000 多年前就發明了鼎，並且成爲中國分佈最廣的陶器，還成爲中國最重要的禮器及中國文化的象徵。〔註 8〕

韓建業也說裴李崗文化把黃河流域各文化經歷連接在一起，形成了早期中國文化圈的雛形。〔註 9〕

有趣的是，甘肅省秦安縣大地灣遺址是關中較早的新石器時代遺址，而大地灣古鄰成紀縣，傳說就是伏羲氏故地，《水經注》卷十七《渭水》說成紀

〔註 7〕杜金鵬：《說皇》，《文物》1994 年第 7 期。

〔註 8〕趙世綱：《論裴李崗文化在中華文明形成中的地位——爲紀念裴李崗文化發現 30 週年而作》，河南省文物考古學會編：《論裴李崗文化》，科學出版社，2010 年，第 36～56 頁。

〔註 9〕韓建業：《裴李崗文化的遷徙影響與早期中國文化圈的雛形》，《先秦考古研究：聚落形態、人地關係與早期中國》，第 171～172 頁。

縣：「故帝太皞庖犧所生之處也……應劭曰：（陳倉）縣氏陳山。姚睦曰：黃帝都陳言在此。滎氏《開山圖注》曰：伏羲生成紀，徙治陳倉也，非陳國所建也。」陳倉在今寶雞，黃帝確實出自關中，詳見下一章。但是陳倉之名是源自河南的陳，因爲伏羲氏西遷到渭水而帶來這個地名。秦安縣所在的葫蘆河原名瓦亭水，《水經注》說其源頭處有瓦亭，又說支流源頭有女媧祠。其實瓦就是媧，瓦亭源自女媧。瓦亭緊鄰隴山，隔山是今華亭縣，華亭即源自瓦亭。

舞陽縣賈湖裴李崗文化遺址從 1984 年到 2001 年出土了 30 多支 8000 年前的骨笛，是中國最早的樂器，也是同時代世界上最精美的樂器。據檢測，骨笛上的開孔經過周密計算，具有七聲音階。賈湖遺址的墓內常常出土一種龜甲，裏面裝有石子，往往八塊龜甲一起出土。344 號墓的墓主沒有人頭，用一塊龜甲代替，上有一個符號，近似甲骨文的目字。這種裝有石子的龜甲可能是一種鈴，也見於大汶口文化墓葬。〔註 10〕龜甲替代人頭，說明有宗教意義。

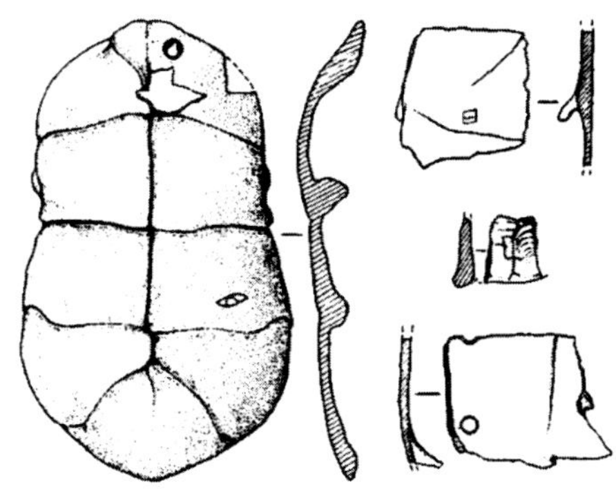

饒宗頤認爲，賈湖遺址發現的刻畫符號共 16 例，龜甲上有 9 例，骨器上有 2 例，石器上有 2 例，陶器有 3 例，龜甲上有日、目等天象符號，埋龜爲八，笛有八孔，與八卦吻合，《漢書・律曆志》：「人者繼天順地，序氣成物，統八卦，調八風，理八政，正八節，諧八音，舞八佾，監八方，被八荒，以終天地之功，故八八六十四卦，其義極天地之變。」〔註 11〕傳說八卦是伏羲發明，下文還要論證，伏羲即神龜的別名贔屭，這也證明裴李崗文化很可能

〔註 10〕吳釗：《賈湖龜鈴骨笛與中國音樂文明之源》，《文物》1991 年第 3 期。

〔註 11〕饒宗頤：《論賈湖刻符及相關問題》，《饒宗頤二十世紀學術文集》卷一《史溯》，第 22～32 頁。

是伏羲氏創造，而裴李崗文化早期也是最重要的中心賈湖村其實就是伏羲氏所居。

三、伏羲與舞陽賈湖村

舞陽縣賈湖村在上古時期爲東不羹國，舞陽因爲在潕水之北得名，《水經注》卷三一《潕水》說：

> 潕水東逕東不羹亭南，亭北背汝水，於定陵城北，東入汝。

楊守敬按：「《漢志》襄城有西不羹，定陵有東不羹，《續漢志》同，《左傳・昭十一年》杜注：一陵西北有不羹亭，指東不羹也。《汝水》篇敘襄城之西不羹，此在定陵城北，當是東不羹……楚城陳、蔡、不羹，不羹實有東西二城，相爲犄角。酈氏已於西不羹下引《左傳》，故此略之，此亭在今舞陽縣西北。」《漢書・地理志》潁川郡定陵縣：「有東不羹。」同郡襄城縣：「有西不羹。」西不羹在今襄城縣東，東不羹是今舞陽縣西北角的簡城村，距離賈湖僅有 20 里，而且其間沒有古國，上古人口很少，聚落和地名很少，上古音的不羹是〔piə〕〔keang〕，很接近伏羲〔biək〕〔xiai〕，曉見本近，而且把伏字的尾音 k 加在羲字前面，就是〔biə〕〔kxiai〕，更接近不羹〔piə〕〔keang〕。

古書經常說到伏羲發明漁網捕魚，而賈湖村恰好在低窪之地，村西有湖，故名。其東是汝河，其北有左溝、灣劉、灣李等村，西南有泥河王、谷坑村，說明地勢低窪。其北 6 里處的定陵古城今爲前古城、後古城村，其西有嶺謝村，說明定陵確實在丘陵。西南有崗寺村，也有丘陵，但是伏羲氏不住在高地，偏要住在低地，說明依賴漁業。賈湖遺址出土大量魚骨和軟體動物甲殼，出土植物遺存包括水稻、蓮藕、菱角等，也說明古人依賴漁業和水生植物。正是因爲住在水邊，所以聽慣了鶴鳴，要用鶴腿骨做笛子，還要崇拜神龜。

潕水源出今舞陽縣西南有扶予山，《水經》說：「潕水出潕陰縣西北扶予山。」上古音的予是以母魚部〔ʎia〕，羲是曉母歌部〔xai〕，音近，所以潕水流域很可能是伏羲氏原居地。關於伏羲氏源自今舞陽縣，筆者在下一本研究中國民族史的書中還有證據。

伏羲氏擴展到今河南中部地區，有以下五個證據：

1.伏羲氏衍生出太皞氏，所以古人說太皞伏羲氏。太皞的故都在陳（今河南淮陽），太皞氏一族也祭祀濟水，詳見本章第四節。太皞源自伏羲，得到考古學的證明。韓建業指出，公元前5400年以後，裴李崗文化衰落，其文化因素較多見於其東部的海岱地區，裴李崗文化的東遷促使淮北、山東的後李文化轉變爲北辛文化。〔註12〕

2.中原有浮戲山，《山海經・中次七經》說太室山（嵩山）之東九十里有浮戲山，出汜水，即流經今滎陽、鞏義的汜水河，則浮戲山在今滎陽、新密之間，浮戲即伏羲，說明是伏羲故居。

3.伏羲嫁娶用鹿皮爲禮，《世本・作篇》說：「伏羲制以儷皮嫁娶之禮。」儷皮即鹿皮，說明伏羲氏居地的鹿很多，西漢揚雄《方言》卷五：「鈎，宋、楚、陳、魏之間謂之鹿觡，或謂之鈎觡，自關而西謂之鈎。」〔註13〕鈎子在宋（今商丘市）、楚（今江淮地區）、陳（今河南淮陽縣）、魏（今開封市）之間稱爲鹿觡，郭璞注：「或呼鹿角。」原應是鹿角而非鹿的骨骼，因爲鹿角多枝杈，恰好適合當鈎子。因爲淮河流域的湖沼很多，所以盛產鹿，所以居民都用鹿角當鈎子，說明用鹿皮作爲嫁娶之禮的伏羲氏是這一帶人。〔註14〕莊子也是這一帶人，《莊子・盜跖》說：「神農之世，臥則居居，起則於於。民知其母，不知其父，與麋鹿共處。」上古之世的景象是人與麋鹿共處，說明麋鹿很多。因爲古人殺鹿太多，所以後世黃淮海平原的鹿逐漸減少。〔註15〕

4.伏羲出自魯、楚之間，所以《莊子》、《淮南子》多次提到，楚國人也把伏羲、女媧作爲始祖，魯國的靈光殿也畫出伏羲、女媧的像，但是在中原，伏羲的名聲不顯。所謂天水的伏羲遺迹無疑是後世出現，因爲天水在隴山之西，原爲戎狄之地，春秋時期才被秦國征服。戎狄的武力高強，但是不太可能是八卦的發明者，上古東方文化發達。西部的伏羲傳說是從東方傳入，這是因爲在堯舜禹時期，東方部族有一場向山西的大遷徙，詳見第五到第九章。

〔註12〕韓建業：《裴李崗文化的遷徙影響與早期中國文化圈的雛形》，《先秦考古研究：聚落形態、人地關係與早期中國》，第169～171頁。

〔註13〕〔漢〕揚雄著、周祖謨校箋：《方言校箋》，第35頁。

〔註14〕許進雄提出臺灣的原住民也有兄妹成婚並生出人類的傳說，而且說到兄妹交媾時以鹿皮遮掩，他認爲這是伏羲、女媧傳說的原型。許進雄：《鹿皮與伏羲女媧的傳說》、《伏羲女媧與臺灣的原住民》，《許進雄古文字論集》，第184～189、524～538頁。筆者認爲臺灣原住民與大陸越人分化在萬年以上，臺灣的鹿特多，所以伏羲嫁娶用鹿皮未必來自臺灣。

〔註15〕古代江淮地區多麋鹿，一百多年前麋鹿在中國滅絕，殘存的一些被八國聯軍掠奪到歐洲，又在1980年代回歸中國，現在江蘇大豐、湖北石首有麋鹿自然保護區，仍在江淮地區。

5.伏羲即贔屭，也即巨龜，裴李崗文化向西發展出仰韶文化，也即炎黃部族，黃帝的徽章正是巨龜。源自賈湖文化的龜崇拜向南影響到長江中下游，向北影響到遼河流域，正是因爲伏羲是華夏文明始祖。中國新石器時代的龜甲隨葬見於河南淅川下王崗仰韶文化墓葬、四川巫山大溪大溪文化墓葬、江蘇武進圩墩馬家濱文化墓葬、陝西南鄭龍崗寺半坡文化墓葬，張忠培認爲都源自裴李崗文化賈湖遺址。玉龜隨葬，見於遼寧建平牛河梁紅山文化墓葬和安徽含山淩家灘文化墓葬，前者約爲公元前3360～2920年，後者約爲距今4600±400年。〔註16〕關於伏羲、黃帝的神龜崇拜，詳見下一節。

第二節　伏羲、贔屭、天黿、玄黿、軒轅、玄武

伏羲在長沙出土的戰國楚帛書作雹戲，《莊子・大宗師》作伏戲氏，《周易・繫辭下傳》作包犧氏，《太平御覽》卷八三二引《尸子》作宓羲，《列子・黃帝》作庖犧氏，《論衡・齊世》作宓犧。《淮南子・覽冥》虙戲是宓戲之誤。伏羲只是記音，和原義無關，伏羲是何義？

其實贔屭、伏羲、包犧、伏戲、宓羲讀音相近，前一字都是唇音，羲、戲都是曉母。屭是脂部，戲是支部，通轉。羲是歌部，脂、歌旁轉。雖然贔屭也是晚出的字，但是伏羲無疑是指贔屭，也即巨龜。

《國語・周語下》伶州鳩說：

> 星與日辰之位，皆在北維。顓頊之所建也，帝嚳受之。我姬氏出自天黿，則我皇妣大姜之姪，伯陵之後，公之所憑神也。

周人出自天黿，周人姬姓，出自黃帝，天黿即黃帝，《五帝本紀》：

> 黃帝者，少典之子，姓公孫，名曰軒轅。

軒轅源自玄黿，玄是五行北方之色，北方爲水，黿是水神，故名玄黿。《國語・鄭語》說褒國的國君夏朝時以兩條神龍的面目出現，被夏后氏殺死，但是留下漦液，被夏后氏用盒子珍藏，周厲王時打開盒子，漦液流出，化爲玄黿。《集解》引韋昭注：「漦，龍所吐沫。沫，龍之精氣也。」《山海經・海內北經》說河伯冰夷乘兩龍，說明兩龍指代河神。玄黿即元龜、天黿，也是河神。

黃帝姬姓，段玉裁注《說文》卷十三龜字：「古音姬。」龜、姬上古音皆

〔註16〕張忠培：《窺探淩家灘墓地》，《中國考古學：走向與推進文明的歷程》，紫禁城出版社，2004年，第288～299頁。

爲見母之部，姬姓實爲龜姓，所以黃帝是天黿氏。〔註 17〕黃帝姓龜，炎帝姓羊，源自胞族圖騰的對立，詳見第三章第四節。

魯人通過淮夷獲得元龜，《魯頌・泮水》:「憬彼淮夷，來獻其琛。元龜象齒，大賂南金。」元龜是長江流域所產大龜，《禹貢》揚州:「九江納錫大龜。」九江是今江淮中部地區，楚國和秦朝爲九江郡，《史記・龜策列傳》:「神龜出於江水中，廬江郡常歲時生龜長尺二寸者二十枚輸太卜官。」又記載宋元王因爲獲得來自長江的神龜，因而強國，此龜:「衣玄繡之衣。」實即玄龜。宋國保留商朝崇龜習俗，故有神龜強國之說。漢廬江郡即秦九江郡地，南方稱大龜爲元龜。《異苑》卷三說:「吳孫權時，永康縣有人入山，遇一大龜……野人故呼龜曰元緒。」〔註 18〕元緒即黿，即元龜。

《山海經》的《南山經》首篇杻陽山怪水:

其中多玄龜，其狀如龜而鳥首、虺尾，其名曰旋龜。

《中次六經》密山:

豪水出焉，而南流注於洛，其中多旋龜，其狀鳥首而鱉尾。

旋龜、玄龜即元龜，此龜是鳥頭蛇尾，即今南方的鷹嘴龜，學名平胸龜，是我國淡水龜中最特殊的一種。這種龜的頭不能縮入殼內，性情兇猛。據我另文考證，杻陽山在今安徽省明光市一帶，密山在今河南省澠池縣附近。中全新世大暖期時，很多南方生物北移。隨著三代氣候變冷，鷹嘴龜也不斷南移到長江流域。商周時期，中原已經沒有鷹嘴龜，只能通過淮夷獲取。因此中原人不熟悉元龜了，戰國時的玄武變成了龜蛇纏繞，眞相全失。

鷹嘴龜、漢長安城遺址出土的玄武側視圖瓦當（陝西歷史博物館藏，周運中攝）、1978 年西安市草灘鎮李家村出土的玄武正視圖瓦當（西安博物院藏，周運中攝）

〔註 17〕王暉:《古史傳說時代新探》，科學出版社，2009 年，第 10 頁。

〔註 18〕〔劉宋〕劉敬叔、黃益元校點:《異苑》，《漢魏六朝筆記小說大觀》，上海古籍出版社，1999 年，第 617 頁。

漢景帝劉啓陽陵羅經石遺址出土的玄武紋空心磚
（漢陽陵博物館藏，周運中攝）

鷹嘴龜有奇怪的鳥嘴和蛇尾，鳥是陽物，龜、蛇是陰物，所以古人認爲鷹嘴龜是一種陰陽合體的靈龜。《左傳》成公五年宋公子圍龜，字子靈，圍或即圓，則圓龜即靈龜。〔註 19〕《周禮・春官・龜人》:「龜人掌六龜之屬……天龜曰靈屬。」則天龜即元龜，也即天黿的由來。

龜能承重，古人以爲背負大地，龜掌有神力。《淮南子・覽冥》:「女媧煉五色石以補蒼天，斷鼇足以立四極。」《楚辭・天問》:「鼇戴山抃，何以安之？」王逸注：「擊手曰抃。《列仙傳》曰：有巨靈之鼇，背負蓬萊之山而抃舞，戲滄海之中，獨何以安之乎？」巨靈之鼇即巨靈神，《水經注・河水四》:「古語云：華嶽本一山當河，河水過而曲行，河神巨靈，手蕩腳蹋，開而爲兩，今掌足之迹仍存。《遁甲開山圖》曰：有巨靈胡者，偏得坤元之道，能造山川，出江河，所謂巨靈贔屭，首冠靈山者也。」傳說華山本來阻隔黃河，有河神巨靈用掌劈開華山，又名贔屭，巨靈神即靈龜。

傳說河圖洛書出自河洛，《論語・子罕》說：「子曰：鳳鳥不至，河不出圖，吾已矣夫！」《史記・孔子世家》說:「河不出圖，雒不出書，吾已矣夫！」《管子・小匡》說:「昔人之言受命者，龍龜假河出圖，雒出書，地出乘黃。」龍龜即元龜，因爲元龜有長尾似龍。

長沙楚帛書《四時》:「曰故□熊雹戲，出自□霆，居於䨓□。厥田漁漁□□□女，夢夢墨墨，亡章弼弼。□□水□風雨。是於乃取□□子之子曰女媧。」《禮記・月令》正義引《帝王世紀》說庖犧氏一號黃熊氏，金祥恒據此句，首釋雹戲爲伏羲。熊字，商承祚、李零釋爲嬴，女媧或釋女皇。〔註 20〕傳說

〔註 19〕王暉：《古史傳說時代新探》，第 12 頁。
〔註 20〕李零：《長沙子彈庫戰國楚帛書研究》，中華書局（北京），1985 年，第 64～66 頁。

伏羲氏生於雷澤，《易傳．說卦》：「帝出乎震……震，東方也。」古人都把這個帝解釋爲伏羲，伏羲造易。震在八卦之中即雷，震澤即雷澤。此處所說伏羲出生的地方，第一字不清，第二字由雨、走構成，疑即雷澤之誤。黃帝部落源自伏羲，所以仍然崇拜贔屭，也即龍龜。《國語．晉語八》：「昔者鯀違帝命，殛之於羽山，化爲黃熊，以入於羽淵，實爲夏郊，三代舉之。」《史記．夏本紀》說鯀化爲黃熊，其實原應是黃龍，指河神。但《正義》引束晳《發蒙記》說：「鱉三足爲熊。」熊字原形不是指龜鱉，古人看到黃帝是有熊氏，又是天黿氏，於是誤解熊爲龜鱉。所以伏羲所號的黃熊應是黃嬴，也即黃龍，第二章第四節說過，嬴即龍。有學者提出伏羲源自楚人的神熊，但是不能解釋伏羲爲何變爲龍身。〔註 21〕我以爲此說不能成立，因爲伏羲不是源自楚文化，而是華夏文化。楚人崇熊的記載很晚，由來尚不可知。此說不能解釋伏羲龍身，古書也未曾說到伏羲是熊。所以伏羲、黃帝傳說中的熊字不如看成是嬴字之誤，就是龍。

夏后氏時褒君化爲雙龍，《史記．夏本紀》說褒是夏人同族，說明夏人出自伏羲、黃帝一族。所以說鯀化爲黃熊，也即黃龍。《山海經．中次三經》說青要山：「實惟帝之密都，北望河曲，是多駕鳥。南望墠渚，禹父之所化是多僕累、蒲盧。神武羅司之，其狀人面而豹文，小要而白齒。」即今河南新安縣青要山，其北正是河曲。禹父即鯀，青要山的南面正是澠池縣，墠、澠字近，所以墠是澠字之誤。而《中次六經》密山正是在澠池，而且密山多旋龜，說明鯀是化成河神玄冥。密即澠之音轉，也即玄冥的冥。後人說羽山在今江蘇東海縣，這是誤解，鯀是中原人，羽山自然在澠池縣。澠池之西是著名的崤山，羽、崤音近，雙聲，魚宵旁轉，羽山是崤山之誤。崤山有夏后皋之墓，原來是著名神山。

第三節 河伯冰夷、馮夷、倗、彭戲、彭魚、彭衙

《山海經．海內北經》：「從極之淵，深三百仞，維冰夷恒都焉。冰夷人面，乘兩龍。一曰忠之淵，陽汙之山，河出其中。淩門之山，河出其中。」《穆天子傳》卷一說：「戊寅，天子西征，鶩行至於陽紆之山，河伯無夷之所都居，

〔註 21〕裘錫圭：《「東皇太一」與「大〔上大下能〕伏羲」》，陳致主編：《簡帛．經典．古史》，上海古籍出版社，2013 年。

是惟河宗氏。」忠〔tiuəm〕、終〔tjiuəm〕疊韻，端照準雙聲。河神居住的深淵當然到達大地最深處，所以稱爲終極之淵。淩門山即龍門山，淩、龍的上古音都是來母，前者蒸部，後者東部，蒸東旁轉。陵、隴二字同源，〔註 22〕陵、淩二字聲旁相同，隴的聲旁就是龍，所以淩和龍可以通假。現在閩南語的龍還讀爲〔ling〕，即由〔liəng〕變來。

陽汙山也在旁邊，《呂氏春秋》卷十三《有始》說天下九藪，其中有秦之陽華，《周禮・夏官・職方》冀州之藪爲楊紆，《淮南子・地形》有秦之陽紆，《修務》:「禹之爲水，以身解於陽盱之河。」陽汙、陽華、楊紆、陽紆，都是一詞，上古音汙、紆、華都是匣母魚部，雙聲疊韻。《水經注》卷四《河水四》: 陶水又東南逕高門南，蓋層阜墮缺，故流高門之稱矣。又東南逕華池南。池方三百六十步，在夏陽城西北里許。故《司馬遷碑文》曰：高門華池，在茲夏陽。」華池應即陽華澤。

《山海經・海外西經》:「并封在巫咸東，其狀如彘，前後皆有首，黑。」豩字就是兩個豕併合，讀爲 bin，上古音是幫母文部〔peən〕。豳字也有此有關，豳國在今陝西彬縣。《漢書・地理志上》河東郡安邑縣（在今山西夏縣）:「巫咸山在南。」《水經注・涑水》也說巫咸山、巫咸祠在今夏縣南的中條山。所以并封應在中條山附近。

并封就是兩豬並在一起，《左傳》昭公二十八年（前 514 年）:

> 昔有仍氏生女，黰黑，名曰玄妻。樂正后夔娶之，生伯封，實有豕心，貪惏無厭，忿纇無期，謂之封豕。有窮后羿滅之，夔是以不祀。

其實并封就是河伯馮夷，上古音馮〔biəng〕、并〔biang〕雙聲，蒸陽旁轉。夷〔jiei〕、豕〔sjiei〕疊韻，喻書旁紐，所以並豕就是馮夷。聞一多早就發現河伯又作封豕，因爲古人既說后羿射封豕，又說他射河伯，封豕、封夷音近。〔註 23〕《龍魚河圖》:「河伯，姓呂公子。夫人姓馮，名夷，河伯字也。華陰潼鄉堤首人，水死化爲河伯。」《莊子・大宗師》釋文引司馬彪引《清泠傳》、《搜神記》卷十四都說河伯馮夷是華陰人，〔註 24〕既然河伯在這一帶，所以與中條山的巫咸排在一起。

《穆天子傳》卷一說：「辛丑，天子西征，至於崩卩人。河宗之子孫崩卩

〔註 22〕王力：《同源字典》，第 314 頁。

〔註 23〕聞一多：《〈天問〉疏證》，三聯書店（北京），1980 年，第 54～56 頁。

〔註 24〕袁珂、周明編：《中國神話資料粹編》，四川社會科學院出版社，1985 年。

柏檠，且逆天子於智之□先豹皮十，良馬二六，天子使井利受之。」此國在今山西省絳縣，該縣橫水墓地出土倗國青銅器，〔註 25〕又有周穆王時的倗叔壺，〔註 26〕說明周穆王時確有倗國。倗即朋人。《說文》卷六下：「馮阝，姬姓之國，從邑馮聲。」《東觀漢記・馮魴傳》：「馮氏，其先，魏之別封，曰華侯，華侯孫長卿，食采馮城，因以氏焉。」李零認爲河伯馮姓、《穆天子傳》河宗之子與倗國可以勘同。〔註 27〕絳縣也是靠近華山的，地理位置吻合。倗國是媿姓，《殷周金文集成》2462 銘文：「倗仲作畢媿媵鼎，其萬年寶用。」王國維等學者認爲媿姓是晉國「懷姓九宗」的懷姓，是戎狄姓氏。〔註 28〕

《史記・秦本紀》：「武公元年，伐彭戲氏，至於華山下。」《正義》：「戎號也，蓋同州彭衙故城是也。」此彭衙和彭戲的讀音、地域都不近，所以有學者認爲彭戲不在彭衙，而是龐戲，《史記・六國年表》：「伐大荔。補龐戲城。」大荔在今大荔縣，龐戲鄰近大荔，正是華山附近的彭戲，〔註 29〕此說是。彭戲氏無疑是從雹戲氏（伏羲氏）演化而來，潼關附近的河伯冰夷（馮夷）也是伏羲氏，彭是並母陽部〔beang〕，和並是雙聲疊韻，所謂並豕是後世的訛傳。

當今中國的馮姓有兩大密集分佈區，一是山西及其鄰近地區，二是廣東，〔註 30〕因爲馮姓源自山西，廣東的馮姓出現在南朝時期，據說北燕君主馮跋之後。馮跋是河北信都（今冀州市）人，山東很早有馮姓，孟嘗君之門客有馮諼，不知山東的馮姓是否直接出自伏羲氏。

屈原《楚辭・天問》：「蓱號起雨，何以興之？」王逸注：「蓱，蓱翳，雨師名也。號，呼也。興，起也。」雨神的名字蓱翳，可能也是馮夷之音轉。因爲馮夷是河神，所以轉爲雨神。〔註 31〕

〔註 25〕宋建忠、吉琨璋、田建文、李永敏：《山西絳縣橫水西周墓發掘簡報》，《文物》2006 年第 8 期。吉琨璋等：《橫水西周墓地研究三題》，《文物》2006 年 8 期。

〔註 26〕張懋鎔：《新見金文與穆王青銅器斷代》，《文博》2013 年第 2 期。

〔註 27〕李零：《馮伯與畢姬——山西絳縣橫水西周墓 M2 和 M1 的墓主》，《中國文物報》2006 年 12 月 8 日第 6 版。

〔註 28〕李學勤：《絳縣橫北村大墓與倗國》，《文物中的古文明》，商務印書館（北京），2008 年，第 273 頁。

〔註 29〕辛迪：《彭戲氏考》，《中國歷史地理論叢》，2005 年第 2 期。

〔註 30〕袁義達主編：《中國姓氏・三百大姓》上冊，第 120 頁、彩圖 31。

〔註 31〕黃樹先認爲蓱翳之蓱來自苗語的雨 bing，黃樹先：《古楚語釋詞》，《語言研究》1989 年第 2 期。楊琳認爲翳來自藏緬語族語言，如彝語的云是 tie。楊琳：《訓詁方法新探》，商務印書館（北京），2011 年，第 226 頁。筆者認爲苗語、彝彭戲氏應即彭衙、彭魚，因爲衙是疑母魚部，戲是曉母魚部，曉疑旁紐，讀音極近。伏羲文化西遷之後，時間太久，或者是後世的氏族分支，所以演化爲彭魚氏。

《國語》說黃帝和彤魚氏之子是夷鼓，其實鼓、彭二字極近，所以形訛，夷鼓原應是夷彭或彭夷，彭夷即馮夷。所以彭夷（馮夷）即彭魚氏之子，古代很多人不僅從母姓，而且根據母方氏族命名。

方雷氏在河曲的風陵渡，古名封陵，方是非母陽部，封是非母東部，雙聲，陽東旁轉，雷是來母微部，陵是來母蒸部，微蒸通轉，讀音很近。就在華山相對的山西省西南部，中條山的西端有雷首山，雷首山得名於方雷氏。

值得注意的是，山西絳縣倗國墓地的人骨的基因檢測結果是，該人群的基因很接近現代北方漢族，根據這個結論，檢測的生物學者得出一個結論：「現代漢族主要起源於中原地區，根據現有遺傳學證據可以將該地區與現代漢族遺傳結構相似的人群年代追溯至 3000 年前。」〔註 32〕其實檢測的生物學者不明白這個倗國就是河伯伏羲氏的正傳，所以這個檢測結果結合本人上文考證，可以說明中原的伏羲氏確實現代漢族的主要祖先，而這個年代還可以追溯到五六千年前。

第四節　太皞氏、少皞氏的地域與信仰

《左傳》僖公二十一年（前 639 年）子魚說：「任、宿、須句、顓臾，風姓也，實司太皞與有濟之祀。」任（在今山東濟寧市）、宿、須句（二者在今山東東平縣）、顓臾（在今山東費縣）四個小國都是風姓太皞氏的後代，他們要祭祀太皞和濟水。《左傳》昭公十七年，梓愼說：「宋，大辰之虛也。陳，大皞之虛也。鄭，祝融之虛也，皆火房也。星孛天漢，漢，水祥也。衛，顓頊之虛也，故爲帝丘，其星爲大水，水，火之牡也。」太皞氏的故墟（即故都）在陳（在今河南淮陽縣），看來魯西、豫東平原是太皞氏的原居地。

《左傳》定公四年（前 506 年）祝佗說：「因商奄之民，命以伯禽，而封於少皞之虛。」說明魯都曲阜是少皞之墟，《左傳》昭公十七年：

語與漢語都屬漢藏語系，原來同源，但是這種拼合論證未必成立。

〔註 32〕趙永斌、於長春、周慧：《漢族起源與發展的遺傳學探索》，《吉林師範大學學報（自然科學版）》2012 年第 4 期。

秋，郯子來朝，公與之宴。

昭公問焉，曰：「少皞氏鳥名官，何故也？」

郯子曰：「吾祖也，我知之。昔者黃帝氏以雲紀，故爲雲師而雲名。炎帝氏以火紀，故爲火師而火名。共工氏以水紀，故爲水師而水名。大皞氏以龍紀，故爲龍師而龍名。我高祖少皞摯之立也，鳳鳥適至，故紀於鳥，爲鳥師而鳥名。鳳鳥氏，曆正也。玄鳥氏，司分者也。伯趙氏，司至者也。青鳥氏，司啓者也。丹鳥氏，司閉者也。祝鳩氏，司徒也。鴡鳩氏，司馬也。鳲鳩氏，司空也。爽鳩氏，司寇也。鶻鳩氏，司事也。五鳩，鳩民者也。五雉，爲五工正，利器用、正度量，夷民者也。九扈爲九農正，扈民無淫者也。自顓頊以來，不能紀遠，乃紀於近，爲民師而命以民事，則不能故也。」

仲尼聞之，見於郯子而學之。既而告人曰：「吾聞之：天子失官，學在四夷，猶信。」

魯昭公十七年的秋天，郯子來到魯國朝覲，魯昭公問他說：「少皞氏用鳥來命名官職，這是爲什麼呢？」

郯子說：「少皞氏是我的祖先，我知道爲什麼。過去黃帝氏用雲紀，所以用雲來命名職官，炎帝氏用火紀，所以用火來命名職官，共工氏用水紀，所以用水來命名職官，太皞氏用龍紀，所以用龍來命名職官。我的遠祖少皞摯登基時，剛好有鳳凰來到，所以用鳥來紀，官職都用鳥的名稱。鳳鳥氏是管理曆法的正官，玄鳥氏是管理分的，伯趙氏是管理至的，青鳥氏是管理啓的，丹鳥氏是管理閉的；祝鳩氏是司徒，管理民眾，鴡鳩氏是司馬，管理軍事，鳲鳩氏是司空，管理工程，爽鳩氏是司寇，管理法律，鶻鳩氏是司事，管理雜務；這五鳩是鳩民；五雉是五個管理工業的官員，使得器用更加精緻，確立度量的標準，這是夷民。九扈爲九個管理農業的官員。自從顓頊氏以來，不能按照遠古的方法來紀，於是按照新的方法來紀，管理民眾的官職都用民事來命名，於是不能接上古代的傳統。」

孔子聽說了這件事，特地向郯子請教，後來他和別人說：「我過去聽說，天子失去了舊有的官制，要到四夷去學習，我現在才相信這句話。」

直到春秋時期，遠古的歷史仍然在一些小國完好地傳承下來。郯國就是其中的一個典型，《古本竹書紀年》：「於越子朱句三十四年，滅滕……晉烈公四年，越子朱句滅於滅郯，以郯子鴣歸。」〔註 33〕楊寬考訂越滅郯、滅繒（在今山東省蒼山縣）在公元前 413 年（周威烈王十三年）。〔註 34〕從遠古時期的公元前兩千多年，到公元前 413 年，有 1600 多年，如果算上少皞氏起始年代，則可能有 2000 多年，但是郯國君主的名字一直是用鳥來命名的，最後一個郯子還叫鴣。

郯國的位置不算很偏僻，古代歷史和制度還保持得這麼好，當時其他更爲偏遠的小國就更不用說了。像郯國這樣的例子還有，《國語・晉語四》說到春秋時期的陽國（在今河南省濟源市）有夏朝、商朝以來的嗣典，陽國是一個小國，說明春秋時期還有很多夏朝文獻。所以我們完全可以利用春秋戰國時期的記載，來研究遠古的歷史。

郯子說：「我高祖少皞摯之立也，鳳鳥適至，故紀於鳥。」他把以鳳爲紀的原因歸於一種極其偶然的情況，可能不是事實，古典文獻及現代民族志記載的上古諸民族的起源的傳說都不是如此簡單，而郯子小國君長的身份和《左傳》儒家典籍的性質都可能使原本豐富的原始傳說雅化。鳩、扈原來都是鳥，但是在《左傳》的記載裏已經被附會成鳩集民眾、扈民無淫的意思，足見其非傳說原貌。《說文》卷四上：「雇，九雇，農桑候鳥，扈民不淫者也。」《爾雅・釋鳥》雇作鳸，郭璞認爲即經傳之扈。雇是一種鳥，但是儒家解釋爲護衛民眾，使其不淫。

顓頊氏時代發生了一場變革，就是改變原來的職官命名方式。鳳、雲、火、水、龍都是自然界的事物，而顓頊氏改爲用官員的職能來命名官職，這一點詳見本書第六章。

孔子熟悉古代典制，又尊崇華夏文化，他向一個東夷小國君主請教，還說失傳的典制保存在郯國，絕非信口雌黃。因爲郯子所說的制度，正是西周及其以前的古制。我們知道西周金文記載西周中央政權有兩大官署，即卿事寮和太史寮，毛公鼎銘文說：

> 及茲卿事寮、大（太）史寮，於父即尹。命女（汝）□司公族與參（三）有司、小子、師氏、虎臣與朕執事。

楊寬解釋說，卿事寮、太史寮居於所有官制的首位，只有它們稱爲寮，說明是兩大官署，此外公族掌管公族的事情，三有司是司土（司徒）、司馬、

〔註 33〕方詩銘：《古本竹書紀年輯證》，上海古籍出版社，2005 年。
〔註 34〕楊寬：《戰國史料編年輯證》，上海人民出版社，2001 年。

司工（司空），師氏、虎臣是武官，執事是國君的近臣。卿事寮主管「三事」和「四方」，金文還有證據，令彝銘文說：

> 惟八月，辰才（在）甲申，王令周公子明保，尹三事、四方，受卿事寮。丁亥，令夨告於周公宮。公令出同卿事寮。惟十月月吉癸未，明公朝至於成周，出令：舍三事令，管卿事僚、管者（諸）尹、管里君、管百工、管者（諸）侯：侯、田（甸）、男，舍四方令。

此處說周成王讓周公之子出任太保，主管卿事僚，尊號爲明公，管理三種中央事務和四方事務。太史寮長官是太史，楊寬說掌管「冊命、制祿、圖籍、記錄歷史、祭祀、占卜、禮制、時令、天文、曆法、耕作等等。太史寮可以說是周王的秘書處和文化部，太史可以說是周王的秘書長，同時又是歷史家、天文學家、宗教家。既是文職官員的領袖，又是神職官員的領袖。其地位僅次於主管卿事寮的太師或太保。」

《禮記・曲禮》說：

> 天子建天官，先六大，曰大宰、大宗、大史、大祝、大士、大卜，典司六典。天子之五官，曰司徒、司馬、司空、司士、司寇，典司五眾。天子之六府，曰司土、司木、司水、司草、司器、司貨，典司六職。天子之六工，曰土工、金工、石工、木工、獸工、草工，典制六材。

楊寬說，這段記載比較原始，六大都是太史寮官員，太史是六大之長，是天官。五官管理民眾，相當於郯子所說少皞氏的職官系統，從鳳鳥氏到丹鳥氏這五個管理曆法的官是天官，祝鳩氏是司徒，鴡鳩氏是司馬，鳲鳩氏是司空，爽鳩氏是司寇，鶻鳩氏是司事，相當於天子之五官，事就是士，楊寬說：「原始職官不外乎天官和治民之官兩大系統，西周中央政權之所以分設太史寮和卿事寮兩大官署，當即由此而發展形成。」〔註35〕楊說詳確，但是六大之中只有五個在《周禮》中找到，大士找不到，疑即春官最後的神仕。

有學者說，祝、宗和禮儀關係大，卜、史和方術關係大，前者近教，後者近術。筆者認爲此說有誤，大史的地位很高，《周禮・春官・大史》：「掌建邦之六典，以逆邦國之治。掌法，以逆官府之治。掌則，以逆都鄙之治。凡辨法者考焉，不信者刑之。凡邦國都鄙及萬民之有約劑者藏焉，以貳六官，六官之所登。若約劑亂，則辟法，不信者刑之。正歲年以序事，頒之於官府

〔註35〕楊寬：《西周史》，第321～327頁。

及都鄙，頒告朔於邦國。閏月，詔王居門終月。大祭祀，與執事卜日。戒及宿之日，與群執事讀禮書而協事。祭之日，執書以次位常，辨事者考焉，不信者誅之。大會同、朝覲，以書協禮事。及將幣之日，執書以詔王。大師，抱天時，與大師同車。大遷國，抱法以前。大喪，執法以蒞勸防。遣之日，讀誄。凡喪事，考焉。小喪，賜謚。凡射事，飾中，舍筭，執其禮事。」大史的主要職責是掌管典籍法令，其次是制定曆法。在祭祀時要根據典籍排列位次，大會時要根據典籍協辦禮儀。這些都是由掌管典籍引申出的職責，大史的主要職責不是方術占卜，而是掌管典籍。

至此，我們終於明白孔子爲什麼說周天子失傳是官制就是郯子所說的古制，當然，這二者之間的五帝時期和夏、商都是採用這種制度。

《說文》卷一三上：「紀，絲別也。」又說：「統，紀也。」《淮南子・泰族》說：「繭之性爲絲，然非得工女煮以熱湯而抽其統紀，則不能成絲。」紀有區別和統一的意思，所以郯子所說遠古各部落以某物爲紀的意思是以某物來區別各族內部支系和維持部落的統一以及和其他部落的區別。

《史記・秦本紀》太史公曰：「秦之先爲嬴姓。其後分封，以國爲姓，有徐氏、郯氏、莒氏、終黎氏、運奄氏、菟裘氏、將梁氏、黃氏、江氏、脩魚氏、白冥氏、蜚廉氏、秦氏。然秦以其先造父封趙城，爲趙氏。」秦國爲嬴姓，少皞氏也應該是嬴姓，上列諸氏族應該都是少昊氏後代。郯在今山東郯城縣，莒在今山東莒縣，菟裘在今山東新泰市，運奄氏不可考，但奄國舊在今曲阜市附近，另有鄆地在今山東鄆城縣，運奄氏可能和這二地有關。徐人舊地在齊魯，江、黃二國在今淮河上游的信陽市，終黎即鍾離，在今鳳陽縣，〔註 36〕這四各小國，應該是後來從山東遷出的。〔註 37〕《左傳》昭公二十年（前 522 年）晏子說：「昔爽鳩氏始居此地，季萴因之，有逢伯陵因之，蒲姑氏因之，而後大公因之。」爽鳩氏始居齊國故都，則少皞氏原分佈在山東丘陵地區。

上古還有一個告國，又作郜，在今山東省成武縣，《太平寰宇記》卷十四單州成武縣說：「南北兩郜國，《都城記》：文王庶子所封。《左傳》：取郜大鼎

〔註 36〕譚其驤主編：《中國歷史地圖集》第一冊，中國地圖出版社，1982 年，第 26～27 頁、第 29～30 頁。

〔註 37〕顧頡剛：《徐和淮夷的遷、留——周公東征史事考證四之五》，《文史》第三十二輯，中華書局（北京），1990 年。

於宋。戊申，納於太廟。杜注：成武東南有郜城，宋邑也。漢置郜城縣於此，以北有郜城，故以此爲南郜，實郜城縣也。」〔註 38〕古代郜國是北郜，漢代郜城縣是南郜。告國可能源自皞氏，音近，因爲地處西部，或許是太皞後代。

周時的兩皞後代分佈集中，所以《詩經・小雅・巷伯》說：「取彼譖人，投畀豺虎。豺虎不食，投畀有北。有北不受，投畀有昊。」有北即北方游牧民族，有昊即東方的夷人。

皞又作暤，其實就是太陽，所以《說文》卷七上：「暤，皓旰也。」《說文》卷七上：「晧，日出貌。」晧旰又有盛大之意，通浩瀚。兼具宏大和光明的只有太陽，昊是日在天上，指上天。引申出白色的意思，《說文》卷九上：「顥，白貌。」同源字還有皎、縞、皓、鶴、翯等很多，《說文》卷七下：「皎，月之白也。」縞是白色的衣服，《說文》卷七下：「皦，玉石之白也。」鶴是白色的鳥，《說文》卷四上：「翯，鳥白肥澤貌。《詩》曰：白鳥翯翯。」上天很高，所以皞字和高、喬等字也是同源字。天宇很大，所以皞字和浩、洪、宏、鴻等字也是同源字。〔註 39〕

大汶口文化早期，仰韶文化還在鼎盛時期，所以大汶口文化沒有強勁的西遷勢頭。但是大汶口文化中期，東部的夷人已經大舉西遷中原，大汶口文化晚期，西遷的夷人很多，在潁水流域形成大汶口文化的潁水類型，一直到達洛陽和信陽等地。此時西部的太皞氏勢力最強，西遷到中原的大汶口文化無疑都是來自太皞氏，所以太皞爲大，而少皞爲小。這說明太皞、少皞的區分是在大汶口文化中期，或者能追溯到早期，但是肯定不是晚期。因爲在大汶口文化晚期，中原的廟底溝文化非常興盛，太皞氏退縮到東方。而東方的少皞氏佔據了山東半島多數地方，勢力逐漸超過太皞氏。後世的少皞氏後裔建立的國家很多，留下的文獻也很多，其中有不少國家非常著名。而太皞氏後裔建立的國家在史書中只有 4 個，而且都是很不出名的小國。

風姓的太皞氏又作大風、風后，《史記・五帝本紀》說黃帝：「舉風后、

〔註 38〕〔宋〕樂史撰、王文楚點校：《太平寰宇記》，中華書局（北京），2007 年，第 286 頁。

〔註 39〕有一種神鳥可能和皞字有關，《說文》卷四上鳥部：「鸒，雗鸒，山雀，知來事鳥也。」《爾雅》：「鸒，山鵲。」郭璞注：「鸒，似鵲而有文采，長尾，嘴、腳赤。」這種鳥即今所謂的紅嘴藍鵲，《本草綱目》：「諺云：朝鸒叫晴，暮鸒叫雨，《說文》以此爲知來事之鳥。《字說》云能效鷹鸇之聲，而性惡，其類相値則相搏者，皆指此也。」鸒的讀音接近皞，因爲能夠預報晴雨而被看成神鳥。

力牧、常先、大鴻以治民。」風后即風姓之君主，《後漢書・張衡傳》注引《春秋內事》說：「黃帝師於風后，風后善於伏羲之道，故推演陰陽之事。」伏羲是太皞氏，這和太皞爲風姓吻合。《史記集解》引《帝王世紀》說：「得風后於海隅，登以爲相。得力牧於大澤，浸以爲將。」可見風后來自東方，這也說明《管子・五行》說大封在西方錯誤。《淮南子・本經》說：「堯乃使羿誅鑿齒於疇華之野，殺九嬰於凶水之上，繳大風於青丘之澤。」太皞氏所居之地多沼澤，所以大風在青丘之澤，力牧之地也在附近。

其實力牧就是若木，《秦本紀》說祖先大費生子二人：一曰大廉，爲鳥俗氏。二曰若木，爲費氏。若木是木棉樹（攀枝花），〔註 40〕屈原《楚辭・天問》說：「羲和之未揚，若華何光？」意思是說，太陽還沒有出來，若木的花朵怎麼會發光？木棉花紅豔異常，被看成太陽的象徵。若木類似扶桑，也是東方民族崇拜的神樹。日本學者水上靜夫認爲若、桑甲骨文字形近似，神話中葉有混淆，所以若木就是扶桑。但是艾蘭認爲若木在西方，扶桑在東方，所以若木不是扶桑。〔註 41〕其實她沒有發現若木在西方只是《山海經》的論述，這是戰國晚期的記載，此時的中原人發現西南的木棉樹，殊不知上古時期的東方沿海也有。

欒豐實提出太皞是皖北、豫東、魯西南的大汶口文化，可能是從魯東南、蘇北地區西遷，遷徙原因可能是戰爭或洪水。筆者認爲此說不能解釋爲何太皞在名義上超過少皞，而且洪災出於推測。〔註 42〕

韓建業提出大汶口文化之前的山東北辛文化其實是起源於江淮地區的雙

〔註 40〕周運中：《〈山海經・海經〉西南部分考釋》，《中國邊疆民族研究》第三輯，中央民族大學出版社，2010 年。

〔註 41〕〔美〕艾蘭：《龜之謎——商代神話、祭祀、藝術和宇宙觀研究》，第 29 頁。

〔註 42〕王青的《從大汶口到龍山：少昊氏遷移與發展的考古學探索》（《東嶽論叢》2006 年第 3 期）提出少皞氏原來在魯東南，後來壯大，西遷到曲阜等地。龍山文化早中期，魯東南非常繁榮，但是在 4300 年前發展到晚期，走向衰落。龍山時代晚期，少皞氏被新崛起的皋陶、伯益等政權實體取代。筆者認爲此說關注到了魯東南地區的文化強勢，但是沒有解釋少皞和太皞的關係。如果少皞原居於魯東南，那麼太皞應在其附近，而非遠在魯西。而且根據《國語・楚語》，顓頊時期，少皞氏已經衰落。此時約在 4200 年前，如果少皞氏在此前衰落，不可能從魯東南擴展到整個山東半島。他認爲少皞氏在魯東南的證據是南宋羅泌的《路史》說《山海經》長留山在臨朐，但是《路史》成書很晚，不能憑信。長留山在《山海經》中的《西次三經》，已經遠在崑崙山之西，在今中亞。

墩文化，大汶口文化起源於江淮東部的龍虬莊文化，〔註 43〕筆者認爲此說可信，因爲雙墩文化在 7000 年前，所以時間更早，此時恰好是全新世中期的氣溫最高時期，所以南方人最有可能北遷。太皞氏居地更接近淮河，少皞氏是從太皞氏分出的部族，所以太皞氏地位高於少皞氏。雙墩文化有中國最古老的文字體系，含山淩家灘遺址還有類似大汶口文化的八角紋玉版、玉龜，說明江淮文化與大汶口文化不僅同源，而且比大汶口文化更爲發達。

考古學家在安徽省固鎮縣的濠城鎮發現了一座大汶口文化古城，這是江淮地區唯一的大汶口文化城址，也是同時代極少的城址，說明此地是早期太皞氏、少皞氏的中心。

濠城鎮就是漢代的洨縣，《漢書·地理志上》沛郡下說：「洨，侯國。垓下，高祖破項羽。」《續漢書·郡國志二》沛郡下說：「洨，有垓下聚。」魏晉南北朝時期的戰亂中，洨縣改名豪城，《魏書·地形志中》睢州谷陽郡下說：「連城，武定六年（548 年）置，有豪城、濊水。高昌，武定六年置。郡治。有項羽祠。」連城縣治今固鎮縣的連城鎮，豪城即今固鎮縣的濠城鎮，濊水即今澮河，谷陽郡治高昌縣，即固鎮縣治南面不遠的谷陽村。高昌縣的項羽祠就在垓下附近。〔註 44〕洨、豪音近，筆者認爲其實豪城（洨城）由來久遠，就是皞（昊）城！這也說明太皞氏原居地接近淮河，太皞氏地位高於少皞氏。

〔註 43〕韓建業：《龍虬莊文化的北上與大汶口文化的形成》，《江漢考古》2011 年第 1 期。韓建業：《雙墩文化的北上與北辛文化的形成——從濟寧張山「北辛文化遺存」論起》，《江漢考古》2012 年第 2 期。

〔註 44〕安徽省文物考古研究所：《安徽省固鎮縣垓下遺址發掘的主要收穫》，《中國社會科學院古代文明研究中心通訊》，第 19 期，2010 年。但是把這個大汶口文化古城稱爲垓下古城是不正確的，因爲垓下在今靈壁縣南部，與濠城鎮有一水之隔，參見周運中：《楚漢決戰之垓下在今靈壁縣考》，《宿州學院學報》2011 年第 6 期。

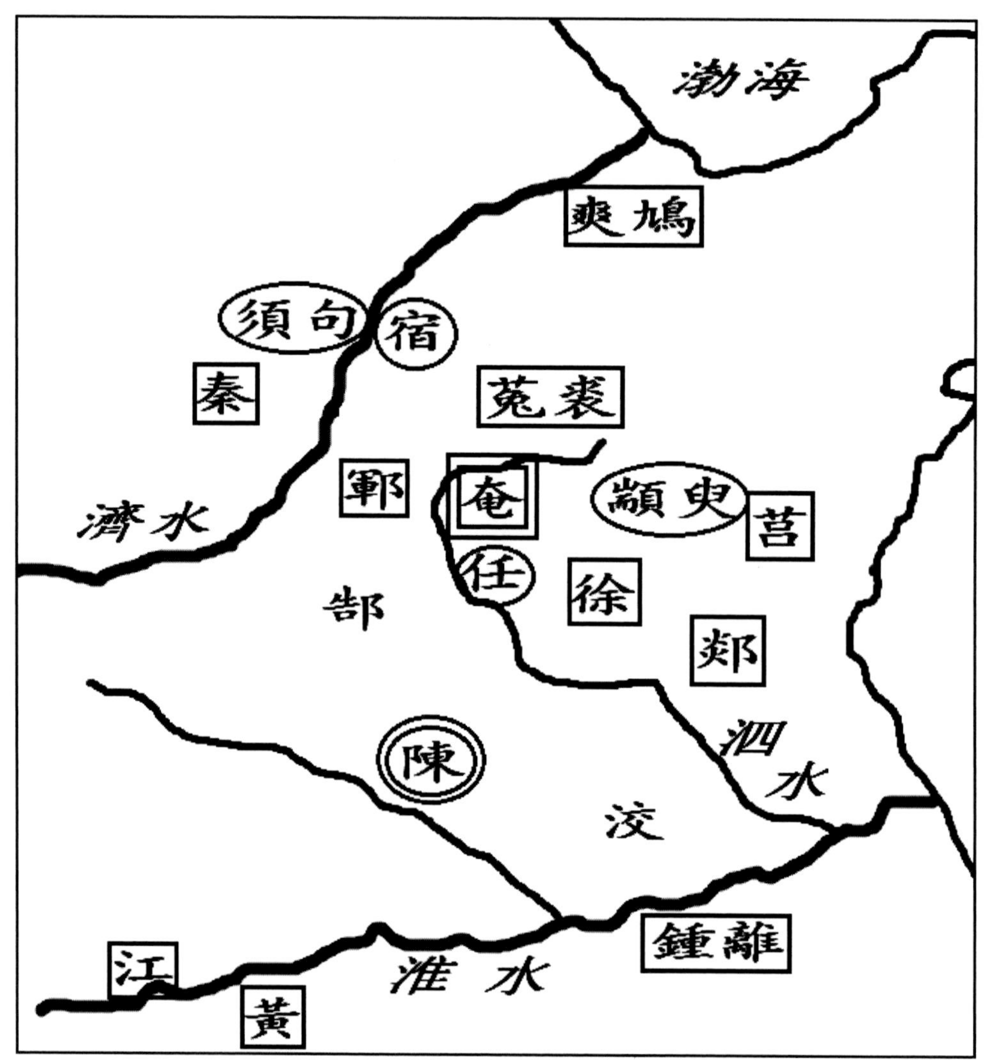

太皞氏（圓圈）、少皞氏（方框）後裔分佈圖

第五節　太皞氏、少皞氏爲胞族

太皞氏姓風、以龍爲紀，少皞氏姓嬴，以鳳爲紀，這兩個氏族是什麼關係呢？欒豐實列出前人的三種意見：

1.太皞氏在前，少皞氏在後，類似夏代的太康、少康，持此意見的有傅斯年、唐蘭、夏鼐等。

2.二者並存，劉敦願根據人類學的研究認爲二者是原始部落的兩個胞族。

3.少皞氏早，太皞氏遲，少昊氏發展壯大後稱太昊，持此意見的是徐中舒。

欒豐實認爲二者並存，因爲二者在古代文獻中往往並列，又非一姓，不在一處，沒有時間上有先後順序的證據。欒說非常正確，但沒有給出二者關係的具體答案。〔註 45〕

顧頡剛說：「然少皞以鳥名官，其最高級之官吏曰鳳鳥氏，是少皞一族固以鳳鳥爲其主要圖騰矣，而太皞雖以龍名官，卻亦以風爲姓，鳳、風二字於甲骨文爲一字，則太皞一族將以龍爲圖騰乎？抑以鳳爲圖騰乎？此一問題，今日尚不能解決，此亦我輩之苦痛也。」〔註 46〕風、鳳二字相通，《莊子・逍遙遊》：「風之積也不厚，則其負大翼也無力。故九萬里則風斯在下矣，而後乃今培風。」古人認爲鳥是憑藉風飛行的，在甲骨文中也借鳳爲風。風、鳳二字相通確實使這個問題複雜了，使得顧頡剛頭疼。

我們如果想到龍、嬴二字的關係，這個問題就簡單了。龍、嬴的字源近似，原來有些學者把二者混同，後來把二者明確區分的學者也承認二者是有密切聯繫的。《說文》卷一三上螭：「若龍而黃，北方謂之地螻。從蟲，離聲。或云，無角曰螭。」可見螭或是近似龍的物體，或是無角的龍。王蘊智認爲螭和嬴疊韻旁紐，很可能就是嬴的後起字。〔註 47〕《史記・封禪書》：「黃帝得土德，黃龍、地螾見。」《呂氏春秋》卷十三《應同》：「黃帝之時，天先見大螾、大螻。」 朱鳳瀚比較二書，認爲黃龍即大螻，亦即螭。〔註 48〕故我們把太皞氏、少皞氏的情況列入下表後，則其姓和紀的對應關係便一目了然：

	姓	紀（圖騰）
太昊氏	風（通鳳）	龍
少昊氏	嬴（龍或近龍之物）	鳳

太皞、少皞二族的姓、紀正好交叉，怎麼解釋呢？我們知道人類歷史上最早階段是母系社會，姓從母方，子女屬於母方，世系按母方計，最早的姓

〔註 45〕欒豐實：《太昊和少昊傳說的考古學研究》，《中國史研究》2000 年第 2 期。

〔註 46〕顧頡剛著、顧洪編：《顧頡剛學術文化隨筆》，中國青年出版社，1998 年，第 68 頁。

〔註 47〕王蘊智：《嬴字探源》，文集編委會主編《追尋中華古代文明的蹤迹：李學勤先生學術活動五十年紀念文集》，復旦大學出版社，2002 年。

〔註 48〕朱鳳瀚：《說殷墟甲骨文中的「龍」字及相關諸字》，《故宮博物院院刊》2000 年第 6 期。

都是帶女字旁的，如嬴、姜、姬。有些姓在傳世文獻中不帶女旁，但在金文中卻帶女旁，如風姓。〔註 49〕子女在從母系社會向父系社會轉化時可能兼從父姓、母姓，《國語・晉語》黃帝二十五子爲十二姓可以證明。〔註 50〕在中國史書中也可以找到原始部落從母姓的例子，如《周書・突厥傳》:「訥都六有十妻，所生子皆以母族爲姓，阿史那是其小妻之子也。」太皞、少皞原爲一個部落的兩個胞族，由於母親來自對方胞族，古代女子稱姓，於是太皞、少皞的姓和紀（圖騰）就剛好交叉了。

因爲人口增長，氏族增多，就要分裂，《左傳》郯子說少皞氏又分很多氏，實際已是一個很大的部落。因爲兩部落獨立，於是太皞氏不再姓鳳，而變爲風，少皞氏不再姓龍，而變爲嬴，但是二者還和原來的姓有密切聯繫。

從郯子的話看，少皞氏可能首先裂變爲鳳、鳩、雉、扈四個氏族，又裂變爲二十四個小氏族。也可能接納其他氏族的加盟，但不管怎樣，從氏族到部落有一個漫長過程，所以其文化必然發生變異。

還有一個證據，可以證明太皞、少皞原來通婚，《漢書・文帝紀》母曰薄姬，顏師古注:「姬者，本周之姓，貴於眾國之女，所以婦人美號皆稱姬焉。故《左氏傳》曰:雖有姬姜，無棄蕉萃。姜亦大國女也，後因總謂眾妾爲姬。」其實不但從姓氏引申爲美女通稱的不止姬姜兩姓，揚雄《方言》卷一說:

> 娥、𡣍，好也。秦曰娥，宋、魏之間謂之𡣍。秦、晉之間凡好而輕者，謂之娥，自關而東，河、濟之間謂之媌，或謂之姣。趙、魏、燕、代之間曰姝，或曰妦。自關而西，秦晉之故都曰妍，好，其通語也。

宋、魏的魏指的是東遷到大梁（今開封市）的魏，此地人把好稱爲𡣍，筆者認爲這是因爲此地是太皞故地，因爲太皞部落娶妻來自嬴姓的少皞部落，所以女子稱爲嬴，後來引申爲好。趙、魏、燕、代之地把好稱爲妦，上古音的豐是滂母東部〔phiong〕，風是非母侵部〔piuəm〕，音近，妦可能來自風。因爲齊、魯之地的少皞部落所娶之妻，都來自風姓太皞氏，所以女子稱爲風，後來訛爲妦。媌是明母宵部〔meô〕，音近風，河、濟之間與趙、燕一帶都接近齊魯，可能是受齊、魯方言影響。而秦、晉之間之所以稱爲娥，

〔註 49〕曹兆蘭:《金文女性稱謂中的姓》,《考古與文物》，2002 年第 2 期。

〔註 50〕楊希枚:《〈國語〉黃帝二十五子得姓傳說的分析》,《先秦文化史論集》，中國社會科學出版社，1995 年。

這個娥字就是女媧的媧，也即華胥氏的華，上古音的娥是疑母歌部〔ngai〕，媧是見母歌部〔koai〕，華是曉母魚部〔xoa〕，音近，本書第三章要說到華胥氏、女媧氏就在華山附近。

東漢王延壽有《魯靈光殿賦並序》，序說靈光殿是漢景帝之子劉餘所建，地點是魯僖公的基兆，可見其淵源久遠。其中記載殿內壁畫：

> 圖畫天地，品類群生。雜物奇怪，山神海靈。寫載其狀，託之丹青。千變萬化，事各繆形。隨色象類，曲得其情。上紀開闢，遂古之初。五龍比翼，人皇九頭。伏羲鱗身，女媧蛇軀。鴻荒樸略，厥狀睢盱。煥炳可觀，黃帝唐虞。軒冕以庸，衣裳有殊。下及三后，淫妃亂主。

此段講上古歷史，黃帝之前的伏羲、女媧、人皇眾所週知，但此前還有五龍比翼，這才是歷史起源。中國後世的龍少有翅膀，這個特殊的歷史觀必是來自魯地土著少皞的傳說。太皞、少皞以龍、鳳爲紀，所以靈光殿壁畫上遂古之初的五龍比翼正是龍鳳合體。一般以九爲極數，故有人皇九頭，但是比翼的卻是五龍。聯繫到郯子所講的少昊氏的組織中，最高等級的鳳鳥氏、玄鳥氏、伯趙氏、青鳥氏、丹鳥氏爲五個，其下的五鳩、五鳩都是五個，最低級的九扈才是九個，所以兩皞集團的上層組織應該都是以五計數的，所以傳說中最早的時代也是有五條比翼的龍。

列維—斯特勞斯說：「所謂圖騰制度只是依據由動物和植物名稱所構成的特殊命名系統的一種特殊表達（在某種意義上，就像我們今天所說的那樣），它所具有的唯一的獨特的特徵，就是通過其他某些方式所闡明的相關和對立，例如，在北美和南美的某些部落中，就是通過天／地、戰爭／和平、逆流／順流、紅／白等類型的對立實現的。這種對立最爲普遍的模式，以及最系統的運用也許可以在中國找到，在那裏，陰陽兩種原則的對立就是男女、晝夜、冬夏的對立，而它們的統一則會形成一種有序的總體（道），如一對夫妻、天或年。」〔註 51〕這種胞族圖騰對立原則在中國史書中也有例證，比如郯子提到黃帝氏以雲紀、炎帝氏以火紀，《國語・晉語四》：

> 昔少典娶於有蟜氏，生黃帝、炎帝。黃帝以姬水成，炎帝以姜水成。成而異德，故黃帝爲姬，炎帝爲姜，二帝用師以相濟也，異德之故也。異姓則異德，異德則異類。異類雖近，男女相及，以生民也。

〔註 51〕〔法〕列維—斯特勞斯著、渠東譯、梅非校：《圖騰制度》，上海人民出版社，2002 年，第 114 頁。

黃帝、炎帝的異姓、異德、異類，所以通婚以生民，實際就是兩個胞族，云是雨水之源，水和火剛好對立。和黃帝同姓的氏族有方雷氏、彤魚氏，〔註52〕雷、魚都是和雲、水有關的事物，詳見第三章。

在大洋洲托雷斯海峽附近的馬布亞哥島，有個很多氏族的部落分爲兩個胞族：小 augŭd（圖騰）胞族和大 augŭd 胞族，它們一個是陸胞族，一個是海胞族。一個在下風向宿營，一個在上風向宿營，一個朝向東南，一個朝向西北，海胞族的圖騰是海洋生物，陸胞族的圖騰除鱷魚是兩棲動物外都是陸生動物。〔註 53〕中亞的烏古思人分爲兩大族外婚群體，分屬左右兩翼，右翼名爲年長者部族，左翼名爲年幼者部族。〔註 54〕太皞、少皞之名稱也是如此，太、少即大、小，即年長、年幼。太皞、少皞的圖騰也是對立，《左傳》昭公二十九年蔡墨說：「龍，水物也。」任、宿、須句、顓臾祭祀太皞和濟水，顓臾在魯東山地，仍然祭祀濟水，說明其原居地靠近濟水。太皞所居的魯西、豫東平原遠古時沼澤密佈，所以自然崇龍。鳥在天上，和水中的龍剛好對立。龍、鳳代表二元對立，這種模式到顓頊才結束，詳見第五章。

古代很多民族都有類似的胞族圖騰對立，《遼史・地理志一》永州記載契丹人祖先是白馬神人與青牛天女，白馬、青牛即兩個胞族圖騰。《蒙古秘書》記載蒙古人祖先是蒼狼與白鹿，也是兩個胞族圖騰。因爲契丹與蒙古同源，所以顏色都是青白相對。

〔註52〕楊希枚：《〈國語〉黃帝二十五子得姓傳說的分析》，《先秦文化史論集》，中國社會科學出版社，1995 年，第頁。

〔註53〕〔法〕愛彌兒・涂爾幹、馬塞爾・莫斯著、汲喆譯、渠東校：《原始分類》，第 30 頁。

〔註54〕〔塔吉克斯坦〕阿西莫夫、〔英〕博斯沃思主編、華濤譯：《中亞文明史》第 4 卷，中國對外翻譯出版公司，2010 年，第 39 頁。

第三章　炎帝、黃帝與涿鹿之戰

徐旭生所說的華夏集團主要包括炎帝、黃帝兩支，也包括共工氏，但是他把共工氏的地域和來源考錯，又誤以爲炎帝也在關中，其實炎帝是在今山西。他說涿鹿之戰不在現在河北西北角的涿鹿縣，此說非常合理，涿鹿不可能遠離中原，可惜他沒有考出眞正的涿鹿所在。

第一節　黃帝在關中

《國語・晉語四》司空季子說：「昔少典娶於有蟜氏，生黃帝、炎帝。黃帝以姬水成，炎帝以姜水成。成而異德，故黃帝爲姬，炎帝爲姜，二帝用師以相濟也，異德之故也。異姓則異德，異德則異類。異類雖近，男女相及，以生民也。」上文說過，炎帝、黃帝是兩個胞族，所以圖騰水火對立。世代通婚，男女相及，以生民也。所以少典、有蟜就對應黃帝、炎帝，有蟜是炎帝，因爲喬即高，炎帝的圖騰是山嶽，則少典對應黃帝。

典字或是後人雅化，周人典籍不多，《尙書・多士》周成王對殷人說：「惟爾知，惟殷先人有冊有典，殷革夏命。」在印刷術發明之前，典籍罕見。周人的文化不如東方的殷人。周人出自黃帝，黃帝的文化也不及東方部族。從考古學來看，中原西部的文明確實不及東方沿海發達。〔註 1〕

〔註 1〕典的上古音是端母文部〔tyən〕，或即屈原《楚辭・天問》說到的登，《天問》說：「登立爲帝，孰道尚之？女媧有體，孰制匠之？」登還在女媧之前，居然也不見於其他史書。上古音的登是端母蒸部〔təng〕，與典的讀音極近，所以就是典。因爲是黃帝、炎帝之祖先，所以當然很早。

黃帝出自典族，即天族。有以下三點證據：

第一、《左傳》昭公十七年郯子說黃帝以雲爲紀，因爲是天族，所以以雲爲號，雲即天。

第二、《左傳》莊公二十二年（前672年）：

姜，大嶽之後也，山嶽則配天。

因爲黃帝是天族，炎帝是嶽族，所以說山嶽配天，其實原來是指炎帝、黃帝的通婚。

第三、鄒衡指出，周人之中有一個天族，有天族徽章的器物出土於陝西扶風、岐山、長武、綏德、寶雞、山西離石，天族原居於綏德、離石一帶，後來南遷。陝西的黃帝陵正是在綏德、岐山之間，還有很多天獸器，可能是黃帝屬下的氏族圖騰，《史記．五帝本紀》說黃帝：「教熊羆貔貅貙虎，以與炎帝戰於阪泉之野。」這些野獸可能是氏族圖騰。其中的天黿青銅器，有的屬於先周文化，有的出於陝西乾縣。〔註2〕

天族器物出於山西、陝西之間，黃帝正是出自西北，有六點證據：

第一、黃帝集團的姬姓，也是白狄、周人姓氏，〔註3〕白狄活動在今陝西、山西北部和河北中部，〔註4〕周人最早也活動於華夏和西北戎狄之間，《史記．周本紀》說周人的二世祖不窋：「以失其官守而奔戎狄之間。」后稷不是周人的始祖，周人的祖先本非華夏之官，按照代數計算，后稷只能追溯到商朝，徐中舒就提出周人出自白狄之說，〔註5〕《山海經．大荒西經》說：「有北狄之國，黃帝之孫曰始均，始均生北狄。」此書多有四夷出自古帝之說，但是北狄對應黃帝應有所本。

第二、《水經注》引《魏土地記》說黃帝在湖縣登仙，《史記．封禪書》齊人公孫卿說：「黃帝採首山銅，鑄鼎於荊山下。鼎既成，有龍垂鬍髯下迎黃帝。黃帝上騎，群臣後宮從上者七十餘人，龍乃上去。餘小臣不得上，乃悉持龍髯，龍髯拔，墮，墮黃帝之弓。百姓仰望黃帝既上天，乃抱其弓與鬍髯號，故後世因名其處曰鼎湖，其弓曰烏號。」鼎、胡本來無關，居然拼合

〔註2〕鄒衡：《夏商周考古學論文集（第二版）》，第310～313頁。

〔註3〕李零：《中山三器與中山國史的若干問題》，《李零自選集》。

〔註4〕段連勤：《北狄族與中山國》第四章《白狄的東遷與分佈》，河北人民出版社，1982年，第73～86頁。

〔註5〕徐中舒：《西周史論述》，《先秦史十講》，中華書局（北京），2009年，第69～71頁。

爲一個地名，此說必是編造。所謂黃帝登仙的傳說其實源自戎狄，《墨子・節葬下》說：「秦之西，有儀渠之國者，其親戚死，聚柴薪而焚之，薰上謂之登遐，然後成爲孝子。」義渠即義渠戎，其實鼎湖就是登遐，上古音的鼎是端母耕部〔tyeng〕，湖是匣母魚部〔ɣa〕，登是端母蒸部〔təng〕，遐是匣母魚部〔ɣea〕，讀音很近。鼎字不過是一種異譯，後世附會爲鑄鼎，其實與鼎無關。

第三、黃帝的禮樂與西北有關，《呂氏春秋》卷五《古樂》說：「昔黃帝令伶倫作爲律。伶倫自大夏之西，乃之阮隃之陰，取竹於嶰溪之谷，以生空竅厚鈞者、斷兩節間、其長三寸九分而吹之，以爲黃鐘之宮，吹曰舍少。」此篇講述五帝的音樂，唯獨黃帝與西北有關。大夏在山西南部，下文將多次提及。

第四、古書記載黃帝傳說的地點多在西北，《莊子・在宥》：「黃帝立爲天子十九年，令行天下，聞廣成子在於空同之上，故往見之。」空同即崆峒山，今六盤山。《天地》：「黃帝遊乎赤水之北，登乎崑崙之丘。」《山海經・西次三經》記載崑崙山之西有軒轅丘，後世附會的黃帝傳說遍及各地，不是原史，不足爲據。

第五、黃帝葬在陝北橋山，《史記・五帝本紀》：「黃帝崩，葬橋山。」《集解》引《皇覽》：「黃帝冢在上郡橋山。」《索隱》引《漢書・地理志》：「橋山在上郡陽周縣，山有黃帝冢也。」《正義》引《括地志》：「黃帝陵在寧州羅川縣東八十里子午山。《地理志》云上郡陽周縣橋山南有黃帝冢。」漢代的陽周縣在今陝西靖邊縣，橋山是白於山。《括地志》所說的黃帝陵在今甘肅省正寧縣，此說源自北朝時期陽周縣的南移，《魏書・地形志》豳州趙興郡陽周縣說：「有橋山、黃帝冢。」其實這不是漢代的陽周縣之地。由於把子午嶺當成了橋山，所以黃帝陵由轉移到了子午嶺之東的坊州，也即今天的黃陵縣。今黃陵縣的黃帝陵出現在唐代後期，《唐會要》卷二二：「大曆五年（770 年）四月，鄜坊節度使臧希讓上言坊州軒轅黃帝陵闕請置廟。」此後黃帝陵出現在坊州中部縣，1944 年改名爲黃陵縣。〔註 6〕

橋山即高山，橋通喬，《周頌・時邁》說：「懷柔百神，及河喬嶽。」又《周頌・般》：「於皇時周，陟其高山，嶞山喬嶽。」《毛傳》：「喬，高也。」

〔註 6〕王北辰：《橋山黃帝陵地理考》，《王北辰西北歷史地理論文集》，學苑出版社，2000 年，第 270～284 頁。

而白於山在《山海經・西次四經》爲盂山，即於山，上古音的於是匣母魚部〔ɣiua〕，讀音近華，華山是大山，於山的意思也即高山、喬山。於有大的意思，《說文》卷一：「芋，大葉實根，駭人，故謂之芋。」芋頭因爲根、葉皆大而名，於有大的意思。

《水經注》卷四《河水》說黃帝昇天之地即華山之東的夸父山，後世又衍生出鑄鼎原等地名，其實這是一種誤解，因爲華山的華本指高山，而喬山的意思也是高山，所以有此誤解。不過黃帝東征蚩尤確實經過華山附近，而且傳說黃帝命應龍殺夸父。

第六、黃帝的後代和姻親多在陝西，《國語・晉語四》司空季子說：

> 黃帝之子二十五人，其同姓者二人而已，唯青陽與夷鼓皆爲己姓。青陽，方雷氏之甥也。夷鼓，彤魚氏之甥也。其同生而異姓者，四母之子別爲十二姓。凡黃帝之子，二十五宗，其得姓者十四人，爲十二姓：姬、酉、祁、己、滕、箴、任、荀、僖、姞、儇、依是也。唯青陽與蒼林氏同於黃帝，故皆爲姬姓。

青陽出現了兩次，前一次是己姓，後一次是姬姓，顯然矛盾。前面說只有二人是一姓，下文說只有蒼林是和黃帝同姓，所以前一個青陽是眞，後一個青陽是衍。因爲上文兩次出現青陽，所以古人抄書時誤衍。

此處說到黃帝的姻親有方雷氏、彤魚氏，先來看方雷氏，饒宗頤指出方雷氏見於西周青銅器，陝西眉縣李家村出土青銅器有人名方雷駱子、方雷騅子，又師旂鼎銘文提到地名方雷，說明方雷氏是眞實存在的族名和地名。〔註 7〕有學者把方雷二字讀破，張振林反駁說不能成立。不過張文根據黃帝之子降於泜水，認爲泜水即方雷，進而提出方雷在今河北省，〔註 8〕此說不確。

再看彤魚氏，饒公又指出大禹之後分封有彤城氏，見於《史記・夏本紀》最末的太史公曰，《系本》周有彤伯，見於《周書・顧命》，《史記・六國年表》記載秦商君反，死於彤地，而《鹽鐵論》說：「商君困於彭池。」華縣西南有彤城。饒文未作進一步考實，大禹之後的彤城氏是姒姓，不應是己姓。

倒是《鹽鐵論》啓發我們，彤魚氏或是彭魚氏的壞字。陝西白水縣有古

〔註 7〕饒宗頤：《古史之斷代與編年》，中研院歷史語言研究所，2003 年，第 27 頁。
〔註 8〕張振林：《師旂鼎銘文講疏》，《黃盛璋先生八秩華誕紀念文集》，中國教育文化出版社，2005 年，第 146～157 頁。

地彭衙，在今白水縣縱目鄉彭衙村，《太平寰宇記》卷二八同州白水縣：

> 彭衙故城在今縣東北六十里，有古城。《左傳》：秦晉戰於彭衙。即此也。

今按《漢書・地理志上》、《續漢書・郡國志》均爲左馮翊郡衙縣，即彭衙之省。彭衙即彭魚，衙、魚均爲疑母魚部，雙聲疊韻。此地也在陝西省中部，說明黃帝通婚的部族有一些在陝西省中部。

方雷氏、彭魚氏都是己姓，《左傳》哀公十七年（前 478 年）記載衛國城外的己姓戎人是戎人東遷的一支。姬是見母之部，己也是見母之部，所以己姓或是從姬姓分化出的姓。

史書記載有兩個姞姓國家，一個是密須，一個是南燕，前者在今甘肅省靈臺縣，後者在今河南省封丘縣。芮姞簋銘文：「內（芮）姞作旅簋。」張懋鎔認爲芮是姬姓，姞是芮人母氏。〔註 9〕芮姞簋銘文最末有個氏族徽章，也見於覺公簋銘文最末，李學勤認爲此氏族也是姞姓。此徽章還見於天馬—曲村 M6195 出土的一件西周早期的鼎，說明晉國有姞姓。〔註 10〕

第二節　神農、炎帝出自山西

後世把炎帝與神農氏看成一體，近代的疑古派認爲這是後人僞造，其實炎帝確實與神農氏有關。《史記・封禪書》連說虙羲、神農、炎帝、黃帝封泰山，有學者因此否認炎帝和神農是一人。〔註 11〕其實神農氏是較早出現的族名，而炎帝是晚出的部落聯盟首領名號，所以炎帝可以出自神農氏。

《史記・周本紀》說周武王滅商後，封神農之後於焦。《集解》：「《地理志》弘農陝縣有焦城。」在今三門峽市。此焦即巢，《國語・魯語上》：「桀奔南巢。」《太平御覽》卷八二引《竹書紀年》：「湯遂滅夏，桀逃南巢氏。」古人多謂在安徽巢湖附近，其實不是，戰國楚簡《容成氏》記商湯伐桀的路線是：「桀乃逃之鬲山氏，湯又從而攻之，降自鳴條之述（遂），以伐高神之門。桀乃逃之南巢氏，湯又從而攻之，述（遂）逃去，之蒼梧之野。」鬲山即河東的歷山氏，《史記・夏本紀》鳴條，《集解》引孔安國說：「地在安邑之西。」

〔註 9〕張懋鎔：《芮姞簋賞析》，《收藏》2007 年第 5 期。

〔註 10〕李學勤：《論覺公簋年代及有關問題》，《通向文明之路》，商務印書館（北京），2010 年，第 112～117 頁。

〔註 11〕謝維揚：《中國早期國家》，第 243 頁。

鄭傑祥指出南巢是焦，桀從安邑南逃到陝縣的焦。《淮南子・本經》：「於是湯乃以革車三百乘，伐桀於南巢。」《主術》：「湯革車三百乘，困之鳴條，禽之焦門。」高誘注：「焦，或作巢。」〔註12〕二字可通，所以古代的安徽巢湖又作焦湖，焦門即三門峽。既有南巢，一定還有北巢。北巢應在晉南，《山海經・中山經》說牛首山，出勞水，西注潏水，《水經注・汾水》說潏水即巢山水，此即北巢。巢山在今山西浮山縣東南，向東不遠過安澤縣，即是炎帝所居發鳩山，這是炎帝爲神農氏之一證。

《左傳》昭公二十九年蔡墨說：「有烈山氏之子曰柱爲稷，自夏以上祀之。周棄亦爲稷，自商以來祀之。」烈山氏爲古農官，即神農氏，烈山即炎火，此炎帝爲神農氏二證。古音柱端母侯部〔tio〕，焦精母侯部〔tsiǒ〕，準雙聲旁轉，讀音極近，此炎帝爲神農氏之二證。

炎帝的女兒女娃在發鳩山，《元和郡縣圖志》卷十五潞州長子縣發鳩山在縣西南六十五里，羊頭山在縣東五十六里，神農城，《後魏風土記》曰：「神農城在羊頭山上，山下有神農泉，即神農得嘉穀之所。」《管子・輕重戊》：「神農作樹五穀淇山之陽，九州之民，乃知穀食。」淇山或在淇水流域，離長子縣很近，這是炎帝爲神農氏之三證。

神農氏居晉南，正是中國農業起源地之一。山西吉縣柿子灘舊石器時代晚期遺址 23000 年前的磨盤表面提取出黍族植物澱粉，北方農業起源於山西。〔註 13〕清水河北岸的人祖山傳說是伏羲、女媧故地，這是神農出自晉南的第四證。

《國語・晉語四》：「炎帝以姜水成。」《水經注》認爲姜水在今陝西，此說無據。古代同名的地名太多，孤證不用。晉南河流多與姜水同音，清水河，原名羊求水，澮河又名絳水，漳河原名降水，這是這是神農出自晉南的第五證。

後世學者多有根據《水經注》而把炎帝原居地定在陝西者，其實是誤以爲姜水是渭水支流，又把姜姓、羌人誤認爲一，其實牧羊人固然可以寫作羌，但是西北牧羊的民族有很多姓氏，比如姬姓、己姓、允姓等，不可能都是姜姓。西北戎狄中的姜姓是後來西遷的一支，《左傳》襄公十四年（559 年）的

〔註12〕鄭傑祥：《新石器文化與夏代文明》，江蘇教育出版社，2005 年，第 573 頁。
〔註13〕張居中、陳昌富、楊玉璋：《中國農業起源於早期發展的思考》，《中國國家博物館館刊》2014 年第 1 期。

姜戎氏是其一支。傅斯年把姜姓與羌人牽合，此說已有學者提出質疑。當今姜姓主要分佈在山東、河南、遼寧、內蒙古、黑龍江、吉林等東部諸省，而陝西遠離核心區，〔註 14〕說明姜姓不是出自陝西，而是出自山西。從山西東遷到山東的姜姓發展爲當今姜姓的主體，從山西向西遷的姜姓不多。〔註 15〕

又有人誤以爲炎帝出自南方，其實遠古中原的部族首領不可能去南方，今湖南省炎陵縣原名酃縣，南宋嘉定四年（1211 年）析自茶陵縣，1994 年才改名炎陵縣，此處炎陵很晚才造出。〔註 16〕

有學者將龍山文化時代晉東南的小神類型歸入陶寺文化，〔註 17〕說明二者關係緊密。陶寺文化介於關西和晉東南之間，原來出自廟底溝文化，這和史書說炎帝、黃帝同根共祖的說法完全吻合。

第三節　燭龍、祝融是山西煤火自燃

《山海經・海外北經》：

> 鍾山之神，名曰燭陰。視爲晝，冥爲夜，吹爲冬，呼爲夏。不飲不食不息，息爲風。身長千里。在無晵之東（按：應爲西）。其爲物，人面蛇身，赤色，居鍾山下。

郭璞注：「燭龍也，是燭九陰，因名云。」《大荒北經》：

〔註 14〕袁義達主編：《中國姓氏・三百大姓》上冊，第 190 頁、彩圖 69。

〔註 15〕岳姓出自姜姓四岳，當今中國岳姓主要分佈在四川、河南、山東、河北、山西等地，四川的岳姓主要是從陝西南遷，所以川陝和晉冀魯豫地區是岳姓的兩大密集區，另外還有東北、西南等密集區，見袁義達主編：《中國姓氏・三百大姓》中冊，第 150 頁、彩圖 127，這也可以說明山西是岳姓的核心區。

〔註 16〕唐《括地志》、《元和郡縣圖志》、宋《太平寰宇記》、《元豐九域志》、《方輿勝覽》都沒說此地有炎帝遺迹，《元豐九域志》新本卷六衡州古迹有炎帝陵，但是新本的古迹目是後增，不是原書。南宋《輿地紀勝》茶陵軍：「炎帝廟，在茶陵縣西南帝陵側，乾德五年始訪得陵，即詔建廟，見縣令孫冠所記、蘇德祥碑陰。六年，以祝融配食。」乾德五年（967 年）下詔不見於宋代史書，《文獻通考》卷一百四《宗廟考》炎帝陵僅列南宋淳熙十四年（1187 年）之祭。因爲衡州有南嶽衡山，而祝融、炎帝對應南方，所以後世有好事者造出祝融墓，《水經注》卷三十八《湘水》說衡山有祝融冢。後世有好事者造出炎帝墓，遠古的炎帝當然不可能跑到湖南去。南宋炎陵縣還是苗瑤族群居地，所以《方輿勝覽》茶陵軍風俗引圖經說：「頗有蠻風，尚勇好鬥。」蠻即苗蠻，即苗族、瑤族、佘族的祖先。

〔註 17〕戴嚮明：《黃河流域新石器時代文化格局之演變》，《考古學報》1998 年第 4 期，第 412 頁。

西北海之外，赤水之北，有章尾山。有神，人面蛇身而赤，直目正乘，其瞑乃晦，其視乃明。不食，不寢，不息，風雨是謁。是燭九陰，是謂燭龍。

屈原《楚辭・天問》：

日安不到，燭龍何照？

《淮南子・地形》：

燭龍在雁門北，蔽於委羽之山，不見日，其神人面蛇身而無足。

《楚辭・大招》：

北有寒山，逴龍赩只。代水不可涉，深不可測只。

逴龍即燭龍（卓、燭同音），赩即赤色。

燭龍又長又紅，住在山下，能吹出風，能發強光，能把黑夜照亮。有學者認爲是極光，〔註18〕但極光在空中，不在山下。極光千姿百態、五顏六色，並非長形、赤色一種，所以早有學者質疑。〔註19〕

其實聞一多的解釋已經接近眞相，他根據章和鍾、尾（燬）和火相通認爲章尾山即鍾火山，《洞冥記》：「東方朔北遊鍾火山，日月不照，有青龍銜燭，照山四極」，他進而認爲燭龍「由火山的性能傅會而來」，但沒有做更深分析。〔註20〕

其實已有學者提出燭龍正是另外一種煤火山，〔註21〕但是尙未對此問題作深入闡發。《水經注・河水》：「又有芒干水（今內蒙古大黑河）出塞外，南逕鍾山，山即陰山。」畢沅、郝懿行據「雁門北」推斷陰山爲鍾山。《史記・貨殖傳》：「種、代，石北也，地邊胡。」代即代地（代郡之地，今山西、河北、內蒙古交界地區），種即鍾山一帶。所以《淮南子》說燭龍在雁門之北，委羽之山即解羽之地，委羽是放棄羽毛，解羽是解下羽毛，意思一樣，即《海內西經》雁門之北「群鳥所生及所解」的大澤。《大招》也說逴龍在代地，也很吻合。

〔註18〕張明華：《燭龍與北極光》，中國《山海經》學術討論會編：《山海經新探》，四川省社會科學出版社，1986年，第311～314頁。何新：《諸神的起源》，時事出版社，2002年，第246頁。

〔註19〕韓湖初：《對「燭龍神話即極光現象」說的質疑》，《華南師範大學學報》，2003年第5期。

〔註20〕聞一多：《神話研究》，巴蜀書社，2002年，第87～91頁。

〔註21〕周述春：《釋「燭龍」》，《中國歷史地理論叢》1998年第3期。

山西多煤，煤會自燃，白天煙霧彌漫，夜晚明火上竄，一片通明，這就是傳說中在山下的紅色燭龍。《水經注・灅水》：

黄水又東注武州川，又東歷故亭北，右合火山西溪水。水導源火山，西北流，山上有火井。南北六七步，廣減尺許，源深不見底，炎勢上陞，常若微雷響。以草爨之，則煙騰火發。

這個火山就在今大同煤礦，〔註 22〕燭龍呼吸的傳說由洞口的氣流和聲響而來，洞穴內外溫差引發氣流。《水經注》同篇：

井北百餘步有東西谷，廣十餘步，南崖下有風穴，厥大容人，其深不測，而穴中肅肅，常有微風，雖三伏盛暑，猶須襲裘，寒吹陵人，不可暫停。

煤火山在古籍中記載很多，《水經注・河水》記有西域龜茲國北山煤火，岑參有《火山雲歌送別》詩，又有《經火山》詩說：「火山今始見，突兀蒲昌東。赤焰燒虜雲，炎氛蒸塞空。不知陰陽炭，何獨燃此中。」〔註 23〕他明確說到是煤炭燃燒形成火山。北宋有火山軍（在今山西省河曲縣）因煤火自燃的火山得名，〔註 24〕這些火山都是煤火，因爲山西多煤火，被稱爲燭龍，此即祝融由來。

明白了祝融（燭龍）來自火山，我們就能明白史書一方面說炎帝以火爲紀，又有烈山氏之號。《左傳》莊公二十二年：

姜，大岳之後也，山嶽則配天。

《國語・周語中》富辰說：

齊、許、申、呂由大姜。

許是姜姓，《左傳》隱公十一年（前 712 年）：

夫許，大岳之胤也。

《國語・周語下》：

共之從孫四嶽佐之，祚四嶽國，命以侯伯，賜姓曰姜、氏曰有呂。

姜姓既是炎帝之後，又是太岳或四嶽之後。原來太岳、四岳和火、烈山

〔註 22〕賈蘭坡等：《考古在研究大同火山活動時代中的作用》，《亞洲文明論叢》，四川人民出版社，1986 年。

〔註 23〕〔唐〕岑參：《岑參集校注》，上海古籍出版社，2004 年，第 106、204 頁。

〔註 24〕〔宋〕陸游撰、李劍雄、劉德權點校：《老學庵筆記》，中華書局（北京），1979 年，第 129 頁。

並不矛盾，火山也即烈山。丁山曾經從字形的角度提出岳即火山，〔註 25〕但是他沒有發現燭龍就是火山的眞相。也有學者認爲岳字和火無關，只是山岳重重之象形。今按岳字應是山岳重疊之形，表示高山，與火無關。〔註 26〕

第四節　女媧、華胥、華夏、華山

伏羲氏之母是華胥氏，此即華夏由來。華即夏，華、夏是重言。華、夏二字都是曉母魚部，雙聲疊韻，揚雄《方言》卷一：「秦、晉之間，凡物壯大謂之嘏，或曰夏。」〔註 27〕嘏爲見母魚部，曉見鄰紐，嘏是夏之音轉。《爾雅·釋詁上》：「夏，大也。」《詩經·秦風·權輿》：「夏屋渠渠。」《毛傳》：「夏，大也。」華、夏是大，大山可以通稱華山。華山 2160 米，其西草鏈嶺 2646 米，其東老鴉岔腦 2414 米，中原最高的山都在華山附近。

華山即夏山，原義是大山。《周禮·春官·大司樂》：「乃奏蕤賓，歌函鍾，舞大夏，以祭山川。」祭祀山川的舞蹈稱爲大夏，就是因爲中原最高的山是夏山，也即華山。

華、夏本是一字，可以通用，還有二證：

第一、《左傳》定公十年（前 500 年）孔子說：「裔不謀夏，夷不亂華。」古人把夷狄稱爲四裔，顯然華就是夏，此句是對舉修辭。

第二、《左傳》既有諸華，又有諸夏，諸華就是諸夏。襄公四年魏絳對晉悼公說：「諸華必叛。戎，禽獸也。獲戎失華，無乃不可乎！」十一年晉悼公對魏絳說：「子教寡人，和諸戎狄，以正諸華。」昭公三十年楚子西對楚昭王說：「吳，周之冑裔也，而棄在海濱，不與姬通，今而始大，比於諸華。」哀公二十年楚隆對越人說：「諸夏之人，莫不欣喜。」有時華夏聯用，襄公二十六年：「楚失華夏，則析公之爲也。」

〔註 25〕丁山：《古代神話與民族》，第 396 頁。

〔註 26〕陝西臨潼姜寨遺址出土的一件陶器上有個符號，李學勤釋爲岳字。見李學勤《古文字學初階》第三講《文字起源之謎》，中華書局（北京），1985 年。臨潼接近華山，正是崇拜山嶽的華夏族居地核心區。饒宗頤指出此符號也見於甘肅武威娘娘臺遺址齊家文化陶器，釋此字爲羊字，見饒宗頤：《「羊」的聯想——青海彩陶、陰山、西藏岩畫的□號與西亞原始計數工具》，《饒宗頤二十世紀學術文集》卷一《史溯》，第 52～53 頁。羊即姜，也是炎帝之姓，此符號待考。

〔註 27〕〔漢〕揚雄著、周祖謨校箋：《方言校箋》，第 4 頁。

有學者認爲華夏的華是修飾夏，這是因爲他們既沒有注意到夏、華都有大的意思，又沒有注意到華、夏古音極近。或認爲華夏源自對花的崇拜，此說不確，所謂廟底溝文化陶器上的花形紋飾，其實是鳥或魚的變體，早已爲學者揭示。

因爲伏羲、華胥是世代通婚的胞族，所以圖騰對立，伏羲是水中的龜，而華胥指高山，正如太皞、少皞的龍、鳳對立。華胥氏起源於裴李崗文化時期，原來不在現在華山附近。伏羲、華胥相伴擴張，伏羲氏在新地域仍然住在低地，而華胥氏仍然住在高地，後世以華山附近的華胥氏最著名。

鄭張尚芳指出，上古音的華、夏二字音近，很多民族對漢族的稱謂就是華或夏，黔東苗語的漢族爲 fa（讀音近瓜），藏語的漢族爲 rgja，日語的中國爲 kara 或 kure，都是華夏。後世所謂的雅言，其實就是夏人的語言，證據是《荀子・儒效》說：「居楚而楚，居越而越，居夏則夏。」而同書的《榮辱》說：「越人安越，楚人安楚，君子安雅。」〔註 28〕

當今中國的華姓主要分佈在江蘇、吉林、陝西、河南、浙江五省，有東北、陝南、江浙、粵北、川滇五個密集區，〔註 29〕其中陝南密集區就在華山之南，說明源自華山附近的華姓很多。

《山海經》說夸父山有桃林，有桃處少不了猴。夸父即猿猴，《山海經・西次三經》說崇吾山：

> 有獸焉，其狀如禺而文臂，豹虎而善投，名曰舉父。

前人已經指出，舉父就是夸父，因爲舉是見母魚部，夸是溪母魚部，見溪旁紐，讀音極近。舉、騢雙聲疊韻，舉父音通騢父，上文說騢、夏可通，所以舉父就是夏父。

《山海經・海外北經》：

> 夸父與日逐走，入日。渴欲得飲，飲於河、渭。河、渭不足，將北飲大澤。未至，道渴而死。

夸父山在今靈寶市西，靠近黃河、渭河。這個神話有依據，夸父其實是日、夏的象徵，所以才會口渴。夸父即夏，華夏即得名於夸父山和陽華山、華山，甲骨文的夏字正是猿猴形，長沙出土戰國楚帛書《丙篇》月相中有司夏神，圖形正是長臂猿。春秋地名多有帶父、甫字者，如《春秋》定公十四

〔註 28〕鄭張尚芳：《夏語探索》，《語言研究》2009 年第 4 期。

〔註 29〕袁義達主編：《中國姓氏・三百大姓》中冊，第 299 頁、彩圖 180。

年的莒父、桓公十二年的武父、昭公二十三年的雞父、《左傳》文公十七年的黃父、桓公十三年的冶父、昭公九年的城父，父、甫即山阜，梁父山又作梁甫，《左傳》雞父，《穀梁傳》為雞甫。〔註 30〕故夸父疑即華山，二山本為一山。由夸父之地名轉為山神之名，又把山上的猿猴附會為山神與日神。

胞族世代通婚，所以女媧即華胥。華是曉母魚部，媧是見母歌部，曉見旁紐，魚歌通轉，古音極近。華胥氏履雷澤生伏羲，雷澤即元龜所出的湖沼。《山海經・大荒西經》：「有神十人，名曰女媧之腸，化為神。」郭璞注：「人面蛇身，一日中七十變。」戰國以後傳說女媧蛇身或非古意，因玄武訛為龜蛇纏繞，所以出現伏羲、女媧蛇形交尾的圖像。《世本》說：「女氏，天皇封弟媧於汝水之陽，後為天子，因稱女皇，其後為女氏，夏有女艾，商有女鳩、女方，晉有女寬，皆為後也。」此處說汝水因為女氏得名，女氏源自女媧，說明女媧的地域也在中原。女媧的墓正是在華山之東的靈寶，《太平寰宇記》卷六陝州閿鄉縣：「女媧墓，自秦漢以來，皆係祭典。」

華夏因為華山得名，核心區是山西、陝西、河南交界地區，華夏文化的直接基礎是仰韶文化與廟底溝文化，所以周人、夏人的文化近似。其和東部的東夷、商文化差別較大，因為古代鄭州、開封之間有巨大的圃田澤，阻礙文化交流。黃河下游和淮河流域，河湖密佈，導致文化有很大差異。

晉豫陝地區的半坡文化發展出西陰文化，擴張到東北、山東、長江流域，盛極一時，余西雲譽為中國文明的濫觴，〔註 31〕韓建業稱為廟底溝時代，〔註 32〕其實二者大體一致。我認為這就是文獻記載的伏羲氏到神農氏時代，伏羲氏是裴李崗文化，向西發展為仰韶文化，〔註 33〕仰韶文化發展為廟底溝文化。西遷的伏羲氏一支分出女媧氏，構成兩個胞族。西陰文化（廟底溝文化）的核心地區是三門峽市、運城市，華夏族因為佔據鹽池，因此才能崛起。5500 年前後，西陰文化（廟底溝文化）瓦解，此後進入五帝時代。

豫陝晉地區在龍山時代（五帝時代）是三里橋文化，這是華夏族廟底溝文化的正傳，所以三里橋文化是《逸周書・史記》所說唐氏所滅的西夏氏。

〔註 30〕程二行：《春秋都邑何多以父名》，《中國典籍與文化》2000 年第 12 期。

〔註 31〕余西雲：《西陰文化：中國文明的濫觴》，科學出版社，2006 年，第 226～229 頁。

〔註 32〕韓建業：《廟底溝時代與早期中國》，《考古》2012 年第 3 期。

〔註 33〕魏興濤：《豫西晉南和關中地區仰韶文化初期遺存研究》，《考古學報》2014 年第 4 期。

第七章將要說到堯舜時期的東方部族大舉西征，堯、舜等族確實西遷到山西南部，這就是所謂的唐滅西夏。其實所謂的西夏才是眞正的夏，後世因爲夏朝在河南省中部崛起，所以才把此地稱爲西夏。戴嚮明把三里橋文化和陶寺文化合一，黃帝部落曾經征服夸父，《山海經・大荒東經》：「應龍處南極，殺蚩尤與夸父，不得復上，故下數旱。旱而爲應龍之狀，乃得大雨。」

上文說過炎、黃是胞族，所以圖騰水火對立。炎帝部落原居高地，黃帝部落原居低地，所以炎帝崇山嶽、羊、火，善於農畜，黃帝崇元龜、雲、水，出產魚鹽。二族經濟互補，世代通婚。有蟜氏即炎帝之源女媧氏，媧通華，即喬高之意。少典所出的典氏即天氏，源自伏羲的天黿氏。炎帝姓姜，即羊。黃帝姓姬，即龜。《戰國策・秦策》蘇秦說：「昔者神農伐補遂，黃帝伐涿鹿而禽蚩尤。」補遂其實就是伏羲，音近而轉。

黃帝之後的周人保留了華胥履大迹而生伏羲的感生傳說，大迹源自巨靈神的大手掌，《史記・周本紀》：

> 周后稷，名棄。其母有邰氏女，曰姜原。姜原爲帝嚳元妃。姜原出野，見巨人迹，心忻然說，欲踐之，踐之而身動如孕者。

原即元祖，姜原即姜姓女祖。前人每每用周人和羌人聯姻來解釋，其實完全不對。周人姬姓，姬、姜聯姻追溯到黃帝、炎帝兩部是一個部落的兩個通婚的胞族。《國語》說炎帝、黃帝：「異姓則異德，異德則異類。異類雖近，男女相及，以生民也。」就是說黃帝、炎帝異姓而聯姻。《史記・五帝本紀》：

> 黃帝居軒轅之丘，而娶於西陵之女，是爲嫘祖。

《索引》說：「一曰雷祖。」所謂雷祖無疑是從方雷氏衍生出的。西陵即西山，因爲方雷氏確實在西部，而山陵是由四嶽而來，四嶽是炎帝之後。

《周禮・春官・大司樂》：「乃奏夷則，歌小呂，舞大濩，以享先妣。乃奏無射，歌夾鍾，舞大武，以享先祖。」周人祭祀先妣姜嫄的舞蹈是大濩，前人沒有明釋，筆者認爲大濩源自太岳，姜姓崇拜太岳，上古音濩是匣母鐸部〔ɣoak〕，岳是疑母屋部〔ngok〕，音近。《詩經・大雅・生民》：「厥初生民，時維姜嫄。生民如何？克禋克祀，以弗無子。履帝武敏歆，攸介攸止。載震載夙，載生載育，時維后稷。」姜嫄履帝武也即踩到了巨人足迹而生后稷，所以祭祀先祖的舞蹈是大武。

由此我們也可以明白爲何山西的太岳山原名霍太山，因爲霍、岳音近，上古音的霍是曉母魚部〔xuak〕，霍就是岳的音轉。《水經注》卷六《汾水》

說：「（㵪）水出東北太嶽山，《禹貢》所謂岳陽也，即霍太山矣。」《禹貢》冀州：「既修太原，至于岳陽。」《左傳》昭公元年子產說臺駘：「宣汾、洮，障大澤，以處大原。帝用嘉之，封諸汾川。」此太原在今汾河下游，所以岳陽是太岳山之陽。霍山之西有霍國（今霍州市），當今中國的霍姓主要分佈在陝西、河北、河南、山西等省，主要源自霍地。〔註 34〕霍、華音近，所以岳就是華，岳、華都是高山。

上文牽涉古詞太多，總結論證思路如下：

元龜=玄龜=旋龜=玄武=玄冥=天黿=姬姓=軒轅=黃帝=少典

贔屭=伏羲=冰夷=馮夷=封豕=彭戲=龐戲=彭夷（夷鼓）=彭魚（彤魚）=方雷=風陵

神農=炎帝=四嶽=橋山=喬山=有蟜=華山=華夏=華胥=女媧=夸父=舉父

兩大部族集團的關係可以簡化爲下表：

姓	時代一	崇拜	時代二	時代三	時代四	崇拜	居地
姜（羊）	華胥	華山	神農	有蟜（喬）	炎帝	岳、火、羊	丘陵
姬（龜）	伏羲	贔屭	補遂	少典（天）	黃帝	河、雲、黿	平原

第五節　精衛填海的眞相是炎帝東征海濱

涿鹿之戰是中國歷史上的第一次大戰，司馬遷把涿鹿之戰列在《史記》之首。這場戰爭非常慘烈，《莊子・盜跖》說：「然而黃帝不能致德，與蚩尤戰於涿鹿之野，流血百里。」

涿鹿之戰的地點，過去學者多以爲在今河北涿鹿縣，但也有學者對此質疑。因爲河北涿鹿縣遠離中原，位置偏北，不太可能是中原各大部族混戰之地。呂思勉認爲涿鹿在徐州，理由是《太平御覽》引《帝王世紀》說：「《世本》云涿鹿在彭城南。」〔註 35〕徐旭生推測可能在鉅鹿縣一帶，因爲音近涿鹿，不過他也說巨、涿不同聲部。〔註 36〕二者都是孤證，難以成立。有學者認爲河北涿鹿的傳說最多，〔註 37〕其實這些晚近傳說的形成也有民間文人參

〔註 34〕袁義達主編：《中國姓氏・三百大姓》中冊，第 246 頁、彩圖 160。
〔註 35〕呂思勉：《先秦史》，上海古籍出版社，2005 年，第 57 頁。
〔註 36〕徐旭生：《中國古史的傳說時代》，第 110 頁。
〔註 37〕李學勤主編：《中國古代文明與國家形成研究》，第 222 頁。

與因素，不足為據。下文將論證涿鹿之戰的地點是今河南修武縣的李固村，也即漢獻帝晚年所住的涿鹿城。

前人都沒有發現涿鹿之戰的根源其實是炎帝部落從山西向河北、山東的擴張，先來看炎帝東擴的過程。

《山海經・北次三經》發鳩山：

有鳥焉，其狀如烏，文首、白喙、赤足，名曰精衛，其鳴自詨。是炎帝之少女名曰女娃，女娃遊於東海，溺而不返，故為精衛。常銜西山之木石，以堙於東海。漳水出焉，東流注於河。

發鳩山在今山西長子縣，西山即太行山。《禹貢》最後說導河：「至于大伾，北過降水，至于大陸。」鄭玄說降水是淇水，酈道元說是漳水。降水（漳水）得名於姜姓，降、姜皆為見母陽部〔kiang〕，雙聲疊韻。

炎帝部族曾經大舉東擴，有兩大鐵證：

第一，炎帝征服宿沙氏。《呂氏春秋》卷十九《用民》：

夙沙之民，自攻其君而歸炎帝。

《左傳》襄公十八年（前 555 年）齊有夙沙衛，《國語・晉語九》鼓國（在今河北省晉州市）有臣夙沙釐，夙沙氏後裔散佈於齊、晉二國，說明夙沙氏古國在二國之間。夙沙氏又作宿沙氏，顧名思義是住在沙灘上的，所以古籍記載夙沙氏善於煮鹽、捕魚，《後漢書》馬融傳李善注引《魯連子》：

古善漁者，昔宿沙渠子。使漁山側，雖十宿沙子不得魚焉。宿沙非暗於漁道也，彼山者，非魚之所生也。

《水經注・涑水》：

呂忱曰：宿沙煮海謂之鹽。〔註 38〕

《北堂書鈔》卷一四六引《魯連子》：

宿沙瞿子善煮鹽。

《太平御覽》卷八六五引《世本》：

宿沙作煮鹽。

宿沙氏在齊地海邊，朱芳圃已有考證。〔註 39〕此地有豐富魚鹽，對內地部落很有吸引力，因此炎帝無疑是向此地擴張。

〔註 38〕〔北魏〕酈道元撰、楊守敬、熊會貞疏、段熙仲點校：《水經注疏》，江蘇古籍出版社，1989 年，第 584 頁。

〔註 39〕朱芳圃：《中國古代神話與史實》，中州書畫社，1982 年，第 115～116 頁。

考古發現在今滄州到濰坊長達 250 千米的範圍內有很多商周時期鹽業遺址，集中在黃河三角洲和萊州灣兩個地區，其中有龍山時期遺址 4 處，可能也是鹽業遺址，〔註 40〕很可能與宿沙氏有關。

第二，發鳩山的精衛填海的傳說也有歷史原型，眞相是炎帝部落有一支東遷到了今天的山東沿海，這一支即薄姑國。薄姑即發鳩，薄是並母鐸部〔bak〕，發是非母月部〔piuat〕，非並旁紐，月鐸通轉，姑〔ka〕、鳩〔kiu〕見母雙聲，魚幽旁轉，所以發鳩就是薄姑。《左傳》昭公二十年晏子說：

古而無死，則古之樂也，君何得焉？昔爽鳩氏始居此地，季萴因之，有逢伯陵因之，蒲姑氏因之，而後大公因之。古者無死，爽鳩氏之樂，非君所願也。

薄姑之前的有逢伯陵也是姜姓，《國語・周語下》說伶州鳩說：

星與日辰之位，皆在北維。顓頊之所建也，帝嚳受之。我姬氏出自天黿，則我皇妣大姜之姪，伯陵之後，公之所憑神也。

有逢伯陵也是姜姓，而且是周人祖妣所出。亦即姜太公之國，1979 年，山東濟陽縣姜集鄉劉臺子村發現了西周早期逢國墓地，有十餘件帶夆字的青銅器，其中一件銅鼎上銘文是：王姜作龏姒寶尊彝，說明逄是姜姓。上引《國語》說齊、許、申、呂這四個國家的分封因爲姜姓外戚，可見姜太公分封到齊，不完全是因爲他的輔佐之功，而是有西周和東海的姜姓歷來通婚的基礎在前。《史記・齊太公世家》：

太公望呂尚者，東海上人。其先祖嘗爲四嶽，佐禹平水土甚有功。虞夏之際封於呂，或封於申，姓姜氏。

東海（此指今渤海）的姜姓不是源自西部的姜姓，而是遠古炎帝部族的東遷。上古時期的山東沿海，還有紀（在今山東壽光東南）、州（在今山東安丘東北）、向（在今山東莒南東北）、黃（在今山東龍口市）等姜姓國家，不可能都是西周初年分封。以往學者認爲這些國家多是西周分封，〔註 41〕現在看來還缺乏證據。

《水經注》卷八《濟水》：

濟水又逕薄姑城北。後漢《郡國志》曰：博昌縣有薄姑城。《地理書》

〔註 40〕燕生東、蘭玉富：《2007 年魯北沿海地區先秦鹽業考古工作的主要收穫》，《古代文明研究通訊》第 38 期。

〔註 41〕楊寬：《西周史》，第 390 頁。

曰：呂尚封於齊郡薄姑。薄姑故城在臨淄縣西北五十里，近濟水，史遷曰：胡公徙薄姑。城內有高臺。

此處說呂尚初封在薄姑，又說胡公才遷到薄姑，楊守敬認爲二說並存，其實二說並不矛盾。因爲《齊太公世家》雖然說武王封呂尚在營丘，但是又有呂尚夜行到營丘，與萊人爭地的傳說，說明呂尚定都營丘很可能是受局勢所迫而臨時決定，因爲營丘地接萊人，所以立國之初，需要在此防衛。原都很可能就是薄姑，所以到胡公又遷回。薄姑古城在今山東省博興縣湖濱鎮北部，古代正是海濱，所以和精衛塡海的傳說可以吻合。

在發鳩山和薄姑之間，還有一個博固城和一個發干城，《太平寰宇記》卷五四博州聊城縣說：「博固城，《隋圖經》云：或謂之布鼓城，即石勒時築，在大河之曲。」博州堂邑縣說：「發干故城，漢爲縣，廢城在今縣西南。」此時的堂邑縣在今聊城市西部的堂邑鎮，所以發干城在今聊城市西部。博固城應即博州之名由來，說明也比較重要。

博固、布鼓、發干其實都是一音之轉，其語源也就是布穀鳥。少皞氏以鳥名官，其中說到：「鳲鳩氏，司空也。」《爾雅・釋鳥》云：「鳲鳩，鴶鵴。」郭璞曰：「今之布穀也。」陸機《毛詩義疏》云：「今梁宋之間謂布穀爲鴶鵴。」揚雄《方言》卷八說：「布穀，自關東西、梁楚之間謂之結誥，周魏之間謂之擊谷，自關而西，或謂之布穀。」〔註 42〕所以關西的秦晉方言稱爲布穀鳥，所以發鳩是炎帝人的稱呼，博固、布鼓、發干、薄姑都是炎帝對鳲鳩氏的稱呼，也就說明這些地方有東遷的炎帝族分佈。東遷的炎帝族人變成了鳥，也就是指加入了東方的夷人社會，因爲炎帝人把鳲鳩稱爲布穀，所以叫薄姑。第六章將要論證少皞部落的司空爲高辛氏，就住在聊城一帶。

炎帝部落即考古學的後崗二期文化，分佈於晉東南、冀南、豫北，此文化早期集中在漳河流域，晚期迅速向四周擴張，東北抵今滄州市，〔註 43〕正是文獻記載的精衛塡海及夙沙臣服炎帝。

韓建業認爲黃帝對應考古學中的廟底溝文化，蚩尤對應仰韶文化的後崗類型，後崗類型的遺存出現在江漢平原東部，反映了涿鹿之戰後蚩尤族人南逃到江漢平原。〔註 44〕若如此，黃帝的年代就過早了，因爲黃帝和夏朝之間

〔註42〕〔漢〕揚雄著、周祖謨校箋：《方言校箋》，第 52 頁。

〔註43〕董琦：《虞夏時期的中原》，第 42 頁。

〔註44〕韓建業：《涿鹿之戰探索》，《五帝時代——以華夏爲核心的古史體系的考古學

只隔著幾代，不會離夏朝太遠。而且沒有早期史料表明蚩尤逃往南方，後世把蚩尤和南方聯繫起來的說法不足爲據。張學海認爲聊城地區的龍山文化城群是蚩尤族，涿鹿之戰在冀、魯、豫交匯地區。〔註 45〕這是受了徐旭生的影響，認爲蚩尤屬於少昊集團，所以把蚩尤歸屬於龍山文化。

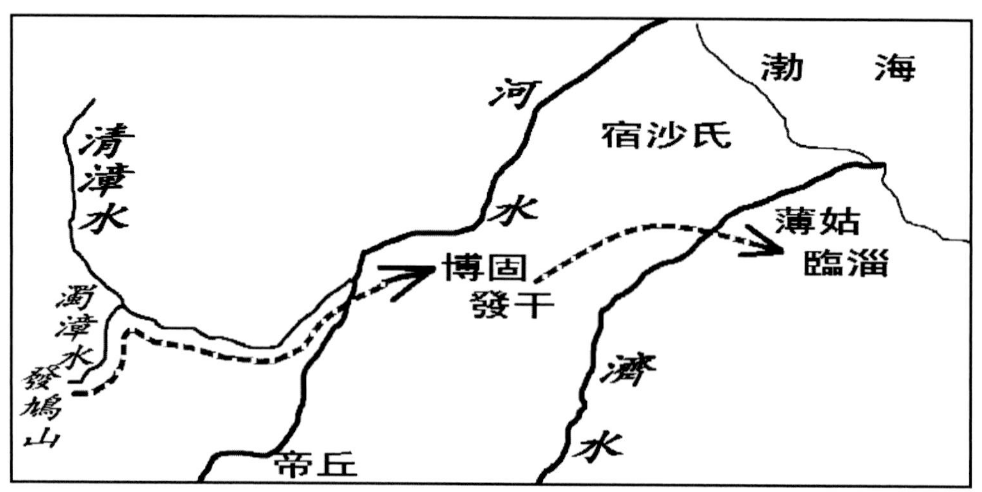

炎帝部族東擴示意圖

炎帝是後崗二期文化，赤帝命下屬蚩尤進攻少昊的說法，和魯西少昊氏的古城群不矛盾。正是因爲西面的炎帝「用兵無已，誅戰不休，併兼無親」，所以少昊族人要在魯西、魯北築起很多城池自衛。據研究，山東龍山文化西北的尚莊類型在與後崗二期文化的關係中，後者處於強勢，所以有學者認爲尚莊類型人群不得不築城防禦，造成魯西地區是龍山文化城址最密地區，〔註 46〕考古發現完全符合文獻記載。

蚩尤來自炎帝的西北部，所以炎帝不斷東逃，蚩尤是什麼人？蚩尤爲何能夠稱霸中原呢？請看下一章。

觀察》，第 23～33 頁。

〔註 45〕張學海：《魯西兩組龍山文化城址的發現及對幾個古史問題的思考》，《華夏考古》1995 年第 4 期。

〔註 46〕李伊萍：《龍山文化：黃河下游文明進程的重要階段》，科學出版社，2005 年，第 138 頁。